Humanos diminutos, emociones gigantes

Alyssa Campbell y Lauren Stauble

Humanos diminutos, emociones gigantes

Cómo gestionar las rabietas, las crisis nerviosas y la rebeldía para la crianza de niños emocionalmente inteligentes

EDICIONES OBELISCO

Si este libro le ha interesado y desea que le mantengamos informado de nuestras publicaciones, escríbanos indicándonos qué temas son de su interés (Astrología, Autoayuda, Ciencias Ocultas, Artes Marciales, Naturismo, Espiritualidad, Tradición…) y gustosamente le complaceremos.

Puede consultar nuestro catálogo en www.edicionesobelisco.com

Colección Psicología y autoayuda
Humanos diminutos, emociones gigantes
Alyssa Campbell y Lauren Elizabeth Stauble

1.ª edición: junio de 2024
Título original: *Tiny Humans, Big Emotions*

Traducción: *Antonio Cutanda*
Maquetación: *Isabel Also*
Corrección: *M.ª Ángeles Olivera*
Diseño de cubierta: *Enrique Iborra*

Edita: Ediciones Obelisco, S. L.
Collita, 23-25. Pol. Ind. Molí de la Bastida
08191 Rubí - Barcelona - España
Tel. 93 309 85 25
E-mail: info@edicionesobelisco.com

ISBN: 978-84-1172-165-3
DL B 8451-2024

Impreso en España en los talleres gráficos de Romanyà/Valls S. A.
Verdaguer, 1 - 08786 Capellades - Barcelona

Printed in Spain

Lauren: Dedico este libro a «la Pequeña Peggy Cassidy»,
que con el tiempo se convertiría en mi abuela.
Su legado de amor por los libros y las personas
sigue vivo a través de mí.

Alyssa: A Z & S por PCEar conmigo a diario
mientras gestionamos juntas la imperfección,
la conexión y la gracia en la relación.

Introducción

Las relaciones nos cambian, nos revelan, evocan más de nosotros.
No vivimos en un mundo que fomente la separación,
pues nuestros dones sólo se hacen visibles, incluso para nosotros mismos,
cuando nos reunimos con los demás.
—Margaret J. Wheatley y Myron Kellner-Rogers[1]

Alyssa:

—Si te metes por debajo de los bancos para sentarte con Nora, no vas a tener un donut después de la celebración –me dijo mi padre mientras conducía su vehículo en dirección a la iglesia.

—De acuerdo, papá –respondió confiadamente mi yo de tres años.

Veinte minutos más tarde, pasé gateando por debajo de los bancos para sentarme con Nora. Nadie me detuvo. Conseguí escapar. Pensé que, quizás, ni se habían dado cuenta. Después de la iglesia, la boca se me hacía agua, soñando con aquel donut espolvoreado y relleno de gelatina de nuestra excursión semanal a la pastelería White Rose. Cuando entramos, todos mis hermanos pidieron y, cuando iba a pedir yo, mi padre dijo:

—No hay donut esta semana. Te metiste por debajo de los bancos.

Devastada, me dejé caer en el suelo de la pastelería, sollozando y golpeando el suelo con los puños y con la cabeza. Mi padre me llevó en silencio a la camioneta, donde continué con mi crisis nerviosa. Mis hermanos y mamá regresaron a la camioneta con sus caras manchadas de azúcar, gelatina y chocolate, y mamá dijo:

—A lo mejor, la semana que viene no pasas por debajo de los bancos y puedes comerte un donut.

---

1. Wheatley, M. J. y Kellner-Rogers, M.: *A Simpler Way*. Berrett-Koehler Publishers, San Francisco, 1996, p. 67.

Entre aquel ser humano diminuto de la pastelería que fui yo y la mujer adulta de veintitantos años que educa actualmente a humanos diminutos no he dejado de encontrarme con patrones de disciplina y de respuesta similares ante los estallidos emocionales. Crecí en una cultura de la dominación, palpable tanto en los mensajes de la sociedad como en las clases de mi máster en «gestión del aula y del comportamiento», de manera que, para cuando me pusieron al mando de un aula, el intento de evitar la espiral de las emociones intensas estaba tan profundamente arraigado en mí que no perdía el control de la situación, de los niños. Sin duda, los niños tenían sentimientos, pero mi trabajo consistía en sacarlos de la presencia de otras personas (como hizo mi padre conmigo aquel día en la pastelería) o bien en no prestarles atención y dejar que la rabieta se desvaneciera por sí sola.

Yo no me sentía mal con aquello, hasta que, un día, durante una sesión de terapia, mi terapeuta dijo algo que se me antojó ridículo:

—Me pregunto qué está intentando decirte esa tristeza.

—La tristeza no dice nada; no es más que un sentimiento –respondí–, un mal sentimiento que puedes expresar llorando mientras te das una panzada televisiva con *Anatomía de Grey*, y que luego desaparece y puedes continuar con tu vida normal.

—¿No te parece que la tristeza forme parte de la vida normal? –preguntó ella.

Me puse a la defensiva de inmediato, pero aquella sesión de terapia lo cambió todo para mí, porque instigó mi curiosidad. ¿Acaso las emociones nos dicen cosas? ¿Y eso qué puede significar? Aquél fue el comienzo de mi inmersión en las emociones, y cambió radicalmente mi modo de experimentar la vida.

Lauren:

Me pasé años huyendo de sentimientos como la vergüenza, el miedo y la pena durante mi primer matrimonio. Yo tenía muchas ideas en la cabeza acerca de lo que significaba ser una «buena esposa» y, al cabo de siete años, y gracias a la terapia, empecé a rascar la superficie de ese perfeccionismo y de mis habituales roles inconscientes. Me volví tan insoportable que opté por echar a correr, literal y figuradamente. Es decir, me separé de mi marido y también empecé a correr para hacer ejercicio. Me sentía culpable por haber tomado la decisión de separarme, de modo que correr se convirtió en mi único espacio seguro. Cuanto más corría, más me preguntaba de qué estaba huyendo. Pero, entonces, una amiga reformuló la pregunta de otra manera: «*¿Hacia dónde* estaba corriendo?».

Ese sencillo giro mental hizo que ralentizara el paso. Seguí corriendo, pero regresé a terapia, en esta ocasión, una terapia basada en la atención plena. La mayor parte de mi trabajo consistió en aprender a permanecer en presencia de mis emociones más complicadas, en vez de emprender la huida; simplemente, me permitía sentirlas. Pude llorar, lo cual dice mucho, si tenemos en cuenta que yo sólo había llorado tres veces en los siete años anteriores. Nunca me había consentido ser tan vulnerable como para sentir emociones tiernas.

Ahora, las emociones eran vívidas –no me importaba si eran dolorosas o placenteras– y me sentía viva experimentando una amplia gama de sentimientos. Me sentía viva cuando estaba contenta. Me sentía viva cuando estaba triste. Me sentía viva cuando estaba en calma. Comenzaba a experimentar aquellas cosas de las cuales había leído en mis libros de meditación, una especie de felicidad que lo abarca todo, incluso los sentimientos más difíciles. No es el tipo de felicidad que nos transmiten los cuentos de hadas. Este tipo de felicidad estaba arraigado en mi disposición incondicional a estar presente cuando sentía algo. No era fácil, pero trabajar las emociones de aquel modo me hacía sentir bien.

Esto no quiere decir que haya alcanzado un estado mágico de alborozo constante. Sólo que me siento un poco más cómoda cabalgando en las olas de las emociones y que, aunque una ola me dé algún revolcón de vez en cuando, siempre estoy dispuesta a subir a la tabla de nuevo. Este proceso me permitió plantarme ante los niños de otra manera.

Un día, en 2016, estábamos almorzando rodeadas por humanos diminutos, cuando Lauren dijo:

—Creo que estamos haciendo algo diferente y que quizás deberíamos escribir un libro acerca de ello.

Nos habíamos conocido en la escuela, donde entramos el mismo año como maestras. Por entonces, Alyssa era profesora de infantil, y Lauren, de preescolar. Nos observábamos trabajar la una a la otra y reconocíamos que coincidíamos en muchas cosas; entre otras, que no nos daban miedo los sentimientos de los niños ni sus comportamientos problemáticos. También había muchos profesores auxiliares que solicitaban ser admitidos en nuestras aulas, porque se habían dado cuenta de que estábamos haciendo algo diferente, porque confiábamos en nosotras mismas cuando las cosas se ponían difíciles (como se ponen más pronto o más tarde). Y nuestros colegas también sentían curiosidad por nuestra manera de abordar las emociones de los niños y sus comportamientos más disruptivos, porque les parecía innovadora, nada parecido a lo que habían estudiado en desarrollo infantil o en los cursos de primera infancia. Madres y padres estaban intrigados, maravillados por nuestra capacidad para mantener la calma en los momentos más tensos. Ambas llegábamos a la escuela con antelación y charlábamos de manera regular sobre nuestro trabajo con los niños y sus familias.

Antes de trabajar juntas, ambas habíamos estado aprendiendo enfoques innovadores relacionados con la enseñanza o la crianza en momentos de tranquilidad, para luego perder los papeles en mitad del embrollo con los niños, siendo incapaces de poner en práctica aquellos novedosos enfoques. Necesitábamos un método que no consistiera simplemente en saber qué hacer *en un momento dado* con un niño, o siquiera cómo practicar aparte de ese momento, sino cómo acceder a esa información como adultos. Precisábamos algo que tratara tanto o más de *nosotras* como de los *niños.* Queríamos hacer una descripción de lo que estábamos haciendo.

Teníamos un par de másteres, uno en desarrollo infantil y otro en educación en la primera infancia, y, sumando la experiencia de ambas, habíamos trabajado en total más de treinta y un años en el campo de la educación en la primera infancia. Sin embargo, el método y el marco que buscábamos no existía, de modo que lo construimos. Lenta y metódicamente, comenzamos a desgranar los pasos necesarios para ayudar a los niños a comprender y expresar sus emociones. Compartimos las narrativas de nuestro crecimiento individual pasado que pudiera guardar relación con las emociones y que nos hubiera exigido cierta reflexión y vulnerabilidad. Empezamos a establecer conexiones entre nuestro trabajo personal y nuestro trabajo con los niños, y nos dimos cuenta de cómo, tanto nosotras como los niños, procesábamos las emociones en diferentes contextos.

Y, mientras íbamos profundizando en este trabajo, nos fuimos apasionando cada vez más en nuestro empeño, en la pura importancia de lo que estábamos haciendo. Conectamos gracias a que ambas habíamos empleado mucho tiempo y dinero en terapias, así como estudiándonos a nosotras mismas a la hora de sentir algo y cómo desarrollar estrategias de gestión, porque nunca nos enseñaron estas habilidades siendo niñas. Y nuestras experiencias eran un reflejo también de las experiencias de nuestras amistades. La generación de nuestros progenitores no tuvo ocasión de conocer todo lo que la ciencia cerebral y la ciencia de las emociones han descubierto, como sí habíamos tenido ocasión nosotras. La crianza en la década de 1980 significaba enseñar «resiliencia», intentando no montar un escándalo con las emociones. Frases como «apágalo» o «ignóralos» se pronunciaban sin mala intención para hacernos más fuertes. Pero, a partir de la década de 1990, descubrimos que las habilidades en inteligencia emocional están relacionadas con el éxito en las relaciones y en el trabajo. Queremos que los niños aprendan estas habilidades demasiado pronto, cuando sus cerebros todavía no tienen cimientos. Compartimos una visión de futuro en la que vemos comunidades emocionalmente inteligentes, comunidades donde las personas se abracen al diálogo y a la diversidad porque están cómodas con sus emociones y con las de los demás. En este mundo, estamos educando a niños compasivos, seguros y cariñosos para que se conviertan en adultos capaces de relacionarse de forma inteligente, de respetar los límites personales y, al mismo tiempo, de tender la mano a los que están en los márgenes, reconocer sus errores y celebrar sus virtudes. Esta visión compartida nos dio aún más fuerza para realizar este trabajo.

Fue un proceso lento y tedioso el que nos llevó a desarrollar y articular el método, pero su nombre apareció muy pronto: procesamiento colaborativo de las emociones.

¿Qué es el procesamiento colaborativo de las emociones (PCE)?

El procesamiento colaborativo de las emociones es un método de enseñanza y aprendizaje relacionado con las emociones, que se realiza conjuntamente con otras personas y que nos permite construir habilidades de inteligencia emocional para toda la vida. El PCE ofrece a los adultos la oportunidad de tomar conciencia de su propio procesamiento emocional, lo cual, a su vez, permitirá que los niños desarrollen nuevas experiencias y habilidades en el procesamiento de sus emociones. Está diseñado para cualquier persona que se dedique al cuidado de niños y niñas: progenitores, abuelos, docentes, proveedores de servicios a domicilio, especialistas de desarrollo, etc.

Llevamos practicando este método desde 2016, y transmitiéndolo a educadores y administradores de primera infancia desde 2017. Además, Alyssa ha tenido la oportunidad de practicarlo como madre.

¿Y funciona?

Dicho de la forma más breve posible: ¡sí!

No sólo hemos visto resultados de primera mano trabajando con niños y compartiendo este método con educadores, sino que, en 2018, realizamos una investigación-acción con nuestra colega, Ángela García, así como otros docentes participantes. Nuestro objetivo era presentar el procesamiento colaborativo de las emociones, y nuestros hallazgos indicaron que, con la formación en PCE al inicio del estudio y con pautas para la reflexión a lo largo del proceso, docentes y progenitores resultaron más conscientes de sus emociones y/o incrementaron el número de estrategias de respuesta conocidas para el trato con niños pequeños. Profesores y progenitores informaron de que se sentían menos abrumados cuando utilizaban el método PCE.

¿Y cómo les fue a los niños? Recientemente, una de mis estudiantes de educación en primera infancia, Marissa, escribió en un foro: «Yo diría que uno de los objetivos emocionales de mi madre y mi padre conmigo era que tomara conciencia de lo que sentía en cada momento y lo reconociera. Tanto si me consumía el enfado como si era feliz, me enseñaron a reconocer en todo momento lo que estaba sintiendo y a trabajarlo. Esto me enseñó a ser más vulnerable y a estar más abierta a los sentimientos, en vez de encapsularlos, y creo que esto me llevó, en última instancia, a cultivar una relación más estrecha con mis progenitores, porque siempre me hicieron saber que estaban ahí, a mi lado, con independencia de lo que pudiera sentir». El padre y la madre de Marissa practicaron el concepto clave del PCE: paternidad-maternidad incondicional en lo referente a las emociones. Imaginamos que los niños y niñas que están creciendo con el PCE se sentirán también más conectados con sus progenitores como adultos.

Es una práctica

Queremos dejar claro que no es nuestra pretensión que te limites a copiar lo que hacemos, sino que esperamos que integres la filosofía, el conocimiento práctico y la estructura que estamos ofreciendo con lo que tú ya conoces y sabes. Es sumamente importante que reflejes tu contexto cultural en la forma en que implementas el PCE. En ocasiones, te ofreceremos respuestas y frases de muestra para que las utilices en un momento dado, pero se ofrecen sólo como muestra, no para que las memorices. Conviene que elijas las palabras concretas con las que explicar y reconocer emociones tomando como base tu propia comprensión cultural de éstas. Asimismo, es recomendable seguir todos los pasos, pero la *forma* en que lo hagas dependerá de tu estilo personal y de tu contexto social. El PCE *no es un guion* que tú aplicas para que tus problemas desaparezcan. Es *una práctica* que te invitará a profundizar en tus relaciones con los niños (y lo más probable es que también en las relaciones que mantienes con otros adultos en tu vida), de tal manera que lo que tú optes por decir tenga más sentido para ti y para los niños de los cuales cuidas. Mantener la conexión con la comunidad en la cual estás ejerciendo el cuidado es parte del proceso.

El PCE no supone la ausencia de dificultades; es un método para permanecer en las dificultades y superarlas.

No existe ninguna fórmula fácil para este trabajo, pues las relaciones no se pueden planificar. La misma naturaleza de las interacciones humanas es impredecible y depende del paisaje de desarrollo de todos los participantes. Teniendo eso en cuenta, hemos preparado una especie de aventura de «elija usted mismo» para mejorar la calidad de tu experiencia en la interacción con los niños.

Cómo utilizar este libro

A lo largo de los años que llevo trabajando con progenitores, docentes y cuidadores, he de decir que nos han hecho muchas preguntas. La mayoría de ellas transmitía el deseo de saber *cómo* manejar emociones intensas con niños, especialmente cuando la situación requiere tomar decisiones sobre si mantener un límite o reducir expectativas, y cuando guardan relación con comportamientos problemáticos. En respuesta a todas esas preguntas hemos creado esta guía, que está dirigida a todas aquellas personas que dedican su tiempo al cuidado de niños. Sin embargo, para simplificar las cosas, utilizaremos aquí los términos «progenitor» y «tu hijo» a lo largo de todo el texto. Tan sólo debes tener en cuenta que, cuando empleamos el término «progenitor», nos referimos a los diversos roles que supone criar niños, incluyendo los papeles de docente, cuidador y abuelo o abuela. Y por «tu hijo» hacemos referencia al niño que tienes delante en un momento dado, sea cual sea el papel que interpretes con respecto a él.

Quizás el PCE te resulte nuevo, o tal vez hayas estado trabajando ya con nosotras o siguiéndonos a través de Internet durante algún tiempo. Con independencia de dónde hayas empezado, este libro está diseñado para guiarte a través del método PCE de tal manera que puedas navegar a través de comportamientos problemáticos y puedas fomentar la inteligencia emocional en tus pequeños.

Este libro no es un elemento más de una lista de control, del tipo «lee el libro y compruébalo». Es, más bien, una práctica en la que nos vemos nosotros mismos y también a los niños a través de una lente diferente, una lente constituida a base de empatía, que nos permite regularnos y responder a partir de la compasión.

Desde que nuestra generación pasó por la infancia y la adolescencia, el péndulo se ha desplazado hacia la crianza y los cuidados. Existe el profundo deseo de evitar dificultades a los niños, de evitarles aquellas experiencias que conocemos muy bien, en las que nos sentimos muy solos. El ideal en la educación de los niños pasa por evitarles cualquier sentimiento de temor, de decepción, de soledad o de tristeza. El PCE es una guía para tomar conciencia de nuestros hábitos y patrones emocionales para poder elegir nuestras respuestas de una forma más consciente. Es clave, pues permite que los niños experimenten contratiempos y emociones difíciles, pero les lleva también a construir las herramientas que les posibiliten navegar en las emociones, al tiempo que saben que no están solos en el proceso.

Nuestro objetivo con este libro es ofrecer una gruía completa para comprender las emociones, así como una visión general sobre cómo funciona el método PCE para que lo apliques en tu propia vida. Este libro consta de tres partes. La primera y la segunda son secuenciales y deben leerse en orden, en tanto que la tercera es una sección de «elija lo que corresponda en cada momento». La primera parte se centra en nosotros, los adultos, para que reconozcamos lo que aprendimos en la infancia, para que seamos conscientes de nuestros desencadenantes, para que aprendamos a regularnos como adultos y comprendamos lo que está ocurriendo en nuestro cerebro y en nuestro organismo cuando los humanos diminutos tienen emociones gigantes. La segunda parte se centra en el niño. Aquí aprenderás a responder a esas emociones intensas, a reducir la frecuencia de las crisis nerviosas, a crear y a mantener los límites apropiados y, en última instancia, a conectar con cada niño en su singularidad y a sustentarlo. La tercera parte es una oportunidad para profundizar en circunstancias específicas y en las preguntas más frecuentes. Es una especie de «consulte este capítulo si procede». Desde cómo cultivar la empatía hasta de qué manera dar apoyo a los niños en las grandes transiciones –como el cambio de escuela, una mudanza, un nuevo hermanito o hermanita, un divorcio o un fallecimiento– intentamos cubrirte las espaldas con algunas sugerencias para el apoyo emocional. Y concluimos este libro con un capítulo sobre dónde empezar y cómo usar las herramientas que vas a encontrar aquí. Todo el libro está diseñado para volver sobre él más pronto o más tarde, a lo largo del tiempo, dado que esperamos que regreses a los capítulos más relevantes una y otra vez. Todas las imágenes del libro y los recursos adicionales los hemos vinculado en www.seedandsew.org/more, para que profundices en este trabajo a tu propio ritmo.

Hemos incluido preguntas reflexivas a lo largo de todo el libro, y te recomendamos que emplees una libreta de notas, un diario, materiales artísticos o notas adhesivas para plasmar por escrito o dibujar tus respuestas, y para que dispongas de recordatorios visuales acerca de lo que vayas aprendiendo. Si escuchas el audiolibro, puedes encontrar el registro completo de las preguntas, junto con espacio para escribir tus reflexiones, en www.seedandsew.org/more

Queremos que sepas que, por el mero hecho de haber escrito este libro, no estamos sugiriendo que hayamos alcanzado un estado idílico de inteligencia emocional. Lo escribimos desde la perspectiva de dos personas que están implicadas en un proceso personal de desarrollo de sus habilidades de inteligencia emocional, habilidades que son imperfectas. Pero el objetivo no es la perfección, sino, más bien, el crecimiento. El crecimiento es vulnerable y complicado, e implica cometer equivocaciones. Pues bien, tus equivocaciones son bienvenidas.

Como autoras de este libro que se sumergen contigo en el mundo de las emociones, te vamos a explicar muchos episodios de nuestras propias historias, y lo vamos a hacer en primera persona. Podrás conocer las historias de infancia de Lauren y sus experiencias con los niños, además de su formación en yoga y cómo éste influyó en su viaje vital. Como una de las nietas de más edad de los veintitrés nietos de la rama familiar de su madre, Lauren se pasó parte de su infancia cuidando de sus primos más pequeños. A ella, cuando era niña, le encantaba «jugar a la escuela», y le sigue gustando hoy en día, ahora como profesora de universidad. Le apasiona orientar a docentes y familias, sobre todo para gestionar comportamientos problemáticos, algo que hace en su negocio, Engage:feel.think.connect

También conocerás las historias de Alyssa como madre, esposa, maestra, hermana e hija. Alyssa lleva un bebé encima desde que era una humana diminuta. Creció en un pequeño pueblo al oeste de Nueva York, y era la única chica entre otros cuatro hermanos varones. Estar en comunidad forma parte de su esencia. Puso en marcha Seed & Sew, que es un movimiento para cambiar el modo en que los adultos experimentamos las emociones de los niños, un movimiento que ha ido creciendo hasta incluir a aldeas globales de progenitores, maestros y cuidadores comprometidos en la educación de seres humanos emocionalmente inteligentes. Desde su pódcast *Voices of Your Village* («Voces de tu aldea»), sus cursos *online* y su comunidad en las redes sociales, hasta el Certificado S.E.E.D. para programas de primera infancia, este movimiento se ha extendido como el fuego, hasta el punto de que podemos sentir ya que el futuro es emocionalmente inteligente.

Primera parte

¿Qué son las emociones y por qué importan?

Capítulo 1

¿Qué es la inteligencia emocional?

—¿Qué queréis para vuestro hijo cuando crezca? –pregunté a cuarenta y dos progenitores en un taller.

Treinta y ocho de ellos respondieron lo mismo: querían que sus hijos fueran felices. Eso lo entiendo. Yo también quiero ser feliz y deseo que mi hijo también lo sea.

Pero ¿acaso existe alguna persona que sea feliz en todo momento? ¿Qué ocurre cuando alguien le arrebata a tu hijo su juguete? ¿O echa por tierra el castillo de bloques que tanto le ha costado construir? ¿Qué hará cuando alguien le diga que no quiere jugar con él? ¿O si no le invitan a una fiesta de cumpleaños? ¿Cómo se enfrentará a la vergüenza si comete un error en la escuela delante de todos, o a la decepción si no alcanza sus objetivos? ¿En qué se apoyará cuando le embargue la ansiedad al presentarse a las pruebas de ese musical por el que tanto se ha esforzado? ¿Cómo reaccionará cuando sienta la presión de sus pares para que haga algo que sus valores le indican que no debe hacer?

Es natural que los progenitores quieran que sus hijos sean felices, pero la vida no está diseñada para que seamos felices *a todas horas*. La vida es complicada y la experiencia humana trae consigo una compleja variedad de emociones desde la más tierna edad. Se podría incluso argumentar que este rico tapiz de emociones –felicidad, alegría, ansiedad, pesar, miedo, etc.– es lo que hace que nuestra experiencia vital sea tan rica, y que es esencial para hacernos humanos.

Así pues, si me detengo de verdad a reflexionar en lo que quiero para mi hijo, para tu hijo y para todos los niños que nos rodean, llego a la conclusión de que deseo que dispongan de las herramientas necesarias para procesar y pasar por las inevitables dificultades con las que se van a encontrar, para que puedan vivir una vida conectada, compasiva y curiosa. Quiero que comprendan sus emociones y desarrollen las habilidades y los modos de navegar sobre las olas de sus sentimientos de una forma sana y segura. En otras palabras, deseo que sean emocionalmente inteligentes.

«Inteligencia emocional» se ha convertido en una expresión de moda, y por buenos motivos. En Seed & Sew, nuestro eslogan es «El futuro es emocionalmente inteligente», pero ¿qué significa eso? ¿Qué es la inteligencia emocional?

La idea de la inteligencia emocional emergió a principios de la década de 1990, y, desde entonces, ha sido objeto de indagación por parte de investigadores de las emociones y el comportamiento. Se ha aplicado a las relaciones en el hogar, la escuela y el trabajo para comprender las habilidades que permiten a las personas medrar en esas relaciones. En 1998, Daniel Goleman la definió como «la capacidad para reconocer nuestros propios sentimientos y los de los demás, para motivarnos y para gestionar las emociones bien en nosotros mismos y en nuestras relaciones».[1] La inteligencia emocional tiene cinco componentes: conciencia de uno mismo, autorregulación, empatía, motivación y habilidades sociales.

Conciencia de uno mismo

Jonah pegaba, daba patadas y mordía con frecuencia. La reacción de su organismo frente a muchas emociones y experiencias era la de entrar en modo combate, algo que podía ocurrir cuando alguien penetraba en el espacio en el que estaba jugando, mientras estaba en fila al lado de un

1. Goleman, D.: *Working with Emotional Intelligence.* Bantam Dell, Nueva York, 1998, p. 317. (Trad. cast.: *La práctica de la inteligencia emocional.* Kairós, Barcelona, 2000).

amigo, cuando intentaba cerrar el recipiente de la merienda y no lo conseguía, o cuando su hermano estaba jugando con la pala blanca con la que él planeaba jugar –un plan que nadie más conocía–. Su experiencia interna de frustración era equiparable a su reacción externa. No había pausa alguna entre «Siento algo» y «Hago algo». Sus progenitores y maestros –incluso sus compañeros de clase y sus hermanos– deseaban que fuera capaz de encontrar esa pausa, de que, tras ocurrir algo, Jonah fuera capaz de elegir cómo iba a responder.

Y no es que Jonah «no supiera hacerlo mejor». Cuando estaba tranquilo y regulado, era capaz de decirte que los golpes hacen daño o que podría respirar profundamente o dar un pisotón en el suelo antes que dar una patada. Sin embargo, en un momento de cólera o frustración, no podía acceder a esas ideas. Pero introduzcamos el método PCE.

La autorregulación comienza con la conciencia de uno mismo, de manera que comenzamos por ayudar a Jonah a que fuera consciente de lo que sentía en su cuerpo. De modo parecido a cuando decimos «Tengo mariposas en el estómago» para identificar una sensación de nerviosismo o excitación, ayudamos a Jonah a sintonizar con su interior diciendo: «¡Tienes los puños apretados, los hombros a la altura de las orejas y una voz atronadora! ¡Pareces muy frustrado!». Practicamos esto con él durante meses, esforzándonos por detectar las ocasiones antes de que se desatara la erupción volcánica de la emoción. «Estás jugando en la caja de arena y veo que Kai viene hacia aquí, y he visto que la has mirado y tienes los brazos tensos. ¿Te preocupa el hecho de que ella pueda tener un plan distinto para los juguetes que hay aquí?». Al cabo de un par de meses, Jonah comenzó a mostrar que era consciente de sí mismo sin ayuda, diciendo: «¡Tengo los puños apretados, los hombros a la altura de las orejas y una voz atronadora! ¡Estoy frustrado!».

La clave para la autorregulación, la empatía y las habilidades sociales estriba en desarrollar, en primer lugar, la conciencia de uno mismo. Cuando somos conscientes de lo que está sucediendo en nuestro organismo y en nuestra mente, podemos regularnos y conectar con el mundo que nos rodea. Podemos elegir nuestras palabras y acciones, en vez de operar desde la amenaza o la reactividad.

Autorregulación

Una vez que somos conscientes de lo que ocurre dentro de nosotros mismos –dicho de otro modo, una vez nos permitimos tomar conciencia del sentimiento–, podemos encontrar una pausa entre la reacción inicial y la respuesta. El pensamiento inicial y la reacción interna ante algo son automáticos. Ocurre de forma subconsciente. Pero la autorregulación es elegir lo que vas a hacer después, en vez de reaccionar con el piloto automático.

En cuanto Jonah fue consciente de lo que estaba sucediendo en su cuerpo, pudo elegir qué hacer después. Empezamos poco a poco, animándole a que gritara: «¡Ayuda!». Entonces, uno de los progenitores o docentes debía responder y prestarle ayuda para autorregularse y calmar su sistema nervioso, para que no entrara en una espiral ascendente. Y después construíamos a partir de eso. Pasó de gritar «¡Ayuda!» a apretar los puños y soltarlos, mientras pronunciaba la frase que vio que le funcionaba mejor para su cuerpo, «Plan B». (En los siguientes capítulos, indicaremos cómo construir tu caja de herramientas para tu autorregulación y la del niño).

Nos gustaría resaltar que la *autorregulación* y el *procesamiento emocional* son dos cosas distintas. Un ejemplo: el otro día estaba en un restaurante recogiendo la comida que había pedido y pagado a través de una aplicación cuando el personal del restaurante insistió en que presionara un botón de confirmación en mi móvil antes de llevarme la comida. Dado que no había manera de encontrar el botón en mi teléfono, llamaron al servicio de clientes de la aplicación para que pudiera realizar la confirmación por teléfono. Cuarenta y cinco minutos más tarde todavía estaba en el restaurante, después de que me pusieran en espera dos veces, y todavía no me permitían llevarme la comida. Para cuando me fui, había pagado dos veces por el pedido y había pasado una hora desde que recogí la comida. Se me llevaban los demonios. La clave aquí está *dentro.* No levanté la voz en ningún momento durante aquella hora... aunque creo que me quejé en algún momento. No era el lugar adecuado para procesar ni la gente correcta con la que hacerlo. Mantuve la calma por fuera y me autorregulé, pero no procesé ninguna emoción. Es posible autorregularse habiendo procesado o no las emociones.

Es posible que alguien se autorregule porque ha *reprimido* sus sentimientos en lugar de *procesarlos*. Los sentimientos reprimidos no desaparecen por sí solos, pues a veces explotan (o implosionan) cuando menos te lo esperas. Es como si los hubieras archivado en algún lugar para más tarde: tú te regulas para superar la situación y, posteriormente, procesas el sentimiento en el espacio adecuado. ¡Yo procesé las emociones del restaurante con mi marido y mis amistades cuando regresé a casa!

La autorregulación es importante para las relaciones en la escuela y en el trabajo por motivos obvios. El procesamiento de emociones es importante para mantener relaciones significativas e íntimas, para disfrutar de cierta sensación de libertad, por el bien de la sostenibilidad en las profesiones centradas en seres humanos y para resistir en la obtención de objetivos a largo plazo. La autorregulación y el procesamiento de emociones son muy valiosos cuando los desarrollamos en tándem, que es el objetivo del método PCE.

Empatía

Simon, de casi dos años, estaba construyendo un castillo de bloques cuando su hermana llegó gateando y derribó todo lo que había hecho. Lo primero que pensé en decirle fue: «¡Vaya desastre! Pero puedes construirlo de nuevo. Eso es lo bueno de los bloques». Pero entonces me acordé de algo que había sucedido el día anterior, cuando acababa de doblar una montaña de ropa limpia que parecía haber estado allí, en un montón, toda la vida. La ropa estaba toda alineada en pequeños montoncitos en el sofá, a la espera de que los llevara a sus respectivas habitaciones, cuando el bebé llegó como un torbellino y lo echó todo por tierra. Cuando lo vi todo esparcido por el suelo, me embargaron unos profundos sentimientos de decepción y frustración. Me sentía furiosa con el niño, frustrada por haber hecho todo el trabajo sólo para tener que volverlo a repetir. Imagina que, en ese momento, alguien me hubiera dicho: «No te preocupes. Lo puedes doblar todo de nuevo». ¡No! No, gracias. Ya lo había hecho. No quiero volver a hacerlo.

De repente, la cólera de Simon ante la destrucción de su castillo de bloques adquirió pleno sentido para mí. Te esfuerzas muchísimo para hacer algo y viene alguien y te lo destroza, con independencia de las intenciones o habilidades de la otra persona.

Pero no pretendemos empatizar con *por qué* alguien siente algo, sino con *qué* está sintiendo. Si alguna vez has sentido una profunda decepción, puedes empatizar con cualquier otra persona que esté decepcionada. Brené Brown afirma: «Empatía es sentir *con* la gente».[2] Es difícil porque te exige que no intentes animar a alguien cuando está sufriendo, ni intentar razonar con alguien diciéndole que lo que le ha sucedido no es tan malo o podría ser peor.

Tanto mi marido como yo sentimos la necesidad de hacer algo para que el otro se sienta mejor cuando lo está pasando mal. Nos conocimos durante la formación como profesores de yoga y solemos terminar mascullando algún concepto enjundioso del yoga para explicar cómo es el universo, cosa que puede resultar inspiradora durante una clase de yoga, pero que puede ser bastante molesta para una persona que está teniendo un mal sentimiento. En los últimos años, hemos optado por dejarnos sentir lo que tengamos que sentir sin intentar que el otro se sienta mejor. Es complicado, pero tienes la sensación de que haces lo correcto.

Motivación

¿Has estado alguna vez tan concentrado en algo o con alguien que el resto del mundo se ha desvanecido? En esos momentos estamos en la cumbre de la experiencia porque estamos haciendo algo que queríamos hacer y/o que nos estimula de algún modo. Aprendemos mejor cuando estamos intrínsecamente motivados.

Durante un curso fui profesora sustituta; es decir, tenía que cubrir las ausencias de otros docentes cuando no podían realizar su trabajo. Cuando asumí aquel papel, recordé que, cuando era profesora, cada vez que mi compañera en clase no podía venir y tenía que ser sustituida por otro docente, los niños se mostraban más frágiles, y yo me pasaba el día

2. RSA Shorts. *Brené Brown on Empathy.* Con la voz de Brené Brown (2013). YouTube [vídeo]. www.youtube.com/watch?v=1Evwgu369J

apagando fuegos en lugar de enseñando. Los planes de estudios tenían que esperar, mientras yo centraba mi atención en apoyar a los niños que estaban más desconcertados por el cambio de rutina.

Así pues, como profesora sustituta, he tomado la decisión de aprender a dar apoyo a esos niños, en este caso cuando mi propia presencia es el motivo por el cual se sienten desconcertados, para que el docente de clase pueda mantener el plan de estudios y la cultura de aula. Aquel año aprendí mucho acerca de cómo construir relaciones de confianza con los niños que se resisten, y supe estar presente con ellos cuando se sentían más vulnerables. Hacia la mitad del curso, estos niños mostraban su alegría cuando se enteraban de que aquel día estaría en su clase, y pude aprender mucho porque estaba haciendo algo que quería hacer y que me estimulaba de algún modo. A su vez, yo cumplía el papel de un modelo para los niños, y ellos aprendieron que no tenían nada que perder arriesgándose conmigo. Estaban motivados para ver lo que yo pudiera ofrecer.

Sería maravilloso que pudiéramos vivir de una motivación intrínseca las veinticuatro horas al día, siete días a la semana, pero no es muy práctico cuando hay facturas que pagar, compras que hacer, un hogar que adecentar y los aspectos menos inspiradores de nuestro trabajo que resolver. Lo bueno es que *podemos* darnos apoyo a nosotros mismos y a los niños para cultivar la motivación desde dentro. Una de las mejores maneras de hacerlo es aplicando el trabajo sobre motivación de Daniel Goleman a nuestras relaciones con los niños, que guarda relación con cómo nos hablamos a nosotros mismos y a los niños, cómo celebramos nuestros logros y los suyos –por pequeños que sean–, optando por el estímulo y la compasión en vez de por el perfeccionismo, teniendo la disposición de practicar y buscando ayuda cuando la necesitamos.[3]

Habilidades sociales

Hay personas en mi vida a las que califico como «personas de gente», otras que vieron en la pandemia la excusa perfecta para evitar socializar

3. Goleman, pp. 258-277.

y mucha gente entre uno y otro extremo. Con independencia de lo proclive que seas o no a rodearte de gente, te va a resultar difícil negar la evidencia de que nos necesitamos unos a otros. La comunicación, incluidos el lenguaje corporal y otros comportamientos, es esencial para jugar, trabajar, aprender, amar y estar junto a otros seres humanos. El modo en que nos comunicamos y aprendemos a hacerlo está directamente relacionado con las habilidades sociales.

Las habilidades sociales requieren conocimientos sociales, que «hace referencia a los nombres y convenciones culturales inventadas por las personas, como el lenguaje y las expectativas de comportamiento».[4] En un sentido práctico, necesitamos estas normas y expectativas sociales para conocernos y encontrarnos unos a otros en un mundo caótico. Pero, al mismo tiempo, convendrá recordar que son *inventadas,* que son constructos sociales. Existen muchas maneras correctas de interactuar con otros seres humanos, y lo que convierte en «correcto» cualquier uso del lenguaje o del comportamiento es el contexto. Eso significa que lo que es apropiado decir y hacer en casa es por lo general diferente de lo que es apropiado en la escuela, en la sinagoga, en la tienda de comestibles o en la casa rural de tus abuelos, donde nació tu padre.

Un día, a mitad de curso, Patrick, uno de mis veinte niños de preescolar, se tiró un p... en el aula. Creímos que ninguno de los otros niños lo había oído, de modo que no dijimos nada. Los niños de estas edades tienen con frecuencia la necesidad de hacer cosas que se les ha pedido que no hagan, por lo que no queríamos prestarle atención innecesariamente. Por otra parte, estábamos trabajando también con Patrick, intentando proporcionarle atención positiva, de manera que, cuando podíamos pasar por alto algún comportamiento disruptivo, lo hacíamos.

Un poco más tarde, aquella misma mañana, Patrick pronunció la palabra «p...» unas cuantas veces más, en un intento por incomodarnos: «¡Te estás tirando p...!» En aquel momento, una de nosotras le explicó –a solas– que algunas familias no tienen ningún problema con esta palabra, pero que otras se sienten incómodas con ella, de modo

4. Maguire-Fong, M. J.: *Teaching and Learning with Infants and Toddlers: Where Meaning-Making Begins.* Teachers College Press, Nueva York, 2015, p. 123.

que sería mejor que no la utilizara en clase. En la conversación se intentó validar el sentimiento que había desencadenado el deseo de molestar a la maestra, y se le sugirió otra frase para comunicar aquellos sentimientos. Se le dijo que podía utilizar la palabra «p...» en casa *si* su familia se sentía cómoda con ello, pero que en la escuela nos teníamos que ajustar a aquellas palabras con las que todo el mundo se sintiera cómodo. Patrick asintió con la cabeza y volvió a jugar.

Al cabo de treinta minutos, varios niños estaban bailando por ahí, encantados de pronunciar colectivamente la nueva palabra prohibida, prescindiendo incluso de su significado. Uno de los niños intentó incomodar a una de las profesoras de la hora de la siesta diciéndole: «¡Te estás p...ndo!». Aunque a todo mi equipo docente le pareció divertido, sabíamos también que gran parte de nuestro trabajo consiste en enseñar habilidades sociales, y que, si todos los niños regresaran a casa diciendo palabras malsonantes, los progenitores podrían sentirse decepcionados. Por convención social, el uso de la palabra «p...», o de cualquier otra palabra malsonante, se considera inapropiado en la escuela (y, más tarde, en el entorno profesional). Y se espera que, en nuestra cultura, los adultos les transmitan esto a los niños.

Durante esta emergencia de habilidades sociales, reunimos a aquel grupo de niños para explicarles las expectativas sociales relacionadas con aquella palabra. También les comentamos que la palabra tiene una definición que no podíamos compartir con ellos porque es una definición de adultos. Asimismo, les hicimos saber que hay personas que la utilizan en ocasiones para hacer daño. Después, les recordamos los acuerdos del aula, según los cuales debemos cuidar unos de otros. Y, finalmente, escribimos una larga nota a las familias acerca de lo que había sucedido y cómo lo habíamos gestionado.

A la hora en que los progenitores vienen a recoger a los niños, la madre de una de nuestras estudiantes más conscientes socialmente y más respetuosa con las normas vino con discreción a preguntarnos si había sido *su* hija quien había expuesto al grupo a la novedosa palabra. Nos contó que su hija la había escuchado de manera casual, bien de ella o bien de su marido, mientras iban en el coche, y comenzó a decirla en casa. Después de escuchar a aquella madre, no nos podíamos creer lo que había sucedido, pues esta niña no se encontraba entre los niños que habían estado jugando con la palabra «p...» aquel día, y ni siquiera hubiéramos sospechado que la niña la hubiera pronunciado en algún otro lugar. Pero en el contexto del desarrollo de las habilidades sociales, tiene perfecto sentido que la niña la pronunciara en casa y no en la escuela. Al parecer, el aprendizaje social hacía mella en la niña con mucha facilidad, de ahí que supiera cuándo era apropiado utilizar la palabra y cuándo no. Como es natural, la mayoría de los niños necesitan algún tipo de orientación para comprender el contexto, precisan la atención positiva de un adulto que les explique el uso de un lenguaje socialmente reafirmante en la escuela, y/o de ayuda en la construcción de habilidades de autorregulación que les permitan contenerse.

El rango de habilidades y de conocimientos que necesitas para interactuar con eficacia en cada uno de los contextos en los que pasas tu tiempo será diferente; pero, para interactuar dentro de colectivos humanos, se requieren habilidades y conocimientos sociales. Esto no quiere decir que tales normas y expectativas no puedan cambiarse, dado que en realidad lo hacen con el tiempo –lo bueno de haberlas inventado es que podemos reinventarlas–. Un ejemplo de esto es el cambio de paradigma que nos lleva a abrazar la naturaleza emocional del ser humano.

«El futuro es emocionalmente inteligente»

Nuestros niveles de conciencia de nosotros mismos, de capacidad para empatizar, de autorregulación, de motivación y de habilidades sociales tienen su efecto en la forma en la que nos sentimos, y afectan a los sentimientos de las personas que nos rodean. La popular frase que podemos encontrar en tantos vinilos decorativos y que se suele atribuir a Maya Angelou, resuena en mi interior: «He descubierto que las personas se olvidan de lo que dijiste y de lo que hiciste, pero nunca se olvidan de lo que les hiciste *sentir*».[5] Hay algo muy poderoso en el senti-

5. Personal, *Harper's Bazaar:* «21 of Maya Angelou's Best Quotes to Inspire: Remembering the Late Activist and Literary Icon's Most Uplifting Words of Wisdom», 2017. harpersbazaar.com

miento subyacente de que nuestro comportamiento pueda provocar emociones en los demás. Y, aunque cada uno de nosotros dispone de poder sobre sus propias emociones, también cuenta con poder para hacer aportaciones sociales positivas o negativas en el día a día de cualquier otra persona.

Imagina un mundo en el que pudiéramos sentir nuestras emociones sin ahogarnos en ellas gracias a que disponemos de herramientas para su regulación y procesamiento.

Éste es el motivo por el cual estamos interesadas en cómo cuidan de los demás los seres humanos emocionalmente inteligentes. ¿Cómo viven estas personas los momentos tumultuosos en su vida o en el trabajo? ¿Cómo responden a sus propios sentimientos y a los de los demás? ¿A qué herramientas recurren para perseverar y desarrollar su resiliencia? ¿Qué hacen para descansar y recargar las baterías? ¿Qué límites establecen en su entorno laboral? ¿Cómo abordan las dinámicas familiares desencadenantes?

Imagina que tienes un sentido equilibrado de la conciencia de ti mismo y que lo intercambias con tus seres queridos y tus colegas. Imagina un mundo en el que pudiéramos sentir nuestras emociones sin ahogarnos en ellas gracias a que disponemos de herramientas para su regulación y su procesamiento. ¿Qué clase de vida tendrías si te sintieras seguro en tus sentimientos y si los demás no intentaran detenerlos por miedo o por incomodidad? Imagina un mundo en que todos tuviéramos las habilidades sociales necesarias para entablar un vivo debate que llevara a la colaboración y a una visión compartida por el crecimiento de la humanidad y desarrollara la capacidad para reconocer cuándo no hemos satisfecho nuestras intenciones, sin enjuiciar.

Esto es la inteligencia emocional.

Nosotras imaginamos comunidades en las que la gente se abraza al diálogo y la diversidad porque se siente cómoda con sus emociones y con las de los demás. En este mundo estamos educando a niños compasivos, confiados y cariñosos para que se conviertan en adultos capaces de liderar o seguir liderazgos, de respetar los límites personales y, al mismo tiempo, aproximarse a quienes están aislados, y de reconocer sus errores mientras celebran sus fortalezas.

Esto es la inteligencia emocional.

Esta visión del futuro nos obliga a comprometernos a fondo –a trabajar juntas– en este empeño. Y no estamos solas dentro del contexto del desarrollo infantil, la inteligencia emocional, la crianza, la educación precoz, el cuidado y la atención plena. Existe una comunidad grande y creciente de personas que están empeñadas en construir un mundo emocionalmente inteligente.

Quizás hayas escuchado la frase «No puedes enseñar trucos nuevos a un perro viejo». Pues bien, resulta que esto no es cierto con respecto a los seres humanos. Hemos aprendido mucho de la capacidad que tiene el cerebro para seguir aprendiendo y transformándonos a lo largo de toda la vida. Es cierto que es más difícil para un adulto desarrollar nuevas habilidades de lo que resulta para un niño, pero, si queremos, podemos hacerlo. Ni siquiera la genética tiene tanto poder en el tipo de persona en la que nos convertimos como en otro tiempo pensábamos. Resulta que lo que ocurre en nuestra vida puede hacer que nuestros genes se apaguen o se enciendan.[6] ¿No es sorprendente? También hemos descubierto que un poco de pensamiento positivo, como tomarse unos instantes para reconocer algo o demostrar gratitud por alguien, nos puede ayudar a enfrentarnos a los desafíos de la vida. Esto significa que somos capaces de cambiar, y que quien creemos ser hoy en día no tiene por qué limitar la visión del yo que visualizamos en el futuro.

Con todo esto queremos decir que, cuando las emociones gigantes emergen en los niños de nuestra vida, disponemos del poder de *decidir* cómo vamos a responder, en vez de reaccionar con el piloto automático. Podemos *optar* por responder de un modo que lleve hacia comunidades emocionalmente inteligentes.

---

6. Center on the Developing Child: «What Is Epigenetics and How Does It Relate to Child Development?» (s.f.). https://developingchild.harvard.edu/resources/what-is-epigenetics-and-how-does-it-relate-to-child-development/

Pero ¿qué aspecto tendría esto? ¿Cómo encontrar algo de claridad y cierto sentido de agencia a la hora de criar y educar a niños pequeños durante la época más crucial de su desarrollo? ¿Y qué clase de piloto automático nos lleva a reaccionar en vez de responder con intención? ¿Cómo podemos reconectar y seguir avanzando, lejos de nuestro deseo de perfeccionismo?

En este libro exploramos lo que supone fomentar una inteligencia emocional colectiva que lleve al desarrollo de niños empáticos, confiados y dignos de confianza, que sean capaces de interactuar con su entorno, de defenderse por sí solos y de involucrarse con respeto en la comunidad. Te vas a tener que enfrentar a tus relaciones con los niños, la familia y/o tu aula; y, lo que es más importante, te vas a tener que enfrentar a ti mismo. Abróchate el cinturón para las conversaciones farragosas pero veraces que vamos a tener respecto a cómo enfrentarse a los materiales más duros, pues algunas partes de este proceso pueden ser incómodas. Pero hagámoslo juntos, pues se supone que esto no es algo que haya que hacer en soledad.

Capítulo 2

Tu papel en las emociones de tu hijo

Hace unas semanas, durante una visita a mis progenitores, estuve viendo fotografías de mi infancia, y me encontré con una versión minúscula de mí misma dentro de algo parecido a un contenedor, con unas correas sueltas sobre los hombros.

—¿Era ésta mi sillita de bebé en el automóvil? –le pregunté nerviosamente a mi madre.

—Sí, así eran entonces –respondió ella–. ¡Demonios! Cuando yo era pequeña, ni siquiera existían las sillitas de bebé para el automóvil. Mi madre nos llevó en su regazo hasta que fuimos suficientemente mayores como para sentarnos atrás.

Con el paso de las generaciones, hemos aprendido bastante sobre cómo proporcionar una mayor seguridad a los bebés en los automóviles, y las sillitas han ido evolucionando al ritmo de nuestros conocimientos. En el futuro, estoy segura de que los niños actuales mirarán las fotografías y pensarán que sus sillitas de bebé eran muy rudimentarias (por avanzadas que parezcan hoy en día) y se sentirán tan estupefactos como yo cuando vi aquella foto mía.

Al menos así lo espero, pues tengo confianza en que seguiremos aprendiendo. Espero que sigamos evolucionando, creciendo y cambiando. Y no sólo en las sillitas de bebé de los automóviles, sino también en todas las áreas de la vida. Y, a medida que vayamos aprendiendo, espero que nuestras prácticas cambien también en función de los nuevos conocimientos.

Lo que intento señalar con esta historia son dos cosas. La primera, que cada generación hace lo que puede con los conocimientos y los recursos que tiene a su disposición. La segunda, la forma en que nos criaron nuestros cariñosos progenitores –por vanguardista que fuera en su época– puede estar por completo desfasada con respecto a los últimos descubrimientos científicos sobre el desarrollo infantil.

Que no se me entienda mal: el cambio puede ser difícil, sobre todo con algo como la crianza, donde la forma en la que interactuamos con los niños está determinada en gran medida por el modo en que nos criaron a nosotros. Existe cierto confort en lo que ya sabemos, en cómo se nos educó y a lo que estuvimos expuestos. Esas experiencias serán siempre parte de nosotros. En nuestras relaciones con los niños, esos recuerdos emergen para señalarnos todo lo que nos pueda parecer incómodo o nuevo, o bien cuando algo nos lleva a sentirnos nerviosos o ansiosos. Parte del método PCE consiste en aprender formas de reconocer aquellas cosas que desencadenan estas experiencias y recuerdos, y en cómo seguir adelante en el presente con la conciencia de uno mismo.

En ocasiones abro la boca y sale mi madre, y a veces está bien, pues dice cosas que realmente quiero transmitir a los niños. Pero en otras ocasiones, sale algo que llevo años intentando superar en la terapia, y no quiero grabar eso en la mente del niño que tengo delante de mí.

Nuestro papel en la vida de cada niño o niña es crucial, pues sentamos las bases de cómo se van a presentar en sus relaciones con los demás. Un día, ellos abrirán la boca y saldremos nosotros por ella, y ¡maldita sea!, esto es una gran responsabilidad. Con el fin de realizar la necesaria inmersión en nosotros mismos y en nuestros comportamientos arraigados –en quiénes somos y quiénes queremos ser–, hay algo que debemos tener muy en cuenta: que la perfección *no* es el objetivo. Yo nunca he terminado mi jornada laboral con los niños y me he aplaudido diciéndome: «¡Guau! Hoy he sido la madre o la maestra perfecta».

En su taller para el programa de formación profesional del profesorado de Seed & Sew, el Certificado S.E.E.D., la psicóloga Lynyetta Willis habla de este tira y afloja entre el pasado y el presente como de una carrera de relevos de bendiciones y de cargas heredadas. Las bendiciones heredadas son las experiencias, frases y momentos de nuestra infancia que nos sirven y dan sustento a nuestra vida. Las cargas heredadas son los problemas que estamos intentando superar con el fin de escribir una historia diferente. Nuestros abuelos y abuelas pasaron el testigo a nuestros progenitores, que nos transmitieron algunas bendiciones y sanaron ciertas cargas. Y luego éstos nos pasaron el testigo a nosotros para que sanáramos más cargas, y después les pasaremos el testigo a nuestros hijos para que continúen navegando sobre sus bendiciones y cargas heredadas. Espero que algún día nuestros hijos crezcan y nos digan lo que aprendieron y lo que están haciendo de un modo diferente. De manera que escucha: no estás fracasando por el mero hecho de no ser perfecto. Eres un ser humano. Tu confusión y tu desorden son bienvenidos.

El estrés crónico y las Experiencias Adversas de la Infancia (EAI)

El cerebro está diseñado para manejar una cantidad razonable de estrés, pero un entorno estresante crónico puede tener un impacto negativo en la relación entre el cerebro de supervivencia y el cerebro del pensamiento racional, y, por tanto, en el aprendizaje y el desarrollo.

Los profesores de neurociencia Brian Kolb e Ian Whishaw afirman: «Normalmente las respuestas de estrés son breves. El organismo moviliza recursos, se enfrenta al reto a nivel fisiológico y conductual, y después reduce la respuesta de estrés. El cerebro es el responsable de encender esta reacción y de apagarla». Este diseño nos permite estar en un estado intensificado si se presenta una amenaza, con el fin de reaccionar sin tener que pensar. Si un niño se halla en peligro, la respuesta de estrés nos permitirá reaccionar de forma instintiva para mantenerlo a salvo, y luego se apagará mientras reanudamos la vida cotidiana.

Pero estos profesores continúan diciendo: «Si la respuesta de estrés no se apaga, el organismo seguirá movilizando energía del caudal de energía almacenado; se agotarán las proteínas, que traerá como resultado desgaste y fatiga muscular; la hormona del crecimiento se inhibirá y el cuerpo no podrá crecer; el sistema gastrointestinal permanecerá apagado, reduciendo así la ingesta de nutrientes con los cuales reemplazar los recursos utilizados; las funciones reproductoras se inhibirán y el sistema inmune se verá reprimido, incrementando así la posibilidad de una infección o una enfermedad».[1] A esto se le denomina estrés tóxico.

En un estudio comenzado en 1994 se investigó qué relación guarda el estrés tóxico con los comportamientos de riesgo para la salud en la fase adulta. Los factores de estrés tóxico que se investigaron recibieron el nombre de Experiencias Adversas de la Infancia, o EAI. Existen diez categorías de EAI.

1. Abusos físicos
2. Negligencia física
3. Divorcio
4. Abusos sexuales
5. Abusos emocionales
6. Negligencia emocional
7. Vivir con un familiar con una enfermedad mental
8. Tener un familiar encarcelado
9. Tener una madre maltratada
10. Utilización de sustancias en el hogar

¿Cuántas de estas experiencias has experimentado tú? Ésa será tu puntuación EAI. Puedes encontrar el test EAI (ACE en inglés, Adverse Childhood Experiences) en www.seedandsew.org/more. El 67 % de la población de Estados Unidos tiene una EAI, y una persona de cada ocho tiene cuatro EAI o más. Este estudio, y posteriores investigaciones EAI, han demostrado que una puntuación de cuatro o más EAI puede tener como resultado trastornos drásticos de salud física y psicológica, los cuales suponen que la persona tenga doce veces más probabilidades de suicidarse, siete veces más probabilidades de un trastorno

1. Kolb, B. y Whishaw, I.: *Fundamentals of Neuropsychology.* Worth Publishers, Nueva York, 2015, pp. 169-170. (Trad. cast.: *Neuropsicología humana.* Médica Panamericana, Madrid, 2006).

por abuso de alcohol y 2,4 veces más de probabilidades de padecer un derrame cerebral.[2]

Existe una inmensa diferencia entre el estrés tóxico y el estrés tolerable, dado que este último permite el flujo y reflujo de las hormonas del estrés, mientras que el estrés tóxico supone un desbordamiento de esas hormonas. Muchas EAI son intergeneracionales, es decir, se transmiten de una generación a la siguiente. Lo que resulta significativo acerca de esto es que, dentro de este ciclo, la persona cuidadora principal dispone del poder de sanar su trauma y de crear una narrativa y un resultado diferentes para el niño. El método PCE tiene cinco componentes, y sólo uno guarda relación con las interacciones adulto-niño. Los otros cuatro están centrados en el adulto. El papel que podemos jugar en nuestra propia sanación es increíblemente poderoso para la caja de herramientas que transmitimos a los niños.

Si tú y/o tu hijo estáis sufriendo estrés tóxico, hay algunas cosas que puedes hacer para aliviar los efectos a largo plazo. Ejemplos de ello son las técnicas de cuidados personales proactivas, como la terapia, el acceso a la despensa de alimentos, reuniones de grupo o mantener la conexión con la comunidad espiritual. El Center for Youth Wellness («Centro para el Bienestar de la Juventud») dispone también de herramientas para ayudar a las familias que viven con estrés tóxico. El cuidado personal receptivo puede incluir la comunicación con alguien que ayude a la persona a realizar una transición y a establecer los recursos que pueda necesitar para llevarla a cabo. En el capítulo 13 ofreceremos consejos para construir tu aldea de confianza y para que no te sientas mal pidiendo ayuda. Estamos convencidas de que cada padre o madre quiere ser el mejor progenitor para su hijo, y éste es un viaje que nadie debería realizar solo. Estarás cambiando las circunstancias para tu hijo en la medida en que cuides de ti mismo. Como diría Britt Hawthorne, autor superventas de *The New York Times*: «Estamos aquí para darte apoyo».

---

2. Centers for Disease Control and Prevention, Kaiser Permanent: «The ACE Study Survey Data» [Datos no publicados]. U.S. Department of Health and Human Services, Centers for Disease Control and Prevention, Atlanta, GA (2016).

El apego y por qué es importante

La piedra angular del desarrollo emocional reside en el apego. Pongámonos doctas por un segundo.

La teoría del apego, que incluye cuatro tipos de apego, es uno de los resultados de las investigaciones de John Bowlby y de la fallecida Mary Ainsworth. El apego es algo específico de la relación entre un niño y la(s) persona(s) cuidadora(s) principal(es).[3] Esta relación es diferente, pero sirve de fundamento para otras relaciones, como las que la persona mantiene o mantendrá con sus pares, hermanos y futuras parejas. Según la teoría del apego, con el fin de que el niño se sienta sano y salvo para poder asumir riesgos, explorar su entorno y separarse de un cuidador, el niño tiene que sentir que puede confiar en la persona que cuida de él, que será capaz de comprender sus necesidades, satisfacerlas y hacer que se sienta seguro.

Una parte de mí siente que debería poder hacerlo todo y teme que, si sigo pidiendo ayuda, en algún momento dejaré de ser una persona digna de ser amada.

Lo que más contribuye a construir este tipo de relación de confianza es una interacción confiable de ida y vuelta entre el bebé y la persona que cuida de él, una interacción que denominamos servicio-y-devolución. ¿Te has dado cuenta, cuando tu bebé balbucea, que es como si estuviera diciendo algo *realmente*? Quizás te haya ocurrido con tu propio pequeño. Pues bien, en estos casos, el bebé suele hacer una pausa después de balbucear, dándole la oportunidad al adulto para que responda. Es posible que tú mismo hayas hecho esto de manera automática.

La comunicación y la conexión son mucho más que las palabras que nos decimos unos a otros. Antes incluso de que puedan comprender las

3. Bretherton, I.: «The origins of attachment theory: John Bowlby and Mary Ainsworth». *Developmental Psychology*, vol. 28, pp. 759-775 (1992).

palabras que les decimos, los niños pequeños aprenden a entender lo que intentamos transmitirles por el tono de voz, por el lenguaje corporal y por el volumen de la voz. No sólo nos comunicamos con los niños mediante las palabras que les decimos, sino también por cómo las decimos, por lo que nuestro cuerpo dice y por cómo reaccionamos en diferentes escenarios. De este modo, comenzamos a formar apegos con el niño, que le permiten saber cómo actuar y cómo no actuar con nosotros con el fin de sentirse seguro, antes incluso de estar en disposición de utilizar el lenguaje.

El apego está arraigado en la seguridad, pues el niño depende de una persona que lo cuide para su supervivencia, y eso significa hacerse querer para que alguien esté ahí y cuide de él. En cada interacción, los niños preguntan inconscientemente: «¿Soy digno de amor? ¿En qué situaciones? ¿Estoy seguro? ¿Cómo puedo estar seguro?». Los niños investigan permanentemente a través del ensayo y error, tomando nota de nuestras reacciones y adecuando su comportamiento de manera consecuente. Con el tiempo, estos patrones de interacción y ajuste forman un estilo de apego:

El apego seguro. En un apego seguro, el niño se siente a salvo, siente que se le tiene en cuenta, se siente seguro y en calma. La persona que cuida de él está emocionalmente disponible para él en sus experiencias. En las relaciones de apego seguro también se incluye la ruptura (errores, retos, desconexiones) y la reparación. (Recuerda que esto no precisa perfección alguna por parte de la persona que cuida. Más adelante ofreceremos más información). En una relación de apego seguro, el adulto se responsabiliza de su propia regulación.

El apego ansioso. En el apego ansioso, el niño se siente responsable de regular sus propias emociones para que el cuidador no se desregule. Esto puede traer consigo cierta codependencia, así como miedo al conflicto. El niño aprende que el adulto no se siente cómodo con sus emociones más intensas.

El apego de evitación. En el apego de evitación, el niño se siente desconectado del adulto, o incluso invisible ante su presencia. Sus necesidades fisiológicas básicas están satisfechas, pero no las emocionales. La persona que lo cuida puede mostrar desdén por las emociones del niño, diciéndole cosas como «estás bien», «no necesitas llorar por eso» o «no hace falta que te disgustes». El niño aprende que el adulto no está cómodo con sus emociones más intensas.

El apego desorganizado. Éste suele ser el resultado de abusos, traumas o caos en el hogar. En el apego desorganizado, el niño puede temer a la persona que cuida de él o puede sentirse inseguro con ella. La persona que lo cuida es esporádica y poco consistente, siendo impredecible su disponibilidad a la hora de satisfacer las necesidades físicas o emocionales del bebé. Las respuestas del cuidador pueden ser cálidas o gélidas, haciendo que el niño se sienta inseguro sobre la reacción que cabe esperar en un momento dado.

Cómo afrontar tus estilos de apego de la infancia siendo adulto

Yo crecí en una familia numerosa en la que nuestros progenitores tenían que trabajar muchas horas para satisfacer nuestras necesidades básicas, de tal modo que pedir ayuda no era una manera de mostrar ni de recibir amor. De hecho, hay una parte de mí que se siente orgullosa cuando discurro con la corriente y no tengo que confiar en otros para satisfacer mis necesidades. Esa parte de mí preferiría sufrir en silencio antes que precisar «demasiado mantenimiento». Sin embargo, como persona adulta, he tenido que aprender a pedir ayuda con la conciencia de que, cuando lo hago, no dejo de ser digna de afecto. Mi estilo de apego de evitación de la infancia vive, no obstante, dentro de mí y emerge también ahora que soy una mujer adulta. Mis necesidades básicas están satisfechas, pero, al igual que ocurre con otras muchas personas, mis progenitores no dispusieron de las herramientas necesarias para satisfacer mis necesidades emocionales. Causar trastornos a los demás me incomoda sobremanera, pero tengo que seguir practicando decir «Necesito ayuda» siempre que la preciso, por muy nerviosa que me ponga y por mucho que me suden las manos.

Este problema emergió a la superficie también durante la crianza de mi hijo, casi a diario, con la inmensa carga mental que me suponía –¿Necesitamos más pañales? ¿Las galletas y la comida están listas para la cuidadora? ¿Cuándo se ha despertado de la siesta? ¿Cuándo fue la última vez que se lavaron las sábanas? ¿Habrá que comprar más protector solar antes del viaje?–. Era una lista interminable. En una ocasión estuve a punto de desmoronarme. Cada vez que pensaba en los miles de cosas de las que tenía que ocuparme con nuestro hijo, mientras mi pareja pasaba de todo, se me llevaban los demonios. Yo sabía que, por el bien de nuestra relación, tenía que pasar por la desagradable situación de pedirle ayuda y causarle trastornos antes que sufrir en silencio.

—Parece que sea la única responsable de pensar en todo lo que necesita el niño, y luego tengo que pedirte que me ayudes, y me siento fatal –le dije con las manos sudorosas y el corazón a mil por hora un sábado por la mañana, después de desayunar–. No necesito una respuesta ahora si precisas asimilarlo. Podemos hablar de ello mientras el niño duerme la siesta.

(He descubierto que, en mi caso, es importante hacer una pausa en medio de una conversación como ésta, en vez de llenar los silencios, ¡si es que puedo hacer una pausa! Cuanto más digo, más rápido hablo y más abrumado se siente él, hasta que terminamos a gritos o él se cierra en banda. Y dado que detesto dejar un conflicto sin resolver, me lleva tiempo comprender que necesitamos convivir durante un tiempo mientras ambos nos regulamos. Sólo entonces podemos escucharnos de verdad el uno al otro).

Cuando reanudamos la conversación durante la hora de la siesta, mi compañero dijo:

—Tengo la sensación de que te das cuenta de las cosas antes que yo, y no sé qué hacer respecto a eso.

Había estado asumiendo todas las tareas, sin delegar las cosas del niño durante tanto tiempo que él estaba totalmente condicionado, hasta el punto de que ni siquiera sabía qué podía hacer. De modo que decidimos abordar la carga de trabajo de una manera más sistemática con el fin de que yo pudiera compartirla con más facilidad. Realizamos una hoja de cálculo con todas las tareas relativas al niño y a la casa que hacíamos cada uno y nos las repartimos. Ahora tenemos una lista maestra compartida que no deja de aumentar y de cambiar a medida que crece y cambia nuestra familia.

No me resultó fácil hacer esto, si tenemos en cuenta cómo fui educada. Y una parte de mí emerge sumamente molesta siempre que tengo que pedir ayuda con aquellas tareas que, por lo general, recaen sobre mí. En ocasiones, esa parte de mí se manifiesta para mi vergüenza, pues piensa que debería ser capaz de hacerlo todo y teme que, si sigo pidiendo ayuda, llegará un momento en que ya no mereceré cariño y afecto. Piensa que la gente que me rodea se dará cuenta de que estoy muy necesitada y me abandonará. Quiero darle a esa parte de mí un gran abrazo y hacerle saber que no pasa nada por tener necesidades. Y que, siendo niña, también era del todo normal tener necesidades.

Cuando piensas en tu infancia, ¿qué tipos de apego te resuenan más? Esos apegos pudieron darse con los progenitores, con las personas que cuidaban de ti, con tus profesores... con cualquier persona responsable de tus cuidados durante tu infancia. Como señala Tina Payne Bryson, autora de *El poder de la presencia: Cómo la presencia de los padres moldea el cerebro de los hijos y configura las personas que llegarán a ser*,[4] «Uno de los motivos por los que me gusta la ciencia del apego es porque las investigaciones indican que existe un margen amplio para que los progenitores tengan fallos, y que podemos cometer muchos errores; pero, en la medida en que ayudemos a nuestros hijos a sentirse seguros, vistos y en calma la mayor parte del tiempo, su cerebro se configurará para saber con total certeza que, si tienen una necesidad, nos daremos cuenta y acudiremos en su ayuda. Y si hacemos eso de forma predecible (no hace falta que seamos perfectos), ellos aprenderán a ha-

4. Publicado por Alba, Barcelona, 2020.

cer amigos y compañeros que acudirán en su ayuda (¡llegarán a esperarlo!) y aprenderán a valerse por sí mismos».[5]

Sin embargo, las relaciones de apego pueden cambiar. Si estás leyendo esto después de varios años de dedicarte a la crianza, o al cuidado y la educación precoz, conviene que sepas que nunca es demasiado pronto ni demasiado tarde para intentar desarrollar un apego seguro. Estés donde estés ahora, ése será un buen momento para comenzar. El cerebro es flexible y puede conformar nuevos hábitos y patrones.

Durante uno de nuestros talleres, un padre formuló una preocupación: «Si dejo llorar a mi hijo todo el tiempo, le harán *bullying* en la escuela». Si este hombre sufrió acoso por parte de sus pares durante la infancia o sabía de alguien que lo había sufrido, será de todo punto lógico que intente lo que sea necesario para asegurarse de que su hijo no sufre una experiencia tan dolorosa. Todos tenemos experiencias de infancia como la suya que se nos clavan en lo más profundo, y a ellos se les formó y diseñó para no escatimar esfuerzos a la hora de protegernos en nuestras primeras relaciones de apego. La clave para volver a sentarse en el asiento del conductor estriba en reconocer esas partes de nosotros mismos, descubrir los miedos que las provocan y tomar conciencia de en qué momentos intentan tomar el control. Solemos tener temas comunes de infancia que emergen a la superficie cuando adoptamos el papel de progenitor, maestro o cuidador. El respeto, la obediencia, la bondad, la responsabilidad y la fortaleza son unos cuantos ejemplos. ¿Te suena alguna de estas cosas? ¿Hay otros temas que te vengan a la mente? A lo largo de este libro, practicaremos para reconocer esos temas sin enjuiciar.

Parte del trabajo consiste en ayudarte a sintonizar con tus conocimientos, como explica Glennon Doyle en su libro *Indomable,* con el fin de tomar una decisión consciente en vez de actuar bajo la fuerza de la costumbre.[6] A lo largo de este libro, nos vamos a familiarizar con las incómodas voces de nuestro interior que emergen a la superficie en

5. Oleinic, J.: «Shelf Awareness» (2020 enero de 24). https://shelf-awareness.com/readers-issue.html?issue=887#m15518

6. Doyle, G.: *Untamed.* Dial Press, Nueva York, 2020. (Trad. cast.: *Indomable.* Titania, Madrid, 2021).

diferentes relaciones y momentos de conflicto. En ocasiones, hay múltiples voces y algunas pueden entrar en conflicto mutuamente. El objetivo es ayudarte a sintonizar con ellas a fin de que decidas cómo quieres responder. Con independencia de cuáles fueran tus estilos de apego, y mientras tomas conciencia de tus hábitos y patrones, puedes crear y alimentar un apego seguro con el niño que tienes delante.

Ser un buen progenitor

El otro día, en una cena, una amiga dijo:

—Me gustaría que mis padres se sintieran orgullosos de mí como madre. Pero tengo treinta y cinco años... ¿por qué sigo necesitando la aprobación de mis padres?

Es completamente normal el deseo de cariño y cuidados por parte de nuestras figuras de apego. En este sentido, no envejecemos, ni tampoco lo hacemos en el modo en que utilizamos el comportamiento de los demás para juzgar el nuestro propio.

—Es una buena madre –comenté, mientras hablábamos de una amiga.

—Pero ¿qué significa «buena madre»? –me respondió la otra persona.

Me detuve en seco. ¿Qué *significa* realmente? En la actualidad, como progenitores, resulta fácil caer en la trampa de la comparación; no sólo cuando vemos a padres o madres en la vida real, a la salida del colegio o en las actividades extraescolares, sino también cuando nos metemos en las redes sociales y vemos las publicaciones de progenitores que parecen tenerlo «todo» bajo control, o cuando vemos a ese padre o a esa madre en el supermercado que soporta con tanta paciencia el ataque de nervios de su hijo, mientras nosotros hace rato que perdimos la paciencia en la espera de la caja. Es muy fácil sentir que estamos haciéndolo mal cuando vemos el espacio de juegos perfecto en una cuenta de Pinterest, o las publicaciones en Instagram de ese padre o madre cuyas vacaciones parecen un cuento de hadas lleno de dicha y de magia, como si nuestro caótico interior viviera en un mundo distinto al de su cuidado exterior.

Lo cierto es que mi criterio de lo que es un buen progenitor puede ser muy diferente del de mis propios progenitores, del de mi cuñada, de los de mis amigas o del de mi pareja. ¿Qué pasaría si nos preguntáramos: «¿Estoy orgullosa de mí?» o «¿Soy un buen padre o una buena madre según mi propio criterio?»? Sentir curiosidad por estos aspectos de nosotros mismos es clave para explorar qué pretendemos transmitir en nuestra relación con los niños; es decir, cómo vamos a interpretar el comportamiento del niño y cómo queremos responder. Me doy cuenta de que, para dar respuesta a cualquiera de estas preguntas, tendría que profundizar en mis objetivos y en mis valores como padre o madre. Éstas son las tres preguntas que me guían cuando tengo la sensación de que lo estoy haciendo mal en esa rutina de las comparaciones:

- ¿Cuál es mi objetivo a largo plazo con mi hijo o con este niño?
- ¿Cuál es mi meta respecto a nuestra relación?
- ¿Estoy dando ejemplo de los valores que le deseo transmitir?

El otro día, sin ir más lejos, después de recorrer las redes sociales, una parte de mí emergió y dijo: «¡Vaya! Nunca decoro los platos de comida para darles un aspecto más agradable». Hace tiempo me habría sobresaltado de inmediato al pensar que «una buena madre» hace esas cosas. Ahora hago una pausa y me formuló las tres preguntas que he mencionado. Hacer un sándwich con forma de corazón no encaja realmente con *mi* criterio de ser una buena madre o padre. De este modo, recupero la compostura en mi papel de progenitor sin dejarme abrumar por las comparaciones.

Si hoy muerde, ¿acosará mañana?

En las clases de preparación al parto y en la pediatría rara vez se habla de qué hacer cuando un niño grita con todas sus fuerzas cada vez que se siente decepcionado, y los programas de formación del profesorado tampoco ofrecen demasiadas ideas a este respecto. No hay ningún curso titulado «Rabieta en la Tienda de Comestibles 101».

Pero yo sí que tengo un taller para progenitores que se llama «Morder, patalear y otros comportamientos que no esperas». Las historias que los progenitores comparten durante este taller son muy ilustrativas. En retrospectiva, y en compañía de otros progenitores con historias similares, es difícil no reírse con lo inesperado de los comportamientos (salvo cuando otro niño resulta lesionado). A veces, una respira aliviada cuando ve que hay alguien más que la comprende, pues se siente validada cuando ve que los demás saben lo que una siente cuando todo el mundo te está juzgando por culpa del comportamiento de tu hijo, cuando parece que no se puede hacer nada para detener lo que está ocurriendo.

Cuando mi marido tenía cuatro o cinco años, descubrió un día unas «pegatinas» muy bonitas en el baño. Eran blancas, largas, ovaladas y blanditas, y crujían de un modo curioso, de manera que decidió probar cómo quedarían en la ventana, junto a la puerta de entrada de la casa. Más tarde, aquella misma noche, cuando llegó el joven con el que se había citado su hermana mayor, ésta se dio cuenta de que sus compresas estaban en la ventana a la vista de todo el mundo... y del joven con quien se había citado. Fue una situación muy embarazosa. Claro está que su reacción, que incluyó un grito, le dio a entender al que es ahora mi marido que había hecho algo muy «malo».

Tanto si se trata de tus hijos como de tus estudiantes, puedes sentirte terriblemente apurado o avergonzado cuando alguien que está a tu cuidado se comporta de una manera que se considera socialmente inapropiada. Esos sentimientos pueden, en potencia, imponerse a la lógica, sobre todo si son dolorosos para ti, y a éstos se pueden sumar otros sentimientos que no buscan otra cosa que «protegerte» de los sentimientos más dolorosos. La cólera y la frustración son sentimientos protectores habituales que, por desgracia, se suelen volcar sobre el niño. Pero el niño percibe esto como una señal de que no es merecedor de afecto. Y si tú dependes de los demás y crees que no mereces su cariño, te vas a sentir amenazado en tu seguridad.

Claro está que mi marido, a los cinco años, no tenía ni idea del contexto adulto de aquellas nuevas y divertidas pegatinas, ni sabía que se trataba de algo privado. Por lo general, los niños no tienen ni idea del contexto de sus comportamientos. (Comprender el contexto es una habilidad social que debe enseñarse a los niños).

A veces, los niños comprenden que una conducta no es apropiada socialmente, pero no tienen todavía las habilidades de autorregulación que les permiten interrumpir el impulso. Hubo un curso escolar en el que nos encontramos con algunas conductas problemáticas crónicas, conductas que nos resultaban en especial preocupantes en tanto que docentes. La conducta de un niño –dando patadas, arañando, pellizcando, provocando heridas a otros niños de la clase– estaba causando muchas especulaciones y comentarios entre los progenitores. Otras dos profesoras de preescolar y yo invitamos a los progenitores a mantener una conversación acerca de las conductas problemáticas. La madre cuyo hijo había hecho daño a otros niños comenzó a llorar cuando se identificó ella misma como progenitora de aquel niño, y pidió disculpas por su comportamiento. Fue un momento conmovedor, pues otras madres y padres comprendieron su situación al ver que se trataba de una mujer responsable que, simplemente, estaba perdida y no sabía ya cómo enderezar el desarrollo de su hijo. Ella no estaba dando un mal ejemplo; no negaba el problema ni estaba siendo negligente, como algunos sospechaban. Quedó claro en el grupo que profesoras y progenitores estábamos trabajando juntos, y con especialistas para discernir cómo mejorar el desarrollo de este niño y mitigar sus comportamientos problemáticos, pero que, en ocasiones, no es tan sencillo como nos gustaría que fuera.

Quizás se nos olvide que algunos niños de tres años no pueden aprender a cerrar la cremallera de su abrigo, de tal manera que terminamos haciéndolo por ellos, aunque luego esperamos de ellos que gestionen por sí solos sus emociones más intensas y que lo hagan de forma eficaz. Los niños necesitan nuestra ayuda, nuestra respuesta intencional, para desarrollar la conciencia de sí mismos, la autorregulación, la empatía y las habilidades sociales necesarias para hacer las cosas de otra manera en la próxima ocasión. ¿Cómo podemos enseñarles habilidades sociales sin transferir al niño, al mismo tiempo, nuestra vergüenza, nuestro propio apuro o las cargas heredadas? ¿Cómo podemos enseñarle que hacer daño a otras personas no está bien sin darle un mazazo a su autoestima? ¿Cómo podemos gestionar ese comportamiento que está teniendo lugar *en ese instante* sin dar un salto hacia adelante y proyectarnos hacia el futuro, imaginando lo que ese comportamiento supondrá en cinco, diez, quince o veinte años? *¿Hará* bullying *en la escuela? ¿Cometerá abusos? ¿Estoy fracasando y no le estoy enseñando a ser considerado?* Se nos da muy bien dar saltos hacia el futuro. El cerebro está diseñado para eso, para intentar prevenir la ocurrencia de sucesos dolorosos, para mantenernos a salvo. Pero ¿qué ocurre si este momento no está dictaminando qué ocurrirá durante el resto del día, la semana o el mes que viene, durante el año o los años próximos? A medida que profundices en cómo responder en el instante, cuando estás enfrentándote a conductas problemáticas, sé comprensivo contigo mismo y reconoce que el hecho de que tu hijo exhiba una conducta que no es socialmente aceptable no significa que estés fracasando como progenitor. No conozco a ningún progenitor, docente o persona cuidadora que haya escapado a alguna conducta disruptiva.

Fíjate en tu reacción. Toma conciencia de tus miedos. No pierdas de vista a quien está en el asiento del conductor.

Capítulo 3

¿Qué ocurre en el cerebro y en el organismo cuando tenemos emociones intensas?

Al escuchar la palabra «emoción», es posible que te vengan a la mente algunas imágenes o recuerdos: la ira que sentiste cuando alguien se te cruzó por delante mientras conducías, aquel momento en que consolabas a tu hija mientras lloraba, el nerviosismo previo a una importante presentación en el trabajo... Pero ¿qué *son* exactamente las emociones? ¿*Todos* los seres humanos se sienten tristes alguna vez? ¿Irritados? ¿Abrumados? ¿Acaso el cerebro de todo el mundo se ilumina en el mismo lugar cuando se siente determinada emoción?

Lisa Feldman Barrett, científica conductual de la Northeastern University, y su equipo han descubierto que, de manera sorprendente, las emociones *no* son universales y reconocibles en determinadas expresiones faciales, como en otro tiempo se pensó.[1] Más bien, las emociones son conceptos aprendidos a través de experiencias humanas complejas. El equipo de Barrett ha desarrollado la teoría de la emoción construida, una teoría que nos encanta porque encaja a la perfección con la idea que tenemos de las relaciones de apego.

1. Barrett, L. F.: *How Emotions Are Made: The Secret Life of the Brain.* Mariner Books, Nueva York, 2017. (Trad. cast.: *La vida secreta del cerebro: Cómo se construyen las emociones.* Paidós, Barcelona, 2018).

Comprender las emociones

En un nivel muy básico, las emociones son conceptos que se construyen a partir de las experiencias de la persona. Por ejemplo, siendo niña, yo podría haber escuchado la palabra «triste» al ver a alguien llorando y evitando el contacto visual. Quizás también me dieron una explicación de lo que había provocado que esta persona estuviera «triste». A partir de esta experiencia, obtuve los datos suficientes para construir el concepto «triste» en mi cerebro. La siguiente vez que oí la palabra «triste» posiblemente se le atribuyó a una persona diferente, que quizás no estaba llorando, aunque se la veía abatida y con los hombros caídos, y escuché la historia correspondiente a esta situación en particular. Ahora disponía de dos series de datos para construir mi concepto, y así sucesivamente. Con el tiempo, obtuve una comprensión más compleja de cada emoción, que se ha construido en mi cerebro de manera exclusiva en función de mis singulares experiencias.

A lo largo de la vida, se nos enseña qué emociones son socialmente aceptables y cuáles no, cuáles se pueden expresar y cuáles reprimir, y en qué medida debemos prestarles atención o ignorarlas en un momento determinado.

Estos conceptos emocionales se construyen a partir de una serie de conexiones neuronales y de senderos en el cerebro, como una red que se va haciendo cada vez más compleja a medida que aprendemos. Los conceptos emocionales pueden alojarse en más de una región cerebral y, aunque afirmen que están sintiendo la misma emoción, los cerebros de dos personas se iluminarán de diferentes maneras en cuanto a conexiones y senderos, ya que no existen dos personas que experimenten una emoción de la misma manera.

Una de las declaraciones de la teoría de la emoción construida que más me inspira y me intriga es la siguiente: «Tú no estás a merced de las emociones que surgen de improviso para controlar tu conducta. Tú eres el arquitecto de estas experiencias. El río de tus sentimientos puede parecer que fluye por encima de ti, pero en realidad tú eres la fuente del río».[2] Dicho de otro modo, nosotros construimos nuestras propias emociones; pero, ¿cómo?

Vamos a echar un vistazo a la experiencia emocional a cámara superlenta. En primer lugar, debe suceder algo: un estímulo. El estímulo puede ser que tu amiga entra en el apartamento y lo primero que dice es «Malas noticias». Tiene los ojos hinchados y enrojecidos. El estímulo podría ser también algo interno, como un pensamiento que aparece en tu mente. Pero vamos a continuar con el ejemplo de las «Malas noticias». Tu organismo comienza a captar señales del interior (hormonas, sensaciones de tus órganos, etc.). Este «sentir el estado fisiológico del organismo» se denomina interocepción.[3] Quizás tu corazón haya comenzado a latir un poco más rápido antes de que tu amiga pronunciara palabra alguna, tal vez porque tú ya habías intuido que algo no iba bien. Quizás no seas consciente de tus poderes interoceptivos, pero éstos tienen lugar con o sin tu consentimiento.

La interocepción nos lleva a una sensación muy básica de sentimientos a lo largo de dos categorías: excitación-calma y placer-displacer.[4] En el espectro excitación-calma, puedes sentirte cien por cien excitado o agitado, o puedes sentirte cien por cien tranquilo. También puedes estar en cualquier punto intermedio. De forma similar, en el espectro del placer-displacer, podrías sentir un cien por cien de placer, un cien por cien de displacer o podrías hallarte en cualquier punto intermedio. En nuestro ejemplo con tu amiga, probablemente te encontrarías en el extremo de excitación del espectro, más que en calma, y de displacer, más que en el extremo del placer.

2. Barrett, p. 57.

3. Uddin, L. Q.; Nomi, J. S.; Hébert-Seropian, B.; Ghaziri, J. y Boucher, O.: «Structure and function of the human insula». *Journal of Clinical Neurophysiology*, vol. 34, n.º 4, pp. 300-306 (2017). doi: 10.1097/WNP.0000000000000377.

4. Barrett, p. 72.

Estímulo +	**Interocepción** +	**Experiencias vividas en el pasado**	= **Emoción**
Información tomada de los sentidos	Sensaciones fisiológicas de reacción ante este estímulo. La persona puede tener o no conciencia de ellas.	El cerebro utiliza la información extraída a partir de experiencias previas.	
Ej. Tu amiga entra con los ojos hinchados y enrojecidos, diciendo: «Malas noticias…».	*Ej. Sientes que tu ritmo cardíaco se acelera.*	*Ej. Cada vez que alguien ha llorado previamente, estaba pasándolo mal.*	*Ej. Sentimiento de preocupación.*

Con el fin de dar sentido a lo que está sucediendo, tu cerebro se basará en pistas del mundo que te rodea (entradas sensoriales) y en tus conceptos emocionales (experiencias pasadas). Te diste cuenta de que tu amiga tenía los ojos hinchados y enrojecidos (entrada sensorial) y tú comparabas de manera inconsciente esta experiencia con tus experiencias emocionales previas. Tu cerebro estaba creando una historia acerca de lo que sucedía en un intento por comprender la situación. Estos sentimientos podían ser viscerales y/o abstractos, pero es posible que aparecieran palabras en tus pensamientos, porque los seres humanos utilizamos símbolos –palabras, gestos, imágenes– para comunicarnos. Quizás el término «preocupada» apareció en tu cabeza. Es posible incluso que utilizaras este símbolo para comunicarte con tu amiga: «¡Estoy preocupada! ¿Qué ha ocurrido? ¿Estás bien?».

El estímulo, junto con la interocepción y la entrada sensorial, más los conceptos emocionales construidos a partir de las experiencias del pasado, nos permiten dar sentido a nuestras experiencias emocionales en el presente.

Añade a esto tu capacidad para adoptar una perspectiva y podrás hacer una suposición de lo que *cualquier otra* persona pueda estar sintiendo. La percepción de las emociones es un proceso de creación de significados que involucra a diversas regiones del cerebro.[5] A lo largo de toda la experiencia emocional, el cerebro se comunica con el resto del cuerpo a través del sistema nervioso, que incluye tanto acciones voluntarias (correr, echarse, etc.) como involuntarias (parpadear, sudar, liberar hormonas, etc.).

Dado que los conceptos y símbolos emocionales –al igual que cualquier otro tipo de conocimiento social– vienen definidos por la sociedad y la cultura, el contexto cultural revestirá también una gran importancia. El aspecto que tiene una emoción concreta y cómo la siente cada persona, así como el relato correspondiente, son únicos.

Las emociones como parte de constructos sociales

Una de mis alumnas, Lu, de cuatro años, adoptó el hábito de gritar durante un buen rato cuando venían a recogerla al final de la jornada, y a su madre le llevaba unos cuarenta y cinco minutos hasta que podía llevarla al automóvil, una vez que todos los demás se habían ido. Es normal que un niño o una niña tengan una emoción intensa cuando vienen a recogerlos tras un largo día en la escuela y, en el caso de Lu, nosotras habíamos estado trabajando con ella, utilizando tarjetas emocionales y un relato social con el fin de ayudarla a procesar esos sentimientos. Nuestro objetivo era que la niña se sintiese más tranquila cuando llegara el momento de salir de la escuela.

Cuando hablamos con la madre de Lu acerca de las tarjetas emocionales que estábamos empleando, descubrimos que, en su lengua materna, existen distintas palabras para identificar la ira, así como diversos

5. Immordino-Yang, M; Darling-Hammond, L. y Krone, C.: *The Brain Basis for Integrated Social, Emotional, and Academic Development: How Emotions and Relationships Drive Learning.* The Aspen Institute, 2018.

términos para la tristeza y otras emociones. De hecho, en su idioma, hay conceptos que no tienen traducción al inglés. La mujer se entusiasmó con la idea de usar imágenes para explicar las emociones, y se ofreció voluntaria para hacer un libro de emociones en su lengua materna, para que su hija obtuviera información valiosa acerca de la relación del lenguaje con las emociones en ambas culturas.

Contamos esta historia para ilustrar las enormes diferencias existentes entre regiones del mundo y familias a la hora de utilizar las palabras para describir sus sentimientos. Dicho de otro modo, las emociones también están gobernadas por las convenciones sociales. A lo largo de la vida, se nos enseña qué emociones son socialmente aceptables y cuáles no, cuáles se pueden expresar y cuáles reprimir, y en qué medida debemos prestarles atención o ignorarlas en un momento determinado.

Durante la infancia, aprendemos también conceptos emocionales de las principales personas que nos cuidan y de la gente que nos rodea. Del mismo modo que ocurre con los conocimientos y las habilidades sociales, existen muchas y diferentes maneras de reconocer y expresar conceptos emocionales. Los niños aprenden a relacionarse con sus progenitores y con otros adultos merced a las palabras que las personas que cuidan de ellos utilizan para los conceptos emocionales, dado que los niños constatan que, si se comunican mediante los conceptos que se les han enseñado, y lo hacen dentro del contexto adecuado, sus cuidadores los comprenden mejor.

¿Hay otras personas cuidando de tus hijos que pertenezcan a una cultura marcadamente diferente de la tuya en lo relacionado con las emociones? ¿Das clases a niños cuya cultura es muy diferente de la tuya? Intenta detectar qué emociones, si es que las hay, están bien valoradas o generan vergüenza en tu propia cultura y en la cultura de la familia de la(s) persona(s) con quien(es) compartes la crianza, o en la cultura familiar de los estudiantes. ¿Qué tipo de expresiones emocionales se fomentan o se desaconsejan, se castigan o recompensan? ¿Qué otras cosas observas? Podrías llevar a cabo incluso una búsqueda en Google sobre «emociones y cultura» para ver qué otros aspectos puedes encontrar acerca de cómo influye la cultura en el modo de comprender las emociones. Y, una vez hayas respondido a estas preguntas, ajusta tu enfoque sobre la crianza en compañía del resto de adultos que forman parte de la vida de tu hijo. Cuando abordamos las diferencias con curiosidad y sin juicios críticos, nos capacitamos para trabajar con otras culturas y para forjar interconexiones, así como para fomentar el desarrollo emocional de un modo relevante para cada niño y para nosotros mismos.

Cambio de registro emocional

Del mismo modo que los seres humanos pueden ser multilingües, también pueden ser multiculturales. Una amiga mía que creció hablando inglés y castellano, desarrollándose en dos culturas diferentes, una en el hogar y otra en la escuela, suele decir que tiene dos cerebros. Académicamente, esta alternancia entre dos culturas se denomina cambio de código o cambio de registro. Pedro Noguera, sociólogo, comentarista sobre problemas educativos, y coautor de *The Crisis of Connection: Roots, Consequences, and Solutions* (*La crisis de conexión: Raíces, consecuencias y soluciones*), indica que es sumamente importante que los niños aprendan a cambiar de registro en vez de sufrir un proceso de asimilación. Esto es lo que aconseja en el Centro 2022 para la Equidad y el Instituto de la Riqueza Cultural, del Community College de Bunker Hill, en Boston. El cambio de registro permite que la persona construya habilidades sociales y lenguaje en más de una cultura, para luego transitar de una a otra en función de las necesidades. En cambio, la asimilación les hace pensar a los niños que sólo existe una cultura correcta –por lo general, la cultura dominante– y lleva a los niños a dejar una parte de sí mismos detrás con el fin de adaptarse al molde.

Con el transcurso de los años, he trabajado con muchas familias en las que cada progenitor se había criado en una cultura diferente. Los estudios demuestran que los niños bilingües y biculturales disponen de unas redes neuronales más complejas, de una capacidad para cambiar de perspectiva más desarrollada y de unas habilidades de pensamiento más avanzadas que sus pares que sólo hablan una lengua y se han criado en una única cultura.[6]

6. Chappa, K.: *The Revolutionary Power of Bilingualism.* YouTube. TedX Talks. (2019). www.youtube.com/watch?v=BMHEygNw6r0

Con independencia de cuáles sean nuestros conceptos emocionales o las palabras que empleemos para describirlos, todo el mundo siente y, en este sentido, todos somos iguales. Aquí es donde verdaderamente podemos ver y ser vistos. Y es desde este lugar de semejanza desde donde podemos comenzar a comprender las diferencias y a trabajar juntos para ayudarnos a nosotros mismos, a los niños y al resto de seres queridos a sentirnos completos siempre que tengamos emociones intensas.

Comprender el sistema nervioso

El sistema nervioso se encarga de mantenernos a salvo, de percatarse de todo cuanto nos rodea a cada instante y de preguntar: «¿Estoy seguro?». Justo en este momento, si pasa un automóvil, mi sistema nervioso dice: «No es importante. Estás segura», y continúo con lo que estaba haciendo. Sin embargo, si salta la alarma antiincendios, mi sistema nervioso grita: «¡importante! ¡presta atención!». Mi organismo recibe una descarga de adrenalina y cortisol, que apaga el área del cerebro encargada del pensamiento lógico (córtex prefrontal) y enciende la zona reactiva de mi cerebro, que se ocupa de la supervivencia (la amígdala), donde entro en modo lucha, huida, parálisis o sumisión.

Córtex prefrontal
Área del cerebro que se ocupa del pensamiento lógico, utilizada en la resolución de problemas, en la toma de conciencia, en la regulación de la toma de decisiones y la gestión de los conflictos.

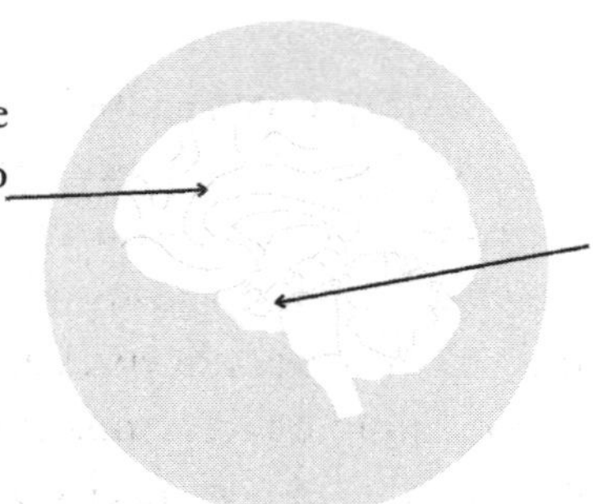

Amígdala
Área del cerebro que se ocupa de la supervivencia y que recurre al modo lucha, huida, parálisis o sumisión para intentar preservar la vida y sentirse seguro.

Mantenernos con vida es una característica muy importante de nuestro sistema nervioso. Si un niño pequeño echa a correr en una calle con mucho tráfico, no vas a pararte a pensar «Mmm, ¿debería detenerlo?». Lo que haces es reaccionar, sin pensar, y tomarlo en brazos. El sistema nervioso trabaja tanto con el cerebro racional como con el cerebro reactivo, así como con las respuestas sensoriales que el organismo recibe, como son las sensaciones de alerta cuando salta la alarma antiincendios.

A lo largo de todo el día, tu sistema nervioso está haciendo algo parecido a lo que hace tu teléfono cuando ejecuta aplicaciones en segundo plano. Cuantas más aplicaciones haya y más las utilices, más rápido se agotará la batería. A partir del momento en que enciendes el teléfono, la batería comienza a agotarse. Y hay aplicaciones que gastan batería con más rapidez que otras. Podemos recargarla para que no se encienda la señal roja que nos avisa de que se está agotando, o podemos esperar a que se descargue por completo para enchufar el teléfono y esperar hasta que podamos reiniciar el dispositivo.

Lo mismo ocurre con el sistema nervioso. Podemos recargarlo proactivamente para facilitarle el funcionamiento, o podemos esperar hasta que colapse, lo recarguemos y nos demos un tiempo para reiniciarlo. Vamos a ver cómo podemos recargar el sistema nervioso de forma proactiva, así como qué hacer con las inevitables rabietas, crisis nerviosas o reacciones (entiéndase: desregulación del sistema nervioso) que van a tener lugar.

La recarga proactiva

El sistema nervioso recoge información de nuestro entorno –el olor de la comida que llega desde la cocina, las sensaciones que nos provoca la camisa en la piel, la pila de ropa en la escalera, el alboroto de los niños jugando, el piar de los pájaros y el ruido de los vehículos que pasan por la calle, el movimiento de alguien cuando entra en la habitación, etc.– y la filtra. Yo lo veo como un embudo, con toda la información entrando por la parte de arriba y con una abertura abajo cuyo tamaño difiere según la persona. Imagina que tienes un embudo con una abertura de salida inferior pequeña y otro embudo con una abertura inferior grande, y que echas arena en cada embudo por la parte de arriba al mismo ritmo. El embudo con la abertura más pequeña se llenará más rápido y comenzará a rebosar antes que el embudo de la abertura más grande. A las personas con un embudo con la abertura más pequeña se les da realmente bien percatarse de todos los detalles, pues dejan pasar sólo pequeñas porciones de arena instante a instante. Pero también se abruman con el exceso de estímulos y la arena se desborda.

El cerebro de mi marido tiene un embudo de agujero pequeño. Es capaz de escuchar una cortadora de césped tres casas más abajo, percatarse de la pila de ropa en la escalera, sentirse molesto con la textura de alguna prenda de ropa en su piel y detectar el más mínimo cambio en el entorno, como que el cortaúñas esté en el otro lado del botiquín. Percatarse de los detalles es un superpoder en su caso. Para él, puede resultar agobiante el desorden en la casa, los platos sin fregar en la cocina, los juguetes desperdigados por el suelo y el sonido de fondo de la música o la televisión.

Yo, por otra parte, funciono de un modo muy distinto, pues el agujero en el fondo de mi embudo es más grande. Por ejemplo, cuando mi marido y yo llevábamos diez años juntos, estuvimos viviendo en la casa de mi suegra durante unos meses. Un día, bajando las escaleras, me di cuenta de que había un cuadro nuevo en la pared.

—Me encanta este cuadro –le dije a mi suegra.

—Gracias –respondió ella–. Está ahí desde antes de que nos conociéramos.

A medida que la información llega a la parte superior de mi embudo, se desliza y sale por abajo, permitiéndome estar rodeada de estímulos y no sentirme abrumada hasta que comienza a llenarse. Puedo estar en una habitación llena de personas, con niños corriendo y gritando alrededor, y pilas de ropa en la escalera, y sigo siendo capaz de filtrar todo eso y estar presente. Sin embargo, me pierdo muchos detalles, como que había un cuadro en la pared desde hacía más de una década o la pila de ropa para lavar, cosa que me vendría bien detectar con el fin de participar en la gestión del hogar.

Dependiendo de lo cargada que tengamos la batería, hay determinados estímulos o experiencias que pueden ser más fáciles o más difíciles de gestionar. Un cambio en la rutina o en las expectativas durante la mañana, después de toda una noche de descanso y de un nutritivo desayuno, puede resultarnos más fácil de aceptar que tener que cambiar de expectativas a la hora de la cena, cuando todo el mundo está cansado, tiene hambre y se ha desgastado a lo largo de toda la jornada. Las cosas que vacían la batería se van acumulando a lo largo del día, y eso puede afectar al comportamiento. Por ejemplo, en una investigación donde se estudió el comportamiento de los jueces, se vio que «era significativamente más probable que negaran la libertad condicional a un prisionero si la audiencia tenía lugar justo antes de la hora de comer... Justo después de la comida, los jueces volvían a conceder libertades condicionales con la frecuencia habitual».[7] La estimulación se va acumulando, de manera que, a medida que avanza la jornada, convendrá recargar baterías para no quedarnos a cero; de otro modo, podríamos tener una sobrecarga sensorial.

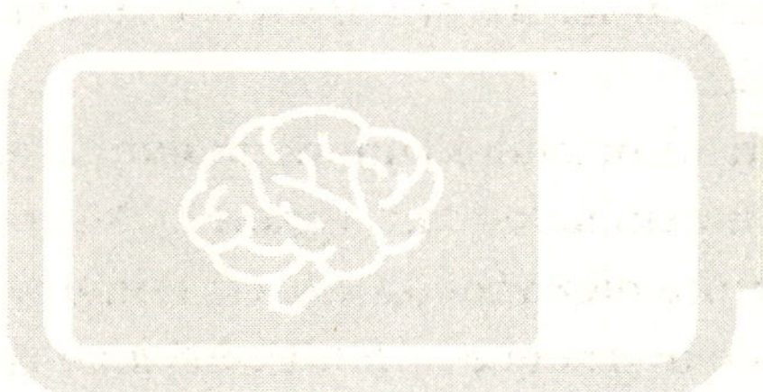

+

- Sueño
- Alimento
- Silencio
- Espacios oscuros
- Mover el cuerpo
- Un prolongado abrazo
- Contactar con alguien a quien queremos
- Ponerse boca abajo
- Dar vueltas
- Balancearse
- Bailar
- Respirar profundamente

−

- Hambre
- Cansancio
- Cambios en la rutina
- Ausencia de expectativas
- Movimiento de cosas o personas por nuestro entorno
- Ruidos
- Desorden
- Pantallas
- Cómo se sienten o cómo saben las cosas
- Sentir emociones
- Sentir las emociones de otra persona

7. Barrett, p. 75.

En la infancia, a la mayoría de las personas nos hablaron de los cinco sentidos: gusto, tacto, olfato, vista y oído, pero existen otros tres sentidos en el organismo que son vitales para movernos por el mundo y que también nos pueden llevar a perder el control.

El sentido propioceptivo

El sentido propioceptivo no es otra cosa que la conciencia corporal: sentir dónde comienza y dónde termina tu cuerpo. Este sentido nos permite ponernos un suéter sin tener que pensar el procedimiento paso a paso –meto el brazo a traves del agujero y empujo, pongo el otro brazo a través del agujero y empujo, y luego me lo pongo por la cabeza–. El cuerpo aprende este patrón y puede hacerlo sin siquiera pensarlo. Para el desarrollo a largo plazo y la recarga a corto plazo, el cuerpo agradecerá una presión profunda (como un abrazo fuerte o apretones en los brazos), o bien la movilización de músculos grandes (como ponerse a saltar en una pila de cojines). A lo largo de este libro, nos referiremos al sentido propioceptivo como al sentido de los «juegos de motricidad gruesa», porque es como solemos verlo aparecer.

Ejemplos de estimulación propioceptiva

- Ir a dar un paseo
- Correr
- Saltar sobre una pila de almohadas
- Participar en una carrera de relevos
- Hacer el salto de la rana
- Que te den un abrazo
- Llevar a un bebé en brazos
- Enrollar una manta o una esterilla de yoga
- Empujar algo pesado
- Llevar algo pesado
- Bailar
- Utilizar bandas elásticas
- Masaje
- Acurrucarse en el sofá mientras se lee un libro

El sentido vestibular

El sentido vestibular es la conciencia de movimiento y de orientación espacial. Le permite al organismo saber dónde está la cabeza en relación con el resto del cuerpo. Esto hace que nos podamos mover por el mundo sin tropezar con todo y nos proporciona información sobre lo cerca o lejos que estamos de algo. Aún puedo ver a un niño de dos años en mi clase que iba de un extremo del aula hasta donde se encontraba lo que quería, en el otro extremo, pasando por encima de todos y de todo con lo que se encontraba en su recorrido. En ocasiones, este tipo de comportamiento se puede confundir con una agresión, pero a veces es –y sobre todo en este caso– se debe a que el niño *no es capaz de percibir* lo cerca que está de otra persona ni la fuerza con la que impacta con ella. Este chico se tambaleaba al caminar cada vez más a medida que se aproximaba la hora de la siesta, intentando mantener el equilibrio. Le ayudamos con su sentido vestibular a través de actividades como balancearse, ponerse boca abajo con el yoga o sumergiéndose en nuestros brazos. Le gustaba dar vueltas en una silla de oficina y saltar sobre un balón de yoga antes de entregarse a la siesta.

Recarga del sistema vestibular

- Ponerse boca abajo
- Balancearse
- Dar vueltas
- Hacer inmersiones con un niño en brazos
- Hacer volteretas
- Saltar con una pelota de yoga

El sentido interoceptivo

El sentido interoceptivo es la percepción de las sensaciones internas del cuerpo. Nos permite saber cuándo tenemos hambre, cuando estamos saciados, cansados o sedientos, e incluye sensaciones tales como las mariposas en el estómago. A medida que los niños van desarrollando la conciencia de sí mismos, recurren al sentido interoceptivo para tomar conciencia de lo que ocurre dentro de su organismo. Esto les da pistas de cómo se sienten y qué emoción podrían estar sintiendo. Imagina si dispusiéramos de frases como la de «las mariposas en el estómago» para identificar y comunicar las sensaciones de hambre, tristeza, vergüenza, decepción, miedo, etc.

Cómo dar apoyo al sistema nervioso

Imagina que un niño se despertara por la mañana y no le diéramos el desayuno hasta que no tuviera hambre y se echara a llorar (¿acaso hay alguien de mal humor?). ¿Y si siguiéramos esta rutina todo el día? ¿Sería agotador?

Sin embargo, lo que hacemos es adelantamos al mar humor. A los niños les damos desayuno, almuerzo, comida, merienda y cena para que no tengan una crisis nerviosa a causa del hambre. Pero también podemos hacer esto por el bien del sistema nervioso en su conjunto. Existen cinco formas de recargar proactivamente el sistema nervioso antes de que la luz roja de la batería se encienda:

1. Horas de comer predecibles y consistentes

Cuando el sistema nervioso puede generar expectativas, se siente mejor y más seguro; y, dado que la comida es fundamental para mantenernos con vida, saber cuándo vas a comer es una expectativa muy apreciada. Un horario predecible y consistente de comidas permite a los niños saber cuándo tendrán la oportunidad de comer a lo largo de la jornada. Personalmente, nos encanta el trabajo de Ellyn Satter en la División de Responsabilidad,[8] donde se explica que los adultos son los responsables de la estructura de una comida (qué se sirve, dónde y cuándo) y que los niños son los responsables de sus cuerpos (si comerán y cuánto comerán). Un horario de comidas para niños donde se les *ofrezca* alimentos

8. Satter, E.: «Troubleshooting with the Satter Division of Responsibility in Feeding». Ellyn Satter Institute (2023). www.ellynsatterinstitute.org/family-meals-focus/81-troubleshooting-with-the-division-of-responsibility/

cada dos o tres horas les facilitará detectar las pistas internas que nos indican cuándo tenemos hambre y cuándo estamos saciados.[9]

2. Dormir cuanto sea necesario (varía con la edad)

A mi hijo le está saliendo un diente, de manera que ha pasado de dormir toda la noche de un tirón a despertarse dos o tres veces cada noche llorando y queriendo que lo amamante para volverse a dormir. Los últimos dos días me he despertado agotada, y he tenido que comenzar la jornada sin baterías. Tuvimos una bonita mañana, bastante normal, con los comportamientos típicos de un niño, pero cada minucia se convertía en una montaña para mí. Estaba impaciente y me comportaba de manera brusca. Ni siquiera disponía de energía para lidiar con su humanidad, porque yo estaba ya haciendo aguas, intentando mantenerme a flote a pesar de mi agotamiento. Si no podemos darle a nuestro organismo el sueño que necesita, regularnos va a ser una tarea *realmente* difícil. Podemos apoyar de manera proactiva nuestra regulación durmiendo cuanto nos sea posible en una temporada concreta. Consejo profesional: si pasas por una temporada en la que duermes muy poco –sea por insomnio del embarazo, por las atenciones que hay que prestar a un recién nacido o por obligaciones profesionales o educativas que te restan tiempo de descanso–, reduce tus expectativas del día a día en la medida de lo posible. No siempre va a ser así; aunque se trata de una temporada agotadora, no deja de ser temporal.

3. Una pausa cerebral

Todos hemos pasado por esto: una agotadora mañana de humanos diminutos con emociones gigantes, un efecto dominó de crisis nerviosas que pasan de un ser humano a otro, o un comienzo de jornada laboral tremendamente estresante.

Cuando te ocurra esto, tómate una pausa cerebral. Durante una pausa cerebral, reduces los estímulos en tu entorno: bajas la intensidad de la luz, del sonido y del tacto. Esto le proporciona a nuestro sistema nervioso un descanso, en el cual deja de escanear el entorno para man-

9. Allen, R. E. y Myers, A. L.: «Nutrition in Toddlers». *American Family Physician*, vol. 74, n.º 9, pp. 1527-1532. PMID: 17111891 (2006).

tenernos a salvo. Se puede hacer echándose un rato en una habitación oscura, mirando al cielo, dándose un baño, cerrando los ojos y respirando, bajando las luces y eliminando los ruidos de fondo, como la música o el televisor, jugando al juego de los susurros con los niños, o musitando una nana mientras meces a tu hijo para que se duerma.

¿Qué te parecería programar dos pausas cerebrales de cinco minutos al día? ¿Quizás al comienzo de la hora de la siesta o en el momento de transición entre el puesto de trabajo y la crianza? Como profesora, tuve una vez a una madre que llegaba con su automóvil, estacionaba y se quedaba sentada dentro del vehículo durante cinco minutos antes de recoger a su pequeña. Dejaba el teléfono a un lado, cerraba los ojos y se tomaba una pausa cerebral. Haz una pausa y piensa en tu jornada habitual; ¿en qué momentos harías dos pausas cerebrales?

4. Juegos de motricidad gruesa

¿Has experimentado esos momentos en los que empiezas a volverte loca? Puede ser durante un largo viaje en automóvil o en una de esas reuniones que se hacen eternas, y sientes la inmensa necesidad de moverte físicamente. O lo ves en ese niño que no puede dejar de trepar por tus piernas o encaramarse a cualquier cosa a su alrededor y saltar desde allí. Pues bien, hay una explicación científica para eso: que nuestro organismo necesita estímulos propioceptivos (dicho de otro modo, actividades de motricidad gruesa; *véase* el cuadro titulado *Ejemplos de estimulación propioceptiva,* en este mismo capítulo) cada noventa minutos a dos horas. A veces, puede bastar con un breve «aperitivo» sensorial, como un abrazo de veinte segundos, y en otras ocasiones puede precisar una actividad más prolongada, como correr. Vemos estas sesiones de estimulación más largas como «comidas» sensoriales más que como «aperitivos». Y, del mismo modo que nos anticipamos a las fases de mal humor con las comidas, nos anticipamos con estas actividades para que el cuerpo no se vuelva loco.

No es necesario dedicar tiempo a la estimulación propioceptiva, pues puedes incluir actividades de este tipo en tu relación con el niño durante el día. «Me pregunto cuántos saltos de rana harán falta para ir desde aquí hasta la puerta de casa». «¡Oh, no! El suelo es lava ardiente. ¿Cómo llegaremos a la cocina?». «Vamos a poner tu canción preferida.

Me pregunto si podremos recoger todos los juguetes antes de que termine. ¡Preparados, listos, ya!». ¿Qué dos actividades de motricidad gruesa podrías incorporar a tu jornada? ¿Qué dos actividades de motricidad gruesa puede hacer el niño?

5. Práctica de movimiento y equilibrio

«Cuando Jalil llega a casa desde la escuela, se pone boca abajo en el sofá mientras ve la tele. ¿Debería hacer algo para ayudarle?», me mandó un mensaje una madre. Jalil está haciendo exactamente lo que su cuerpo necesita en ese momento, recargar su sistema vestibular (*véase* el cuadro titulado *Recarga del sistema vestibular* en este mismo capítulo). Éste es el sistema responsable del movimiento y el equilibrio. Cuando a mi pequeño le entra sueño, se vuelve torpe. Anotamos sus tropezones y caídas, y descubrimos que es seis veces más probable que se caiga en la hora previa a la siesta o al momento de acostarse por la noche que en cualquier otro momento del día. *Seis veces.* ¿No es una barbaridad? A medida que se le agotan las baterías, su sistema vestibular comienza a fallar. La estimulación vestibular puede durar un tiempo en el organismo, normalmente entre cuatro y ocho horas, pero cada ser humano es un caso singular. Unos necesitan más y otros menos. ¿Qué dos actividades puedes incorporar en tu jornada? ¿Qué dos actividades podría hacer el niño?

Si quieres conocer más formas de recargar el cerebro, visita www.seedandsew.org/more. Cinco de estas formas son exclusivas para la persona. Yo tengo un sentido vestibular más bien bajo, de manera que solía tropezar a menudo. Ponerme boca abajo fue mi postura favorita de yoga durante alrededor de diez años. Yo entonces no lo sabía, pero es posible me encantaba porque estaba obteniendo mucha información acerca de dónde estaba mi cabeza en relación con el resto del cuerpo. Actualmente aún tropiezo de vez en cuando, pero mucho menos de lo que lo hacía antes. Hay personas que pueden estar dando vueltas en un carrusel durante diez minutos y sentirse bien, mientras que otras pueden sentir náuseas al cabo de un minuto. Una persona puede llevar un bebé durante todo el día hasta caer rendida, en tanto que otra puede renunciar al cabo de veinte minutos. Y, del mismo modo, un bebé se sentirá bien si lo llevan en brazos todo el día, mientras que otro se retorcerá para bajarse al cabo de unos minutos. La cantidad de comida y descanso, y la duración de las pausas cerebrales que un organismo necesita son diferentes de la de otro organismo. Y hay que hacer pruebas de ensayo-error para descubrir lo que mejor funciona en el caso de tu hijo. Tengo una amiga, Lori Goodrich, que es terapeuta ocupacional, que me habló de una frase del también terapeuta ocupacional Regi Boehme: «Si lo intentas, es evaluación, y si funciona, es intervención». Tenemos que hacer un trabajo de detective para averiguar cómo recargar mejor nuestra batería y la de nuestros hijos a lo largo de todo el día, y todos tenemos un enchufe ligeramente diferente.

Se supone que recorremos ciclos a través de distintas experiencias, por lo que será natural recorrer también ciclos a través de diversos estados de regulación. Estar regulado significa que tu sistema nervioso está a gusto; se siente seguro y, por tanto, es capaz de controlar cuán en calma o alerta estás. La desregulación puede manifestarse de muchas formas, que exploraremos con más profundidad en la segunda parte. Proactivamente, puedes darte a ti y a tus hijos la oportunidad de recargar baterías a lo largo del día. Esto te permitirá acceder a determinadas herramientas en los momentos de desregulación, cuando tu sistema nervioso esté saturado –y tu batería agotada–, aunque no impedirá por completo la desregulación. No existe ningún ser humano sobre este planeta que esté regulado y utilice su cerebro racional de resolución de problemas (el córtex prefrontal) en todo momento. Pero ése no es el objetivo. Cuando un niño grita delante de mi cara o arroja algo de un lado a otro de la habitación, no me quedo tan tranquila. No estoy del todo regulada, como diciendo: «Oh, todo está bien. Estoy en calma y serena». Pero no se supone que tenga que estar así. Por otra parte, es normal que un niño se sienta frustrado cuando intenta desentrañar algo complejo, como, por ejemplo, cómo hacer que esos dos Legos encajen. Y, dado que no podemos esperar que aborden este proceso en calma, ¿qué podemos hacer en ese momento? ¿De qué modo podemos ayudarlos para que no entren en una espiral de descontrol?

El triángulo del crecimiento

Esta mañana, al dejarlo en la guardería, mi pequeño estaba triste al despedirse. Sollozaba y estiraba los brazos, mientras la cuidadora, a la que adora, lo separaba de mí. Ella reconocía su sufrimiento al decir: «Es triste decir adiós a mamá». Y, de inmediato, pasó a trabajar su cuerpo para facilitarle la regulación. Le apretó los brazos suave y repetidamente desde los hombros hasta las manos, mientras le susurraba una canción. Él no se movió durante este proceso. Al cabo de cinco minutos, mi hijo dejó de llorar y ella le preguntó si quería un abrazo. Él agarró su querido perezoso de peluche y se acurrucó entre los brazos de ella. La cuidadora siguió canturreando mientras lo abrazaba. Cuando él se incorporó, ella validó su experiencia de nuevo, diciéndole que era normal que se sintiera triste.

El hecho de que mi hijo dejara de expresar su tristeza no significa que dejara de sentirla. La cuidadora estaba abriéndose camino y ascendiendo por el triángulo del crecimiento.

El triángulo del crecimiento

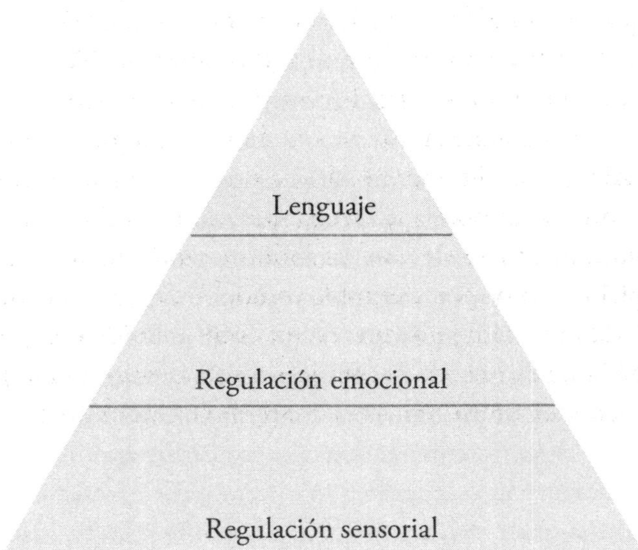

Imagina que estás enojada con tu pareja, que tu corazón late con rapidez, tienes los puños apretados, los hombros elevados hacia las orejas y la voz temblorosa y quebradiza. Mi amiga denomina a esto su vórtice, un estado en el que siente que ha perdido el control sobre las palabras que salen de sus labios, mientras su cuerpo toma el control y trata de arrastrar a la otra persona con ella. Cuando consigue tomarse un espacio y calmar su reacción física es cuando es capaz de reconocer su emoción, poner palabras a sus sentimientos y mantener una conversación con la otra persona. La cólera no ha desaparecido, pero consigue que su cerebro retome el control cuando, antes, era su cuerpo el que estaba en el asiento del conductor.

La regulación sensorial (sistema nervioso) y la regulación emocional son dos cosas diferentes. Ese sentimiento de «fuera de control», de «mi cuerpo es el que manda» procede del sistema nervioso. En esos momentos, cuando los niños están reaccionando y entrando en espiral, incapaces de regularse emocionalmente, tenemos dos opciones: podemos cuadrarnos y enfrentarnos a ellos mientras continúan en su espiral fuera de control, o podemos conectar, ayudarlos a calmarse (corregularnos) y hacer que se sientan a salvo, para que puedan acceder a la regulación emocional y a las habilidades de comunicación. En su libro *Self-Reg: How to Help Your Child (and You) Break the Stress Cycle and Successfully Engage with Life* («Autorregulación: Cómo ayudar a tu hijo, y a ti, a romper el ciclo del estrés y conectar con la vida»), Stuart Shanker dice: «Estamos diseñados para extraer energía unos de otros y restaurar la energía entre nosotros».[10]

Al dejarlo en la guardería, mi pequeño sabía que estaba a salvo y que se iba a divertir en la escuela, y también que yo volvería al final del día. Pero él no podía hablar todavía acerca de sus emociones ni era capaz aún de abrirse paso entre sus sentimientos. Su cuerpo estaba en el asiento del conductor de su cerebro. La profesora facilitó que su cerebro lógico se pusiera en línea de nuevo con algunos apretones, canturreándole y acurrucándolo. Mientras su cuerpo exhalaba una dosis tan alta de adrenalina, él pudo entablar una conversación con ella y pudo dar

---

10. Shanker, S.: Self-Reg: *How to Help Your Child (and You) Break the Stress Cycle and Successfully Engage with Life*. Penguin, Toronto, 2016, p. 67.

los siguientes pasos, los que le permitieron permanecer en la emoción sin dejarse abrumar por ella.

Mara, de 22 meses, estaba haciendo un castillo con un juego de construcciones cuando alguien tropezó con la mesa y su castillo se desmoronó. Ella dejó escapar un grito agudo y se sumió en una crisis nerviosa. Me percaté de la situación, hice una pausa para respirar profundamente y me dispuse a dar la respuesta perfecta, la del máximo apoyo. Me arrodillé junto a ella para consolarla, pero ella me abofeteó. ¡Ay! Una descarga de cortisol recorrió mi cuerpo, la amígdala (el cerebro de supervivencia, reactivo) tomó el control y entré en modo lucha. La miré y, aunque hubiera querido decir y hacer muchas cosas en aquel instante, me regulé lo suficiente como para decir la cosa más amable que pude:

—Me voy al baño. Volveré enseguida.

Yo sabía que tenía que regular mi sistema nervioso antes de ayudarla a ella a regularse y procesar sus emociones. Y, dado que ella estaba físicamente bien y a salvo, me levanté y me fui, respirando hondo y repitiéndome a mí misma: «Su cuerpo está fuera de control. Necesita apoyo». Volví con ella un par de minutos después y me centré en el triángulo del crecimiento: los sistemas sensoriales son lo primero.

—No dejaré que me pegues –y la tomé de las manos mientras continuaba–. ¡Vaya! Con lo mucho que te había costado levantar ese castillo y se ha caído. Eso es frustrante.

Hice una pausa.

—¡Vamos a dar diez grandes brincos!

Ella se agarró de mis manos y saltamos juntas, contando los saltos de uno en uno. Para cuando nos detuvimos, Mara ya no lloraba. Había pasado de su cuerpo a su cerebro.

—Es muy frustrante cuando te esfuerzas tanto en algo y te lo echan a perder. Estás en tu derecho de sentirte frustrada. Tómate tu tiempo. Estoy aquí si quieres que te dé un abrazo o que te lea un libro.

Hice una pausa. Mara me miró, se fue a buscar un libro y vino a mi regazo. Leímos juntas y sentí cómo exhalaba un gran suspiro mientras se acurrucaba en mi regazo. Cuando acabamos de leer, le pregunté:

—¿Quieres hacer el castillo de nuevo o te has cansado ya del juego de construcciones?

—Me he cansado ya –dijo ella, y se fue a jugar con la cocinita.

Después de jugar con la cocinita durante alrededor de quince minutos, me presenté allí para jugar con ella. Mientras lo hacíamos, fingí que me sentía frustrada al mismo tiempo que intentaba abrir un envase.

—¡Uf, estoy muy frustrada! ¡Quiero abrirlo pero está atascado! –hice una pausa y proseguí–. Hablo en voz alta y tengo la cara contraída. *¡Uf!* Me dan ganas de pegar a alguien. ¡Voy a saltar!

Y entonces salté como una rana cinco veces.

—¡Fiuuu! Me siento mejor. Ahora voy a pedir ayuda. Mara, ¿puedes ayudarme a abrir esto? ¡Está atascado!

Ella se inclinó y me dio unos golpecitos en la espalda con la mano. Después, agarró el contenedor y lo abrió con una sonrisa de orgullo.

La regulación y el procesamiento emocional fueron posibles en el caso de Mara sólo después de que lograra regular su sistema nervioso, y los saltos fueron una herramienta para la regulación sensorial. Las comidas y aperitivos sensoriales proactivos te suelen mostrar qué tipo de actividades pueden ser útiles para un niño o una niña cuando se desregulan. Sólo cuando Mara se reguló emocionalmente y procesó sus sentimientos fue cuando pudo decirme que ya había pasado todo, al acceder a los sistemas de comunicación y resolución de problemas de su cerebro. Entonces, y sólo entonces, pudo aprender todo lo relativo a su conducta reactiva, comprendiendo que la próxima vez podría hacer las cosas de otra manera. Sabía que no debía haberme pegado. De hecho, no quería pegarme, igual que me pasa a mí, que no quiero gritar a nadie y, sin embargo, en ocasiones lo hago. A veces, el cuerpo se impone al cerebro, porque encontrar la pausa entre la reacción inicial y la respuesta secundaria es una habilidad que hay que aprender a dominar. No se desarrolla por sí sola. Es por ello por lo que intenté ayudar a Mara a desarrollar una nueva habilidad, en primer lugar, mediante la respuesta que di a su reacción, para a continuación reforzarla con un juego de roles.

¿Has perdido el control alguna vez y has dicho o hecho algo de lo que más tarde te hayas arrepentido? Pues ¡bienvenido a la experiencia humana! ¿Qué sueles hacer en estas situaciones? Quizás escuches las palabras que salen a gritos por tu boca y tengas la sensación de que no puedes hacer nada por detenerte. ¿O bien recoges tus cosas y te vas? Puede que te encierres en ti mismo y cortes cualquier conexión. ¿O retrocedes, reprimes tus necesidades y te pones en modo complaciente? A medida que descubras de qué maneras reacciona tu sistema nervioso, podremos profundizar juntos en qué hacer después. Recuerda que la reacción inicial suele ser inconsciente. Pero podemos aprender a tomar nota de la reacción inicial para, después, encontrar la pausa necesaria para emitir la respuesta secundaria, intencionada.

Capítulo 4

El método del procesamiento colaborativo de las emociones

Después de leer el capítulo 1, te volviste cien por cien inteligente emocionalmente, ¿no es así? Y si leyeras ese capítulo a los niños, ellos también se harían emocionalmente inteligentes, ¿no? Es evidente que no, como ya sabes.

El mero hecho de proporcionar información a la gente, sea cual sea su edad, difícilmente la va a llevar a cambiar su comportamiento. Cuando las cosas se complicaron en mi primer matrimonio, pensé que leyendo algo sobre *mindfulness* y meditación resolvería el problema. Me leía un capítulo o un libro y creía que ya estaba preparada para ser la compañera que ella necesitaba, la compañera que yo quería ser. Pero en cuanto empezaba a interactuar con ella, regresaba a mis patrones de comportamiento antiguos y familiares.

La lectura, por sí sola, no era suficiente, porque no iba acompañada de la *práctica*. Sólo después de mucha terapia, dos cursos de formación como profesora de yoga y una sólida rutina de cuidado personal, *comencé* siquiera a tener la sensación de que mi comportamiento empezaba a ser coherente con mis valores en el contexto de una relación íntima. Para bien o para mal, esto ocurrió años después de que mi primer matrimonio fracasara. Todo el trabajo que hice, y que continúo haciendo, en la sociedad y en la terapia para transformar mis procesos de pensamiento, mis actos y mis reacciones ha sido crucial para el desarrollo de mi inteligencia emocional (IE).

La memorización no es suficiente para cambiar la conducta humana, para alinear nuestros actos con nuestra visión de lo que queremos ser, o de lo que imaginamos que será nuestro hijo. Obtener información es sólo una parte del aprendizaje, pero hay mucho más que hacer después. Si queremos desarrollar las habilidades de la inteligencia emocional (las nuestras y las de nuestros hijos), necesitaremos un método que respete el modo en que aprendemos los seres humanos. Este método es el procesamiento colaborativo de las emociones, y lo diseñamos para que las personas aprendan *entre sí* y *a través de la experiencia.*

¿Qué es enseñar?

Antes de meternos a fondo, dediquemos un instante a explorar cómo aprendemos los seres humanos y cómo enseñar nuevas habilidades de forma efectiva. Según Melvin Konner en *The Evolution of Childhood: Relationships, Emotion, Mind,*[1] cuando enseñamos algo, hacemos cuatro cosas.

1. Ofrecer intencionadamente un modelo de comportamiento

Los niños aprenden mucho mediante la observación y la escucha. David, cuyos progenitores trabajaban en el campo de la psicología, fue alumno mío de preescolar durante un curso. En mi equipo se dieron cuenta de que David se pasaba el tiempo apretujando con afecto a sus amigos, pero lo hacía con demasiada vehemencia, y ellos se lo quitaban de encima. Hablamos del tema con sus progenitores para averiguar cómo gestionar la situación conjuntamente y, un par de días después, cuando el padre se despedía de David al dejarle en el colegio, abrazó al niño con tanta fuerza que éste se escabulló y lo apartó de él. Y, como si se le hubiera encendido una bombilla en ese momento, el hombre dijo:

—¡Supongo que éste es el motivo por el cual hace eso!

1. Konner, M.: *The Evolution of Childhood: Relationships, Emotion, Mind.* Belknap Press of Harvard University Press, Cambridge, MA, 2010, p. 516.

¿Te has fijado si, alguna vez, un hijo o un alumno tuyo ha «utilizado» tus propias frases en tu contra? ¿Has gritado alguna vez «¡Deja de gritar!» a un niño que está gritando? Es raro que un niño aprenda con la metodología de «haz lo que digo, pero no lo que hago». Los niños aprenden a hacer lo que hacemos. Cuando los adultos y otros niños enseñan de esta manera, sea de forma intencionada o inconsciente, llamamos a esto modelado, pues ofrecen con ello un modelo de comportamiento.

El primer año que tuve un programa de cuidado infantil en mi casa, yo era la única persona adulta que estaba con los niños durante todo el día, y no tardé mucho en empezar a escuchar mis propias palabras y frases de boca de los niños, ¡y no siempre me sonaban bien! De repente, un día, me escuché a mí misma diciendo: «No voy a... hasta que tú...», porque los niños estaban usando esta frase, esta táctica, conmigo. Me di cuenta de que tenía que cambiar mi manera de hablar, y también mis tácticas, y reflexionar sobre cómo quería que me hablaran, si deseaba que los niños cambiaran su manera de hablarme. Hice algunos cambios y, al cabo de pocas semanas, me complació ver la forma en que nos hablábamos unos a otros.

Cuando les hablas a los niños, o cuando hablas con otros adultos en presencia de niños, es más probable que consigas que hablen y se comporten como tú deseas si los modelas de manera intencionada. Aunque consideres que son demasiado pequeños para comprender, ellos están siempre prestando atención.

¿Hay alguna frase que repitas una y otra vez y de la cual te gustaría desprenderte? ¿Puedes recordar alguna ocasión en que realmente te gustara la forma en la que alguien te habló cuando estabas sintiendo algo, o quería pedirte algo? Si las respuestas a estas preguntas fluyen con facilidad ahora mismo, toma nota de ellas para remitirnos a ellas más tarde. Pero si, justo en este momento, no te viene nada a la cabeza, tampoco pasa nada. Tan sólo márcate la intención de escucharte a ti mismo durante las próximas semanas. Más tarde te acompañaremos para que hagas los cambios que quieres hacer.

Pero hay que decir que algunos niños y adultos no aprenden demasiado a través del modelado, pues necesitan estrategias de enseñanza más explícitas, estrategias que beneficien a todo el mundo. De ambas cosas hablaremos en la segunda parte.

2. Animar activamente

Mi madre me enseñó a conducir un automóvil de transmisión manual. Su tono de voz era tranquilo y positivo, y su lenguaje corporal (tras asegurarse de que yo tenía los pies en los pedales y la mano en la palanca de cambios) me indicaba que estaba prestando atención a lo que estaba haciendo. Este comportamiento me hacía pensar que ella estaba convencida de que yo podía hacerlo. Si, de pronto, encogiéndome en mi asiento, provocaba un ruido horrible con los engranajes del cambio, ella no dejaba de animarme, diciéndome que eso le pasa a todo el mundo cuando aprende a conducir con el cambio normal, y me instaba a intentarlo de nuevo.

3. Exagerar para que las cualidades de la tarea sean más obvias

Guardo claramente en mi memoria un recuerdo de cuando cursaba primer grado, un día en que la profesora nos estuvo explicando cómo llevar unas tijeras de forma segura. Levantó las tijeras y nos señaló las partes más agudas y afiladas. Luego, se acercó las tijeras y, poco a poco, envolvió con la mano las hojas afiladas previamente cerradas. Después, bajó el brazo de forma dramática hasta que los aros de las tijeras apuntaron hacia abajo, remarcando la posición mediante un balanceo de la mano, arriba y abajo, un par de veces. A continuación, dio unos pasos, lentamente, y fingió que tropezaba, para, por último, demostrar por qué ésa era la manera más segura de llevar las tijeras.

4. Desglosar la tarea para dejar claros los pasos a seguir hasta su finalización

Cuando enseño a niños de tres años cómo dar la vuelta a las mangas de una chaqueta, recurro a una especie de cuento para desglosar la tarea en varios pasos. Digo lo siguiente: «Imagina que tu brazo es una serpiente… Aquí está la boca *[abro y cierro la mano como una boca]*. La serpiente tiene hambre, de manera que se introduce en el agujero del jardín *[mantengo hacia arriba la entrada de la manga y meto el brazo… a veces, incluso siseo, si los niños se han metido en la historia]*. Ahora la serpiente abre la boca *[en el otro extremo de la manga, saco la mano y la abro]* y da un bocado *[cierro rápidamente la mano en torno al extremo de la manga]*. Y, entonces, mordiendo con fuerza, ¡la serpiente vuelve atrás por el agujero del jardín! ¡Tachán!». La manga está ahora del revés y recorro de nuevo los mismos pasos para que hagan la segunda manga por sí mismos.

Sólo habrá enseñanza si la persona está *dispuesta* a aprender esa nueva habilidad; dicho de otro modo, si dispone de las habilidades necesarias previas y si se siente emocionalmente segura. No vas a poder enseñar a nadie a dibujar si todavía no sabe cómo se sostiene un lápiz. Sin embargo, si ya sabe cómo usar el lápiz para hacer garabatos, la enseñanza le permitirá hacer garabatos con más intención.

El aprendizaje se da cuando la persona está emocionalmente comprometida en una situación segura y/o cuando está en calma,[2] ya que entonces puede activar mejor su cerebro racional (córtex prefrontal). El aprendizaje no se produce mientras el cerebro de supervivencia (la amígdala) está en el asiento del conductor y la persona está experimentando una respuesta de tipo lucha / huida / parálisis / sumisión.

Cuando Teddy está pataleando en el suelo de la tienda de alimentación, no está en situación de aprender nada. No está preparado para aprender y no puede asimilar lo que le digamos ni los conceptos que intentemos transmitirle. Quien manda es su cuerpo, y nuestro objetivo es conseguir que el cerebro vuelva a ponerse en línea. Para ello, tendremos que ayudarlo, antes de nada, a que se sienta física y emocionalmente seguro.

Muchas veces, nuestra reacción en momentos así tiene menos que ver con enseñar algo al niño que con nuestras inseguridades sociales, como qué estarán pensando de nosotros otros niños o adultos. Pero Teddy no va a aprender a no pegar sólo con decirle «Pegar no está bien» (pensando tan sólo en que los otros niños o progenitores no vayan a creer que aprobamos las agresiones). Teddy es probable que ya sepa que a ti no te gusta que pegue. De hecho, saber que «pegar no está bien» no va a hacer que el niño deje de hacerlo.

Entonces, ¿qué deberías hacer cuando Teddy está en plena crisis nerviosa? Cuando los niños no se sienten seguros, su amígdala se activa

---

2. Immordino-Yang, M.; Darling-Hammond, L. y Krone, C.: *The Brain Basis for Integrated Social, Emotional, and Academic Development: How Emotions and Relationships Drive Learning.* The Aspen Institute, 2018.

y, de manera instintiva, dan prioridad a protegerse antes que aprender o utilizar el pensamiento racional para motivar su conducta. En esos momentos, lo que tenemos que hacer es tranquilizar la situación. La enseñanza vendrá después. Cuando la gente se siente segura es cuando puede acceder a su cerebro racional (córtex prefrontal), y es cuando está dispuesta a aprender. Puede aceptar ideas nuevas, escuchar críticas, reflexionar y resolver problemas. Éste es un buen momento para la enseñanza.

Saber que «pegar no está bien» no va a hacer que el niño deje de hacerlo.

En el capítulo 5, estudiaremos qué ocurre cuando la amígdala del niño está en el asiento del conductor y qué sucede cuando es el córtex prefrontal el que está activo (en otras palabras, cómo saber si es momento de tranquilizar o momento de enseñar), y ofreceremos estrategias para que el niño aprenda a erradicar comportamientos problemáticos.

Si una persona *no está preparada* para aprender, perderá el interés y/o terminará frustrada. Es posible lograr la atención del niño antes de que esté del todo preparado para aprender mediante luces o premios, pero se correrá el peligro de que no haga otra cosa que memorizar, pura y llanamente, en vez de comprender de verdad, con lo cual no sabrá cómo aplicar lo aprendido fuera de ese contexto. Además, esto puede dar como resultado que el niño se pase el tiempo esperando premios en vez de sustentarse en la motivación intrínseca de aprender con la que los niños llegan al mundo.

¿Qué sucede en el cerebro?

Cuando el cerebro se percata de algo a través de los sentidos (un estímulo), las neuronas cerebrales envían mensajes a otras neuronas, estableciendo una serie de conexiones como respuesta. La repetición de una serie de conexiones en el cerebro crea senderos neuronales, y los senderos neuronales se hacen más fuertes a medida que se repite el patrón estímulo-respuesta.

Por ejemplo, pongamos que tu pequeña tiene una crisis nerviosa todos los días cuando llega la hora de prepararse para ir a la escuela. El estímulo podría ser la frase que tú utilizas para indicar ese momento, como: «Es hora de ir a la escuela. ¡Apaga la tele y ponte los zapatos!». Puede que, en las últimas semanas, la niña haya aprendido que, si no apaga la tele de inmediato, tú se lo pedirás dos veces más hasta que vayas y apagues la televisión por tu cuenta. Entonces, gritará y pataleará, y tú le prestarás atención y le dirás qué debe hacer, hasta que al final tendrás que ir a por los zapatos, ponérselos, agarrar a la niña y todos los bártulos del colegio y meterlo todo en el vehículo. Los senderos neuronales tuyos y de tu hija son ahora bastante fuertes, dado que hace ya unas cuantas semanas que se repite esta misma situación.

En el aprendizaje, establecemos senderos neuronales con estas conexiones. Cuando las neuronas se conectan entre sí, hay una pequeña descarga eléctrica denominada sinapsis en el espacio que las separa, el espacio o hendidura sináptica. En ese espacio intermedio es donde la magia del aprendizaje, y, por tanto, el cambio de conducta, tiene lugar; ahí es donde podemos establecer un nuevo sendero.

En el proceso de salir de casa para ir a la escuela, el nuevo sendero neuronal podría tener un aspecto como éste: empezar a ver la tele un rato antes, utilizar una frase novedosa que establezca una nueva conexión para iniciar la transición, y algún tiempo extra para poder procesar las emociones antes de ponerse los zapatos. La frase para la nueva conexión podría ser algo así: «¿Es divertido el programa de hoy? *[Se espera la respuesta].* ¿Me contarás lo que sucedió en la fiesta de cumpleaños de Daniel Tiger mientras vamos al colegio?». Entonces, la transición para la escuela comienza *al menos* diez minutos antes durante unas cuantas semanas, para que haya tiempo para procesar las emociones relacionadas con el fin del tiempo de televisión y/o salir de casa.

En los cinco primeros años de la vida se establecen los fundamentos relativos al aprendizaje, ya que, durante este período, «cada segundo se forma más de un millón de conexiones neuronales nuevas. Las conexiones neuronales se forman mediante la interacción entre los genes, por una parte, y el entorno y las experiencias del bebé por la otra, sobre todo en la interacción de "servir y devolver" con los adultos... Estas conexiones construyen la arquitectura cerebral, los cimientos sobre los cuales todo aprendizaje, comportamiento y salud posteriores se van a elevar».[3]

3. National Symposium on Early Childhood Science and Policy: INBRIEF: The Science of Early Childhood Development (2009). https://harvardcenter.wpenginepowered.com/wp-content/uploads/2007/03/InBrief-The-Science-of-Early-Childhood-Development2.pdf

Cuando pensemos en patrones de conducta, como la crisis nerviosa de cada día cuando llega la hora de ponerse los zapatos para ir a la escuela, convendrá recordar que los senderos neuronales se encuentran en la raíz. Lo bueno es que se pueden cambiar los patrones. Ten en cuenta que, en tu caso, es más difícil cambiar *tus propios* patrones de conducta con los niños que el hecho de que los niños cambien sus patrones *en respuesta* a tu conducta. «La capacidad del cerebro para cambiar disminuye con la edad. El cerebro es más flexible, o "plástico", al principio de la vida, pues tiene que adecuar un amplio rango de contextos e interacciones. Pero a medida que madura, el cerebro se especializa para asumir funciones más complejas y es menos capaz de reorganizarse y adaptarse a problemas nuevos o inesperados». La capacidad del cerebro para cambiar alcanza su cúspide en el primer año de vida y desciende notablemente después de los cinco años.[4] Según mi experiencia, si los adultos son consistentes en sus nuevos comportamientos, los niños comienzan a cambiar al cabo de en torno a dos semanas, en ocasiones tras un período de resistencia. Si no lo hacen, podría existir algo más operando en términos de desarrollo. En este caso, ponte en contacto con especialistas en pediatría.

¿Por qué lo llamamos procesamiento colaborativo de las emociones (PCE)?

El método del procesamiento colaborativo de las emociones se basa en el modo en que los seres humanos aprendemos, y su nombre establece una conexión entre el qué y el cómo.

La palabra «colaborativo» nos lleva a la *forma* en que aprendemos la conciencia de uno mismo, la autorregulación, la empatía, la motivación y las habilidades sociales. Etimológicamente, «colaborar» proviene del término en latín que significa «trabajar juntos».[5] Este método es «cola-

4. INBRIEF: The Science of Early Childhood Development.

5. *Merriam-Webster* www.merriam-webster.com/dictionary/collaborate#:~:text=1%20%3A%20to%20work%20jointly%20with,of%20collaborating%20with%20the%20enemy

borativo» por nuestro deseo innato de establecer contacto con otros seres humanos y porque nadie va a desarrollar su inteligencia emocional estando solo en la cima de una montaña. El trabajo con otra gente es bueno para el cuerpo y para la mente. Por ejemplo, en el documental *Happy* («Feliz»), el neurocientífico Read Montague explica que los seres humanos liberan la hormona de la motivación/recompensa (la dopamina) cuando dejan a un lado sus deseos individuales en beneficio de la cooperación en el servicio al colectivo.[6]

La segunda palabra, «emoción», hace referencia a aquello a lo que prestamos atención y a lo que todos tenemos en común: que todos sentimos. El último vocablo, «procesamiento», es lo que estamos *haciendo*. Nuestra definición de procesamiento de las emociones es la capacidad de una persona para sentir e integrar plenamente las emociones.

¿Por qué la Rueda del PCE?

Con anterioridad al procesamiento colaborativo de las emociones (PCE) no existía ningún método que abarcara tanto la experiencia del adulto como la del niño. Después de estudiar diversas investigaciones, enfoques y métodos de aprendizaje socio-emocional, identificamos los vacíos y creamos el método PCE, y lo dividimos en cinco componentes con el fin de que resultara más comprensivo, pues recuerda que una de las maneras de enseñar es «desglosar la tarea en pasos hasta su finalización». Ésa era nuestra intención cuando creamos la Rueda PCE:

6. Belic, R. (productor) y Shadyac, T. (director): *Happy* [película]. Wadi Rum Films & Shady Acres, Estados Unidos, 2012.

El procesamiento colaborativo de las emociones y este diagrama, desarrollados por Lauren Stauble y Alyssa Campbell (original de 2017, actualizado en 2018).

Obsérvese que las «interacciones adulto-niño» es sólo uno de los cinco componentes. Esto se debe a que los adultos podemos hacer muchas cosas en nuestro propio desarrollo que tienen un efecto positivo en las interacciones que mantenemos con los niños. Una cosa es buscar en las redes sociales o ponerse un pódcast sobre cómo interactuar con un niño, y otra cosa muy distinta es ser capaz de acordarse de todas esas herramientas y lenguaje en el instante preciso en que se necesitan. El enfoque de centrarse exclusivamente en el niño pasa por alto que los adultos que están educando al niño son muy importantes en el proceso.

¿Te estás preguntando por qué aparece la expresión «atención plena» en el diagrama? Porque la atención plena dirige nuestra exploración y nuestra práctica de los cinco componentes.[7]

---

7. El término inglés *mindfulness*, que en las últimas décadas se ha asociado con un método de desarrollo personal, aparece en el texto en su forma inglesa cuando he considerado que se hablaba de tal método, pero lo he traducido como «atención plena» cuando he considerado que hacía referencia al estado mental de atención consciente en el momento presente. *(N. del T.)*.

El diseño visual, una rueda, es un guiño a las interpretaciones modernas del yoga y las raíces de la atención plena. No es una escalera porque, cuando trepamos metafóricamente por los peldaños de una escalera, nos alejamos de la experiencia de vivir de manera plena (por encima y fuera de nuestra humanidad y lejos de nuestros seres queridos). Sin embargo, cuando trepamos por los radios de una rueda, aprendemos a vivir plenamente aquí, sobre el terreno, a sentirnos cómodos con nuestro cuerpo y nuestra mente, y también con todo el mundo.

Las cinco fases del procesamiento de las emociones

Otra forma de descomponer el PCE en pasos con sentido consiste en dividirlo en las fases del procesamiento de las emociones, que son los cinco pasos por los que transitamos al procesar las emociones. Profundizaremos en ellas en la segunda parte para descubrir cómo ayudar a los niños a procesar las emociones, pero, al igual que con todo en el PCE, habrá que comenzar con los adultos. De modo que vamos a verlas.

Las fases funcionan como pasos a seguir a través de las emociones intensas, pero también nos proporcionan una visión general de dónde nos hallamos en el desarrollo del proceso de la emoción a lo largo del tiempo, y nos ofrecen un mapa de las habilidades que podemos desarrollar, tanto nosotros como los niños, con el fin de procesar emociones con un mayor sentido de agencia. Las fases ayudan al adulto a responder a la pregunta: «¿Para qué enseñanza puede estar preparado el niño ahora?». Sabrás que has procesado las emociones cuando te sientas mejor finalmente y cuando dispongas de más claridad acerca de lo acaecido y también acerca de ti mismo.

Fase 1: Dejar que nuestras propias emociones existan

Este primer paso (**dejar que nuestras propias emociones existan** y sean vistas) es también la primera fase del procesamiento de las emociones. Es fácil confundir a una persona autorregulada o emocionalmente regulada con una persona que ha procesado sus emociones. Del mismo modo, una persona que ha reprimido sus emociones se puede confundir con facilidad con una persona autorregulada o emocionalmente regulada. El mero hecho de que estés regulado no significa que hayas procesado las emociones. El procesamiento emocional es la capacidad para sentir e integrar las emociones.

Las cinco fases del procesamiento de las emociones

Dejar que nuestras propias emociones existan
¿Me resisto al impulso de desviar la atención o de reprimir la emoción?

Reconocer la emoción percibida: asociar símbolos con significados
¿Asocio palabras (feliz, triste, decepcionado, etc.) con mis sentimientos o respuestas fisiológicas ante las situaciones y las utilizo (habladas o en lenguaje de signos)?

Sentirse seguro al experimentar un rango de emociones con el transcurso del tiempo
¿Experimento un rango completo de emociones? ¿Reconozco cada emoción como algo temporal y como una entre muchas posibles emociones que sentiré con el tiempo?

Buscar apoyo mediante estrategias de respuesta
¿Dónde me sitúo en el espectro o continuo que se extiende entre mecanismos y estrategias?

Seguir adelante: resolver el problema o dejarlo pasar
¿Vuelvo atrás para intentarlo de nuevo? ¿Me comprometo en una nueva experiencia?

Fases identificadas por Lauren Stauble y Alyssa Campbell en el procesamiento colaborativo de las emociones (original de 2017, actualizado en 2019).

Fase 2: Reconocer la emoción percibida

Una vez dejas existir a tus emociones, puedes asociarlas a un símbolo: una palabra, un gesto o una imagen.

¿Te acuerdas de la historia del capítulo 3 acerca de una amiga que aparecía de pronto con los ojos hinchados y enrojecidos? Al intentar dar sentido a lo que estaba ocurriendo, tu cerebro confió en pistas procedentes del mundo que te rodeaba (los estímulos sensoriales) y de tus conceptos emocionales (experiencias del pasado). Te percataste de que tenía los ojos hinchados y enrojecidos (estímulos sensoriales) y, de manera inconsciente, contrastaste esta experiencia con tus experiencias emocionales previas. Tu cerebro creó un relato acerca de lo que estaba sucediendo en un esfuerzo por comprender la situación. Estos sentimientos podían ser viscerales y/o abstractos, pero es posible que emergieran palabras en tus pensamientos, porque los seres humanos utilizamos símbolos (palabras, gestos, imágenes) para comunicarnos. Quizás el término «preocupada» apareciera de pronto en tu mente. Tal vez incluso recurrieras a este símbolo para comunicarte con tu amiga: «¡Estoy muy preocupada! ¿Qué ha ocurrido? ¿Estás bien?».

Ésta es la segunda fase: **reconocer la emoción percibida y asociar símbolos a los sentimientos.** En la fase 2, tenemos la oportunidad de conectar, de sentirnos vistos y comprendidos. Tanto si reconocemos la emoción por nosotros mismos (o por aquella parte de nosotros que lleva el autobús en ese momento), como si es otra persona la que nos ve en ese instante y pregunta cómo nos sentimos, tal reconocimiento facilita que nuestro sistema nervioso se sienta a salvo.

Fase 3: Sentirse seguro al experimentar un rango de emociones con el transcurso del tiempo

Una vez nos sentimos cómodos en las fases 1 y 2, comenzamos a explorar las emociones tal como emergen y les damos sentido dentro del contexto de nuestra vida.

Hace un par de años, tomé conciencia de que tenía un patrón de sentimientos intensos que, en apariencia, emergían de la nada. No los había detectado hasta que me resultó imposible ignorarlos. En situaciones como ésta, la conciencia de mí mismo me hace pensar en un volcán, en el que queremos ver el burbujeo de la lava *antes* de la explosión.

De lo que se trata es de darse cuenta y de sintonizar con lo que está ocurriendo en nuestro organismo y en nuestra mente. Y, en la medida en que yo estaba prestando atención y evitando enjuiciar todo lo posible, empecé a darme cuenta cuando «desconecté» las señales de advertencia, como eran apretar la mandíbula, la necesidad de mirar el teléfono, los pensamientos desbocados o incluso mi marido preguntándome preocupado: «¿Estás bien?». La terapia era una herramienta útil, pues me permitía ser consciente del «burbujeo» y responder ante él con estrategias de respuesta, previniendo la erupción. (Nos ocuparemos de las estrategias de respuesta en la fase 4).

Cuando recibes esa llamada de la guardería. Cuando tu madre hace ese comentario sobre tu manera de gestionar la crianza de tus hijos. Cuando ese automóvil se te cruza por delante. Cuando tu hijo echa el agua fuera de la bañera. Cuando tu jefa te entrega un trabajo cuya fecha límite es posterior al comienzo de tus vacaciones. ¿Qué respuesta percibes dentro de tu cuerpo? ¿Dónde lo sientes? ¿Qué tipo de pensamientos tienes?

En cuanto dispongas de una caja de herramientas que te permita reconocer lo que ocurre dentro y lo que estás sintiendo, podremos observar los hábitos y patrones que nos mueven y decidir si te resultan útiles. Y cuando sepas hacer esto solo, podrás enseñar a los niños a que tomen conciencia de estas cosas también.

Jaxson no hacía más que pegar y dar patadas en la escuela. Para ayudar a Jaxson a desarrollar nuevas herramientas con las cuales expresar sus emociones, comenzamos por enseñarle a tomar conciencia de lo que ocurría en su cuerpo antes de la explosión. «¡Subes los hombros hacia las orejas! ¡Aprietas los puños! ¡Levantas la voz! ¡Pareces frustrado!». En ese momento interveníamos e intentábamos que se sintiera seguro en su cuerpo, con el fin de calmarlo antes de proceder con los siguientes pasos (explicaremos estos pasos con más detalle en la segunda parte).

Al cabo de un par de meses centrándonos en que desarrollara la conciencia corporal, Jaxson empezó a vociferar: «¡los hombros suben hacia las orejas! ¡aprieto los puños! ¡levanto la voz! ¡me siento frustrado!». No vamos a poder regular aquello de lo que no somos conscientes, de modo que el primer paso para ayudar a Jaxson a que opte por algo distinto a pegar o dar patadas consistió en ayudarle a que tomara conciencia de lo que sentía en su cuerpo cuando las emociones estaban entrando en una espiral creciente.

Éste es un ejemplo de interocepción, que es uno de los ocho sistemas sensoriales del organismo. Cuando afirmo: «Tengo mariposas en el estómago», tú quizás sepas de lo que hablo y comprendas que me siento nerviosa o excitada. ¿Qué pasaría si pudiéramos identificar lo que ocurre en nuestros organismos con otras emociones? ¿Qué sucedería si pudiéramos ponerle palabras a la decepción o a la vergüenza? ¿No sería genial detectar la tristeza o la cólera antes de que nos consumieran?

Cuando hacemos una pausa y prestamos atención a la expresión emocional, en nosotros mismos y en los demás, las resistencias se desmoronan y, entonces, vemos. En el centro de cada persona existe el deseo intrínseco de ver y ser vista, y estos momentos de expresión emocional constituyen una oportunidad para ofrecer un regalo como ése. De modo que ¿por qué nos resulta tan difícil hacerlo? ¿Por qué hay veces en que nos sentimos incomodados por las emociones de otra persona? ¿Por qué en ocasiones nos sentimos iracundos, ansiosos o tristes cuando los demás expresan sus emociones? El prejuicio implícito y el estilo de apego influyen en el modo en que nuestras emociones se enredan con las de los demás, por lo que nos ocuparemos de esto después. En el capítulo 6, hablaremos del papel que pueden jugar también nuestras expectativas.

El cerebro está diseñado para reflejar las emociones de los demás, pero eso no significa que ahí se acabe todo. De hecho, necesitamos esta función con el fin de sentir empatía, de «sentir *con* la gente», como afirma Brené Brown. Disponemos del poder de «cambiar el cerebro», lo cual significa que podemos elegir nuestra manera de proceder cuando nos enfrentemos a las emociones de otra persona. El hecho de que tengamos un patrón o un hábito actualmente no significa que estemos unidos a él de manera inseparable. Con el tiempo, y con la práctica, empezaremos a sentir cierta seguridad con los materiales emocionales. Suavizaremos nuestra resistencia a las emociones más complicadas a medida que comprendamos que esas emociones son temporales. Lo que estás sintiendo en un momento dado es una entre muchas emociones que sentirás con el transcurso del tiempo. Empezamos a comprender las palabras de Lisa Feldman Barrett, que compartimos en el capítulo 3: «Tú no estás a merced de las emociones que surgen de improviso para controlar tu conducta. Tú eres el arquitecto de estas experiencias. El río de tus sentimientos puede parecer que corre por encima de ti, pero en realidad tú eres la fuente del río».

Ésta es la tercera fase del procesamiento emocional: **sentirse seguro al experimentar un rango de emociones con el transcurso del tiempo.** Las emociones son temporales, de modo que, con la práctica, podemos sentirnos más cómodos o, al menos, no tan incómodos, el tiempo suficiente como para explorar los momentos que han evocado esas emociones, la forma en que las construimos y lo que hacemos con ellas.

Fase 4: Buscar apoyo mediante estrategias de respuesta

Con independencia de dónde comiences (aprender a tomar conciencia del momento en que sientes la emoción, saber gestionar tus reacciones ante los sentimientos de otras personas), quizás te resulte reconfortante recordar que los conceptos del procesamiento emocional son relativamente nuevos para el público en general. Es raro conocer a una persona adulta cuyos principales cuidadores fueran capaces de dar nombre y validar emociones, para luego ayudarlos a seguir adelante. Para la mayoría de las personas, aprender a sentirse cómodas con las emociones, darles nombre y validarlas, para después seguir adelante, lleva tiempo. Tara Brach afirma las siguientes palabras: «Sólo existe una forma de liberarnos de las creencias limitadoras, y es mediante la plena presencia ante los sentimientos burdos que las impulsan. Sin embargo, contactar con estos sentimientos (la vergüenza, el miedo, la pena) puede resultar difícil y doloroso, e incluso insoportable. Ése es el motivo por el cual podemos pasarnos años o décadas reaccionando ante el mundo en función de nuestras creencias, en lugar de investigar sus raíces emocionales».[8]

8. Brach, T.: *True Refuge: Finding Peace and Freedom in Your Own Awakened Heart.* Audiobooks.com, 2016. Disponible en www.audiobooks.com/audiobook/true-refuge-finding-peace-and-freedom-in-your-own-awakened-heart/177613

Puede que muchas personas busquen apoyo en un terapeuta u orientador a través del proceso de atención plena y conciencia de sí mismo. Otras preferirán desarrollarse en compañía de unas pocas amistades íntimas, y aún otras más quizás deseen un contexto más social, como podría ser un grupo que se reúna regularmente. Éste es un proceso personal. Creemos en el poder del procesamiento colaborativo porque la vergüenza medra en el secreto y el silencio, mientras que la sanación y el crecimiento florecen con la vulnerabilidad y la seguridad. El cuidado personal es una poderosa herramienta para sustentar el desarrollo de tu conciencia de ti mismo y una parte clave de la cuarta fase del procesamiento emocional: **buscar apoyo mediante estrategias de respuesta.**

Las *estrategias* de respuesta son acciones y no-acciones que puedes tomar o dejar de tomar, que te van a apoyar mientras procesas tus emociones, y están constituidas por los contenidos de tu caja de herramientas de estrategias de respuesta. Son esenciales en la cuarta fase del procesamiento emocional. Los niños también tienen una caja de herramientas de estrategias de respuesta, de la cual hablaremos en la segunda parte. Las estrategias de respuesta se pueden y se deben utilizar en diversos escenarios.

Fase 5: Seguir adelante: resolver el problema o dejarlo pasar

Con una práctica robusta de cuidado personal y la apertura a las cuatro primeras fases del procesamiento de las emociones, podrás llegar hasta la última fase (**seguir adelante: resolver el problema o dejarlo pasar**). Resulta muy sencillo recorrer esta fase si has realizado el trabajo previo. Cuando estamos regulados y volvemos a tener el sistema nervioso en calma y seguro, podemos ver las cosas con más claridad. Podemos situar de nuevo al cerebro en el asiento del conductor y gestionar la resolución del conflicto, de los problemas y de la reparación.

Ésta es la fase en la que asumimos nuestros errores y en la que estamos listos de verdad para escuchar a los demás, ver las cosas desde su perspectiva, experimentar empatía y discernir cuáles son los siguientes pasos. En la fase 5 estamos en el cerebro del pensamiento racional y la resolución de problemas. Si encuentras que estás a la defensiva o en una escalada emocional interior, ésa será la señal de que necesitas más tiempo en las otras fases; quizás no estés preparado todavía para la fase 5, y no pasa nada por ello.

Ahora que hemos cubierto todas las fases, ¿dónde crees que te encuentras en tu desarrollo? ¿En estas fases? ¿Te hallas en una fase diferente cuando estás con tu hijo a aquella otra en la que te encuentras cuando estás con tu mejor amigo, o en el trabajo, o con tu familia de origen? Quizás experimentes las fases de un modo diferente, con emociones distintas. Podría ser más fácil recorrer las fases con un sentimiento de tristeza en vez de con miedo, o con un sentimiento de vergüenza en lugar de con decepción. Te encuentres donde te encuentres hoy en cualquiera de estos contextos, ése será el lugar perfecto donde *empezar*.

La atención plena y los cinco componentes del PCE

«El océano no dice "Si pudiera liberarme del desorden de las algas y de todos estos peces, me encontraría en disposición de ser océano"».[9] Esta metáfora, que explica mi profesora de yoga, Patty Townsend, capta de forma clara lo que he aprendido acerca de la atención plena a lo largo de los últimos veinticuatro años. A veces, la gente, incluyéndome a mí misma al principio, confunde la atención plena, o *mindfulness*, con una sensación de serenidad. Y es bien cierto que es más fácil sentir serenidad cuando haces algo que te nutre. Para mí, contemplar el paisaje desde la cumbre de una montaña resulta nutritivo y, por lo general, siento esa serenidad cuando estoy ahí. Pero la atención plena supone mucho más que un sentimiento de serenidad. Cuando te sientas en calma, sereno o tranquilo, por favor, presta atención a esos sentimientos.

Pero presta atención también al «desorden de las algas y de todos estos peces». Hay sentimientos que no son tan cómodos. La decepción, la confusión, la ira son las algas y los peces en mis de otro modo aguas cristalinas. ¿A qué sentimientos es más probable que prestes atención?

9. *The Body Awake* [pódcast]. «Clarification, Patience and the Ocean with Patty Townsend». Disponible en https://podcasts.apple.com/us/podcast/clarification-patience-and-the-ocean-with-patty-townsend/id1115392724?i=1000434171766

¿Cuáles de ellos evitas? Otra forma de explorar esa segunda pregunta sería *ésta*: «*¿Qué sentimientos no* tengo nunca?»; porque, a veces, llegamos a desarrollar tanta pericia en evitar sentimientos problemáticos que los alejamos de nuestra conciencia antes incluso de que nos demos cuenta de que están ahí. Conviene mencionar que los sentimientos *incómodos* de algunas personas son aquellos que se «supone» que nos harían disfrutar *más*, como la dicha y la excitación.

Con independencia de qué sentimientos sean algas y qué peces, muchas personas intentan escapar de un modo inconsciente de sus sentimientos incómodos y evitan prestarles atención. Para bien o para mal, evitar estos sentimientos no hace que desaparezcan; sólo hace que no se aborden. Susan David insiste en el valor de prestar atención a un rango de emociones: «El contrato que tenemos con la vida es un contrato que se negocia con fragilidad, con tristeza y con ansiedad. Y si vamos a estar en este mundo de una manera auténtica y con sentido, no podemos centrarnos en una dimensión de la vida con la esperanza de que, sólo con eso, vayamos a tener una vida plena».[10] Con la atención plena aprendemos a ver, y después a tolerar, *todos* los sentimientos. Esto nos ayuda a mostrarnos ante nosotros mismos y ante los niños de una manera más satisfactoria.

Se cree que la atención plena tuvo su origen en la antigüedad en muchos lugares y culturas del mundo, si bien se suele situar en Lejano Oriente, entre los años 3000 y 1900 a. C., donde se desarrolló como una práctica espiritual para buscar la iluminación y la liberación del sufrimiento humano.[11] Durante los últimos cuatro mil años, más o menos, hemos descubierto que la práctica de la atención plena es versátil, y genera beneficios tanto en la salud física como mental en todas las culturas, religiones y edades. Una rápida búsqueda en Internet de «*mindfulness*» o «atención plena» te ofrecerá multitud de definiciones y explicaciones, que reflejan un amplio rango de perspectivas. Una de mis definiciones favoritas es la del líder espiritual global, poeta y acti-

---

10. David, S.: *Emotional Agility: Get Unstuck, Embrace Change, and Thrive in Work and Life.* Avery Publishing, Nueva York, 2016.
11. Bryant, E.: *The Yoga Sutras of Patañjali: A New Edition, Translation, and Commentary.* North Point Press, Nueva York, 2009.

vista pacifista Thích Nhất Hạnh, que define la atención plena como «mantener la propia conciencia viva ante la realidad presente».[12]

La atención plena se puede practicar mientras haces alguna otra cosa, o incluso sin hacer nada. Es un «tomar conciencia de» que puedes experimentar con tanta frecuencia como desees. Puedes practicar la atención plena mientras estás doblando la ropa de la colada, camino al trabajo, mientras cuidas de los niños, mientras comes, etc. En última instancia, puedes practicar la atención plena en cualquier momento en que lo recuerdes.

Una de las cosas más difíciles de la atención plena suele ser el hecho de no enjuiciar, sobre todo cuando tus valores entran en juego. ¿Te afecta cuando tu hijo o un niño a tu cargo le hace daño a alguien de una forma en apariencia intencionada? Creo que podríamos decir que, si estás leyendo este libro, normalmente serás de las personas que creen que hacer daño a los demás de manera intencionada es algo que no se corresponde con tus valores. Y es cierto que lo que queremos es transmitir nuestros valores a los niños. Pero ¿cómo desapegarnos de nuestro juicio cuando alguien no se comporta a la altura de nuestros valores? Tomar conciencia o prestar atención a nuestros sentimientos de ira, tristeza, vergüenza o decepción cuando un niño le hace daño a otra persona es atención plena. Cambiar esos sentimientos no es atención plena.

Elegir tomar conciencia de tus propias emociones y permitirte sentirlas sin enjuiciarte significa que optas por no evaluar esa situación y esos sentimientos como buenos o malos, o que deberían suceder o no. En su lugar, lo que haces es reconocer simplemente que *existen*. El objetivo es practicar la atención plena *antes* de responder al niño. Pero eso no significa que sea razonable esperar esta respuesta de ti mismo cada vez que se plantee la situación, ni siquiera la mitad de las veces.

---

12. Nhất Hạnh, T.: *The Miracle of Mindfulness: An Introduction to the Practice of Meditation.* Beacon Press, Boston, 1976, p. 11.

Atención plena es...	**Atención plena no es...**
Darte cuenta de tus sentimientos cuando aparecen.	Expresar tus sentimientos ante el niño en el momento en que aparecen.
Darte cuenta de si juzgas ese sentimiento como bueno o malo.	Intentar no tener el sentimiento porque crees que no deberías tenerlo.
Permitirte tener el sentimiento aun en el caso de haberlo juzgado.	Culpar al otro por «hacerte» sentir así.
Percatarte de cualquier manifestación fisiológica del sentimiento (aumento del ritmo cardíaco, tensión o rigidez, impulso de esconderse o de marcharse).	Sentirse sereno.
Centrar tu atención en la respiración.	Aguantar la respiración.
Ser consciente del momento en que el sentimiento se disipa.	Aferrarte al sentimiento con el fin de justificar una acción.

La profesora de Lauren, Patty, nos orienta de forma compasiva en este complejo proceso: «Todos sentimos estas cosas, y sentir que uno *no debería* enjuiciar eso puede ser una trampa, pues, con frecuencia, es inevitable. El juicio no es inherentemente el problema; el problema es creerlo». Esta conciencia te permite reconocer la presencia del juicio para después optar por algo distinto. Con la práctica, podemos aprender a validar nuestros propios sentimientos y a reducir las ocasiones de reprimirlos o rechazarlos, descargándolos de manera inadvertida sobre el niño. La interacción adulto-niño será más productiva y empática cuando sea del todo consciente. Examina la tabla «Atención plena es» en este mismo capítulo, donde podrás encontrar algunos indicadores que te dirán si tienes o no atención plena cuando estás con niños.

Todo esto es cierto y, al mismo tiempo, ten en cuenta las sabias palabras de Patty: «Estamos seguros de sentir nuestro propio juicio. Tenemos la grave responsabilidad de no proyectarlo sobre los demás. Incluso puedes llegar a decir que la verdadera compasión y el verdadero amor surgen de no resistirse al propio juicio. Libertad. ¡Un gran punto desde el cual relacionarse!».

Con el fin de enseñar habilidades de inteligencia emocional a los niños, tendrás que estar abierto a cualquier cosa que encuentres en tu interior, incluso cuando sea un desastre. Aceptar *lo que hay* es el único punto auténtico desde el cual comenzar. La conciencia de sí mismo, desde donde cultivamos la autocompasión, es una socia robusta para tu práctica de la atención plena, y es uno de los cinco componentes del PCE. Se atribuye a Daniel Goleman haber pronunciado estas palabras acerca de la conciencia de uno mismo: «La atención plena es un método para potenciar esta capacidad esencial, pues entrena nuestra atención para que nos percatemos de señales sutiles, aunque importantes, y para detectar los pensamientos a medida que surgen, en lugar de dejarse barrer por ellos».[13]

Una actuación es superficial cuando juzgamos nuestras emociones o un acontecimiento como malo y, como consecuencia de ello, alejamos o reprimimos nuestros sentimientos y actuamos como si todo fuera muy bien. Se están investigando los efectos de una actuación superficial sobre la insatisfacción laboral y el síndrome de *burnout* entre personas que trabajan en campos relacionados con los servicios de atención a las personas.[14] Sabemos que el *burnout* del profesorado es algo real, y es probable que la actuación superficial sea un factor que contri-

---

13. Brzosko, M.: «Alternatives to Meditation for Better Self-Awareness». betterhumans.pub (21 de noviembre de 2019). https://betterhumans.pub/how-to-increase-your-self-awareness-without-meditation-47a7ab99594

14. Hülsheger, U. R.; Alberts, H. J.; Feinholdt, A. y Lang, J. W. B.: «Benefits of Mindfulness at Work: The Role of Mindfulness in Emotion Regulation, Emotional Exhaustion, and Job Satisfaction». *Journal of Applied Psychology*, vol. 98, n.º 2, pp. 310-325 (2013).

buya a ello de forma significativa. Si tu profesión guarda relación con los servicios relacionados con las personas, la presión por dar prioridad a los sentimientos o el consuelo de otras personas sobre los tuyos propios puede ser autodestructivo cuando el juicio es un patrón de pensamiento y parte de la rutina.

Recursos para la atención plena

¿Quieres profundizar en la atención plena? Lo que viene a continuación son algunos recursos adicionales para explorar posteriormente:

Ejercicios y/o rutinas para practicar la atención plena

- Estilos de terapia que apoyan de manera explícita el desarrollo de la atención plena en el contexto de las emociones: terapia conductual dialéctica, somática y basada en la atención plena.
- Comer conscientemente: https://kripalu.org/
- *Life drawing* (dibujo de figura humana): cursos comunitarios o en casa.
- Yoga (asegúrate de que el estilo se base en la alineación y sea adecuado para tu cuerpo).
- Artes marciales: taichí, chi kung, etc.
- Escribir el diario.
- Grupo de meditación.
- Oración.

Páginas web

- Pódcast con Patty Townsend: https://podcasts.apple.com/us/podcast/clarification-patience-and-the-ocean-with-patty-townsend/id1115392724?i=1000434171766
- Mark Bunn, Simple Wisdom for Conscious Living (Sabiduría simple para una vida consciente): https://markbunn.com.au/

Lecturas recomendadas

- Cualquier obra de Thích Nhất Hạnh o Pema Chödrön.
- *The Goodness of Rain,* de Ann Pelo.
- *El poder del ahora,* de Eckhart Tolle.[15]
- Poesía de Alice Walker, Mary Oliver o Danna Faulds.

¿Te has sentido alguna vez avergonzado, confuso o enojado en presencia de un progenitor, un estudiante, un supervisor o un miembro de tu equipo? ¿Has juzgado ese sentimiento como bueno o malo? ¿Has juzgado a la otra persona por *hacerte* sentir así? ¿Te juzgaste a ti mismo por tener ese sentimiento? Y cuando eso sucedió, ¿lo reprimiste e intentaste fingir que no estabas teniendo ese sentimiento? ¿Deseabas no tener ese sentimiento? Quizás externamente desechaste tus sentimientos diciendo algo positivo o neutralizándolo, como, por ejemplo: «¡Oh, está bien, no hay que preocuparse por eso!». ¿O bien hiciste una pausa y te percataste de cómo te sentías sin hacer juicio alguno? Este último enfoque es responder a tus emociones desde la atención plena.

No debería sorprendernos que los estudios iniciales sugieran que la atención plena podría asociarse con una actuación menos superficial y con una mayor satisfacción laboral. Esto no quiere decir que tengas que compartir tu paisaje emocional con todo el mundo en tu puesto de trabajo. Ser consciente de tus emociones es un proceso delicado, al igual que regular y comunicar tus emociones con intención. Una sólida rutina de cuidado personal te ayudará a determinar cuándo y cómo procesar esas emociones, de manera que puedas mantener la profesionalidad en el trabajo.

La conciencia de sí mismo

Daniel Goleman define la conciencia de sí mismo como «la capacidad para monitorizar nuestro mundo interior (nuestros pensamientos y

---

15. Publicado por Gaia, Móstoles, Madrid, 2022.

sentimientos)».[16] El «monitor» es el encargado de decidir cuándo hay que dejar pasar algo, cuándo trabajarlo o qué celebrar, utilizando pensamientos y sentimientos como guías y herramientas. Piensa en el vigilante de pasillo en la escuela. Ve venir al estudiante por el pasillo y su tarea es detenerlo, preguntarle adónde va y después permitirle que continúe o hacer algún ajuste en la ruta del estudiante. El vigilante facilita el funcionamiento del sistema en su integridad. Para monitorizar tus pensamientos y tus sentimientos, tendrás que prestarles atención, y a medida que tomes conciencia de ellos, tendrás que pararlos, como hace el vigilante de pasillo con el estudiante, averiguar más de ellos y luego decidir la acción más apropiada o no actuar si es mejor no hacer nada.

¿Qué aspecto tiene la conciencia de sí mismo en lo relativo a las emociones y los niños? En el capítulo 2, explicamos que nuestro trabajo consiste en demostrar que no tenemos miedo de los sentimientos de los niños; que podemos gestionarlos, infundiendo en ellos la confianza suficiente como para que piensen que ellos también pueden hacerlo. Pero ¿qué sucede si consideras que no vas a poder gestionarlos tú? ¿Qué pasará si *tienes* miedo de sus sentimientos? ¿Qué sucederá si tienes miedo de tus propios sentimientos? Durante tu infancia, quizás aprendieras que las emociones dan miedo. Esto es muy habitual; a muchos de nosotros nos educaron en hogares y/o comunidades donde los sentimientos intensos no eran bien recibidos.

Una vez tuve una compañera en mi equipo que pensaba que yo estaba «mimando» a los niños al reconocer sus emociones, predisponiéndoles así para fracasar en la guardería. Cuando era niña, ella había estado en un sistema escolar con financiación y recursos insuficientes para el jardín de infancia, no muy diferente del sistema en el que nuestros alumnos iban a entrar. Se había marcado como prioridad enseñar a los niños a estar listos para el jardín de infancia de un modo que yo nunca hubiera considerado debido a mi propia experiencia en la escuela cuando era niña, una experiencia más validadora. Su objetivo con respecto a los niños era ayudarlos a no terminar en el despacho del director, porque aquél no iba a ser un lugar seguro para ellos, de modo que priorizaba que estuvieran sentados en silencio y fueran obedientes.

16. Brzosko. «Alternatives to Mediation for Better Self-Awareness».

Así, si un niño expresaba su tristeza o su decepción con lágrimas, le decía: «Deja de llorar». Si un niño expresaba de manera visible su frustración o su ira, le hacía sentarse a su lado sin jugar durante un tiempo prolongado. Ella creía que tendrían más probabilidades de funcionar bien en este sistema escolar si refrenaban sus emociones o necesidades, y aparentando que estaban prestando atención.

Echando la vista atrás, me da la impresión de que a los niños se les estaba enseñando a actuar de un modo superficial. Estaban aprendiendo que expresar emociones y necesidades no era seguro. La idea era que los niños que aprendieran a actuar superficialmente podrían sobrevivir en el sistema porque no iban a «necesitar» nada de sus futuros profesores y podrían evitar los castigos.

¿Te identificas con esta compañera de equipo? Si es así, éste es también un buen punto de partida. Proteger a nuestros niños es algo con lo que todos podemos estar de acuerdo. Después, practica la conciencia de sí mismos: ¿cómo sería validar el impulso de enseñar obediencia? ¿Cómo sería validar tu obediencia de la infancia como una forma en la que te protegiste? O quizás tú fuiste aquel niño que no sabía cómo ser obediente. ¿Cómo sería validar el esfuerzo o la resistencia de tu infancia a cumplir con lo que los adultos esperaban de ti? ¡Uf! Respira. Cultivar la conciencia de sí mismo en relación con viejos patrones puede ser un proceso muy delicado. Quizás esto explique por qué la conciencia de sí mismo puede ser uno de los más fértiles procesos para transformar esos patrones arraigados, sobre todo si va acompañada de la atención plena. No sucede nada si al empezar tienes miedo de los sentimientos. Tomar conciencia de ellos es un paso importante para llegar a sentirse cómodo con los sentimientos. Recuerda: podemos cambiar nuestro cerebro y el objetivo no es la perfección.

Con la ayuda del monitor, la conciencia de sí mismo incluye la capacidad para reflexionar y decidir qué hacer diferente la próxima vez. Es el proceso de reconocer cuándo hemos cometido un error y asumirlo, y/o sentirnos motivados para hacer cambios. Pero tomar conciencia de lo que se hizo bien y celebrar las fortalezas personales y los logros también forma parte de la conciencia de sí mismo.

Sin embargo, nos gustaría diferenciar claramente entre conciencia de sí mismo, que incluye el elemento de la monitorización, y autoconsciencia, que puede asociarse con la ansiedad y/o la depresión, así como con la ausencia de monitorización. La autoconsciencia probablemente te dejará atascado en tus errores hasta mucho después de acaecidos los hechos y, además, incrementará el sufrimiento. El «monitor» se ha ido a dormir, y tus pensamientos y sentimientos corren desbocados por los pasillos. Uno de nuestros investigadores en ciencias sociales preferidos, Brené Brown, advierte contra el descuido en esta práctica: «Sin conciencia de sí mismo y sin la capacidad para gestionar nuestras emociones, solemos actuar, sin darnos cuenta, desde el dolor, no desde el corazón. Y esto no sólo supone una gran pérdida de energía para nosotros y para la gente que nos rodea, sino que además genera desconfianza, distanciamiento y una cultura de cascarón».[17] La verdadera conciencia de sí mismo va acompañada de la autocompasión y la aceptación, pues la conciencia de sí mismo nos exige que aceptemos la idea de que vamos a cometer errores, y que éstos también forman parte del aprendizaje.

Hace años me comprometí a dar una charla en un evento que, llegado el día, se me olvidó por completo, hasta que la persona que organizaba el evento me llamó por teléfono para averiguar dónde estaba y si estaba bien. Me sentí mortificada por haber cometido tal error, por lo que no dejaba de pedirle disculpas, muerta de vergüenza. Aquella persona me interrumpió y me dijo:

—Martirizarte no nos va a servir ni a ti ni a mí. ¡Está todo bien!

Aquellas palabras cambiaron mi vida, pues aquel instante fue el catalizador de un cambio en mi corazón desde la autoconsciencia hasta la conciencia de sí mismo. Normalmente, cuando cometo un error, sigo sintiéndome avergonzada y me resisto a aceptarlo, pero he renunciado al hábito de guardármelo dentro. La atención plena me permite tomar conciencia de la vergüenza y la resistencia, pero sin juicio. Entonces, con la conciencia de sí mismo, puedo esforzarme por aceptar que he cometido un error y aprender de él. En el caso del contratiempo con el calendario, me llevó años desarrollar estrategias fiables para recordar de

17. Brown, B.: *Leading from Heart versus Hurt.* Brenebrown.com (2018). https://brenebrown.com/articles/2018/12/04/leading-from-hurt-versus-leading-from-heart/#:~:text=Without%20self%2Dawareness%20and%20the,disengagement-%2C%20and%20an%20eggshell%20culture

manera consistente mis compromisos, pero fue la conciencia de sí mismo la que me invitó a seguir intentándolo.

¿Te permites sentir emociones? ¿Cómo te hablas en tu interior cuando las emociones emergen exclusivamente para ti? ¿Te percatas de los patrones que siguen en lo relativo al cuándo y qué te permites sentir en diferentes circunstancias o con distintas personas? «Tus sentimientos no son un problema que haya que ignorar o resolver. ¡Son la retroalimentación de tu organismo y de tu sistema nervioso acerca de cómo te desenvuelves en la vida y cuáles son tus necesidades!», afirma Allyson Dinneen, autora de *Notes from Your Therapist* («Notas de tu terapeuta»).[18]

Cuando nos esforzamos por ser conscientes de nosotros mismos y por prestar atención plena, obtenemos la sensación de agencia en cuanto al modo en que nos comprometemos con la vida. Comenzarás por sentir el poder de *decidir* cómo vas a proceder, en vez de entregarle las llaves del vehículo a la amígdala.

Pero, además, la conciencia de sí mismo incluye también la conciencia de las habilidades sociales. El hecho de hacer una pausa para percatarnos de nuestras emociones en relación con las emociones de otros adultos, en especial de los patrones emocionales, nos proporciona la oportunidad de decidir cómo vamos a responder. El componente clave que nos permite responder en lugar de reaccionar es esa pausa para la conciencia de sí mismo. El psicólogo de las organizaciones Adam Grant escribió un tuit en el que señalaba lo siguiente: «Lo que dicen los demás no afecta directamente a tus emociones. Entre sus palabras y tus sentimientos se encuentra la interpretación que tú haces de sus intenciones. La agencia se halla en el espacio entre el estímulo y la respuesta. Reconocer que dispones de poder para cambiar tus suposiciones es una señal de inteligencia emocional».[19] La capacidad para encontrar la pausa entre la reacción inicial y la respuesta secundaria es una habilidad increíble que se puede

---

18. Dinneen, A. (@notesfromyourtherapist): «Your feelings aren't a problem». Instagram, 11 de agosto de 2022. www.instagram.com/p/ChHfidPAix /?igshid=YmMyMTA2M2Y=

19. Grant, A. (@AdamGrant): «What others say doesn't directly affect your emotions». Twitter, 23 de julio de 2022. https://twitter.com/AdamMGrant/status/1550834492587315201?lang=es

dominar y que uno construye sobre la conciencia de sí mismo. No podremos encontrar esa pausa, regularnos y responder de un modo intencionado mientras no seamos conscientes, en primer lugar, de nuestra reacción.

Esto es especialmente cierto en el contexto de nuestras relaciones adultas, en concreto en las relaciones con adultos con los que compartimos tareas de crianza o enseñanza. Los niños aprenden a manejarse en las relaciones a partir de las relaciones que observan (¿te acuerdas del modelado?), por lo que convendrá que desarrollemos la conciencia de sí mismo en nuestras habilidades sociales con el fin de modelar conductas y relaciones con la intención. Revisa la caja de recursos para familiarizarte con las herramientas que te permitirán desarrollar la conciencia de sí mismo, incluyendo cómo abordar la vulnerabilidad, soltar lo que ya no te sirve y encontrar modos de identificar, nombrar y comunicar emociones, necesidades y peticiones de cambio de comportamiento de un modo productivo y de fácil recepción.

Recurso para la conciencia de sí mismo

Páginas web

- Atlas de Emociones: http://atlasofemotions.org/
- Centro para la Comunicación no violenta: www.cnvc.org/
- Encuentra terapeuta: www.psychologytoday.com/us/therapists (utiliza los filtros de ubicación, aseguradora, estilo)

Lecturas recomendadas

- *Los cuatro acuerdos,* de Don Miguel Ruiz.[20]
- Algo de Brené Brown.
- Algo de Pema Chödrön.
- *Ser padres conscientes,* de Daniel J. Siegel y Mary Hatzell.[21]

---

20. Publicado por Gaia Ediciones, Móstoles, Madrid, 2016.
21. Publicado por La Llave, Vitoria-Gasteiz, 2005.

El cuidado personal

¿Qué es el cuidado personal? *Pista: no es necesariamente un masaje o una escapada de fin de semana, pero puede serlo.*

«Cuidado personal» es una expresión en boga actualmente, y puede parecer con frecuencia inalcanzable. ¿Cuánta gente hay que pueda encontrar treinta minutos para correr, o cómo hallar un lugar donde poder ponerse al día? En los primeros quince meses de crianza, salí de cena con una amiga en sólo *una* ocasión y sólo *una vez* pude dormir fuera de casa (gracias, Nana). Y en ambas ocasiones me estresé muchísimo, ya que tuve que planear de antemano toda la logística y, al final, me desperté a las tres de la madrugada congestionada y goteando porque, claro, me olvidé por completo de que tenía que sacar la leche. Ninguna de aquellas salidas fueron episodios de cuidado personal para mí.

Una mañana, después de ir a hacer pis con un bebé dando vueltas en el baño e intentando tocarme el ombligo, vi cómo mi marido simplemente entraba en el baño y cerraba la puerta, mientras el niño se sentaba en el suelo al otro lado de la puerta repitiendo «Dada» una y otra vez.

—Salgo en un minuto, cuando haya terminado –respondió él.

Yo me preguntaba cómo sería eso de ir al baño sin que me tocaran el ombligo, y cómo estarían las reservas de mi batería si dispusiera de algunos momentos para recargarla a lo largo del día.

El crecimiento personal suele ser el resultado de un compromiso auténtico con el cuidado personal y con estrategias de respuesta. A medida que pasamos de los mecanismos de respuesta a las estrategias de respuesta, puede resultar difícil diferenciarlos. Cualquier estrategia puede convertirse con rapidez en un mecanismo si se desequilibra, y algunos mecanismos son tan agradables que se pueden confundir con una estrategia. Por ejemplo, disfrutar de una copa de vino con un amigo puede ser una estrategia de respuesta en la medida en que conectes y recargues la batería. Pero tomar una copa de vino después de un día emocionalmente agotador y sobrecargado es un mecanismo de respuesta. Ir al gimnasio para hacer una rutina de cardio, yoga o pesas es una estrategia de respuesta. Ir al gimnasio dos veces al día y realizar ejercicio hasta que termines enfermo o exhausto tras un día emocionalmente agotador y sobrecargado es un mecanismo de respuesta.

Si estás leyendo este libro, eso significa que parte de tu trabajo o la mayor parte de él consiste en cuidar de alguien. Esto significa que, con el fin de mantener el flujo de cuidado que necesitas y que presumiblemente quieres proporcionar, vas a tener que dedicar tiempo a cuidar de ti mismo. Para ello, existen tres tipos de estrategias:

Estrategia proactiva: la vida es emocionalmente exigente, de modo que planificar de antemano cómo vas a abordar tus necesidades de cuidado personal semanales o diarias es crucial para prevenir el *burnout* o la sobrecarga. En el capítulo 3, ofrecíamos cinco formas de recargar de manera proactiva el sistema nervioso antes de que se encienda la luz roja de la batería. ¡Ésos eran ejemplos de cuidado personal proactivo!

Estrategia responsiva: ¿existe algo que te calme cuando tienes la amígdala activada? La estrategia de respuesta más accesible es respirar intencionadamente. Es imposible a nivel fisiológico que tu sistema nervioso simpático esté activo al mismo tiempo que respiras con el vientre (dirigiendo el aliento hacia el vientre, de tal manera que éste, y no el pecho, suba y baje a medida que inspiras y espiras).

Estrategia suplementaria: éstas son ocasiones especiales que llenan la copa emocional, como un retiro o unas vacaciones. Pero también puede ser algo sencillo, como una limpieza de armarios y cajones, o apagar los dispositivos durante cierto tiempo. Se trata de estrategias que deben satisfacer tu presupuesto anual, en vez del semanal, porque tienen lugar con mucha menos frecuencia que las estrategias proactivas y de respuesta.

El cuidado personal proactivo

Después de aquella observación que he hecho acerca del baño, empecé a prestar atención a mi jornada diaria. ¿Qué vaciaba mis baterías desde el momento en que me despertaba? ¿Qué parte estaba bajo mi control? ¿Y qué no? Comencé por comprometerme a realizar un pequeño acto de cuidado personal un día a la semana. Simplemente, una recarga de baterías en un momento en el que pudiera hacerlo. El mío comenzaba con el desayuno, de modo que me prometí a mí misma que haría mi desayuno mientras hiciera el de mi hijo, y que me sentaría y me lo comería con él, en vez de comerme sus sobras y agarrar cualquier otra cosa que se me pusiera a tiro para completarlo.

Después, añadí hacer una pausa de cinco minutos de tiempo libre de pantallas después del inicio de su siesta. Yo siempre tenía una lista de quehaceres y sentía que no disponía de tiempo para hacer una pausa, sentarme y tomarme un café, pero me prometí que lo haría y lo cumplí. Por otra parte, seamos realistas, ¿acaso alguna vez has llegado al final de una lista de cosas pendientes de hacer? Si es así, por favor, mándame tus consejos por correo electrónico, porque mi lista parece interminable (esa lista de quehaceres perpetua, ¿no?) Aprender a hacer pausas y recargar pilas es clave para poder acceder a todo lo que se propone en este libro. Extra: cuando cuidamos de nosotros mismos de manera intencionada a lo largo del día, advertimos cómo los niños también recargan sus pilas de un modo proactivo.

Esto podría ser duro en un principio. Podría ir en contra del modo en que te educaron o de los valores que te enseñaron en la escuela. Muchas personas estamos condicionadas para «seguir adelante» aunque estemos enfermas, resistirnos a mostrarnos necesitadas o pedir ayuda, y ponemos las necesidades de cualquiera por delante de las nuestras por miedo a ser rudas o a caer mal. Si a ti te educaron de esta manera, quizás sientas culpabilidad, vergüenza o abandono cuando practiques el cuidado personal siendo una persona adulta. Pero puedes responder de forma compasiva y creando una nueva narrativa: «Es normal que me sienta asustado por cuidar de mí mismo en estos momentos, pues en la infancia me enseñaron a no hacerlo. Pero para mí es seguro satisfacer ahora mis necesidades».

A continuación se muestra una lista de algunas estrategias de respuesta que te pueden resultar útiles para recargar baterías. No pretende ser una lista exhaustiva. Simplemente experimenta y observa qué funciona mejor en tu caso.

Caja de herramientas de estrategias de respuesta

- Artes basadas en el movimiento* (practicar, no interpretar: yoga, danza, aro).
- Ejercicio meditativo* (caminar, carrera de larga distancia, nadar).
- Ejercicio muscular* (pesas, clases en grupo).
- Terapia.
- Orientación.
- Caminar o ir de excursión por el bosque.*
- Meditación/oración.
- Expresión artística escrita.
- Expresión artística visual.
- Expresión musical.
- Lectura.
- Cocina.
- Costura.
- Ejercicios respiratorios.
- Respiración abdominal.
- Mirar al cielo.
- Salir a la calle.
- Prácticas espirituales.
- Tiempo de soledad.
- Tiempo libre de pantallas.
- Hablar con una amistad o un ser amado.
- Ordenar tu despacho o tu armario.
- Música relajante.
- Pasar tiempo de calidad con tu familia.

* Consulta a tu médico o profesional de atención primaria antes de iniciar un nuevo ejercicio o rutina de actividad física.

Del mismo modo que queremos apoyarnos en estrategias de respuesta, también deseamos cerciorarnos de que no estamos aplicando mecanismos de respuesta en lugar de estrategias. A continuación se menciona una lista de *mecanismos* de respuesta. Los mecanismos son hábitos inconscientes, son recursos que utilizas para serenarte cuanto tienes emociones intensas o para evitar tenerlas por completo. Cuidado: es posible excederse en el uso de las *estrategias* de tal modo que se conviertan en *mecanismos*.

Mecanismos de respuesta

- Ir de compras.
- Enviar mensajes de texto sin reflexionar.
- Tomar una copa o utilizar sustancias.
- Hacer trabajo extra.
- Hacer un exceso de ejercicio.
- Planificar en exceso.
- Limpiar u ordenar la casa de forma compulsiva.
- Entretenerte con videojuegos.
- Examinar las redes sociales.
- Evitar una discusión.

¿Reconoces algún hábito en esta lista de mecanismos? Si es así, ¡felicidades, eres un ser humano! Ten cuidado en no confundir el objetivo: no recomendamos que elimines tus mecanismos de respuesta, pues probablemente los hayas desarrollado en un principio para protegerte de algo, y convendrá que recurras a la autocompasión cuando seas consciente de que estás utilizándolos. El objetivo es ser consciente de ellos y optar por una estrategia de respuesta en vez de por un mecanismo de respuesta tantas veces como puedas. Lo deberías sentir como un estiramiento suave un poco incómodo.

El cuidado personal responsivo

Está bien. Es magnífico: estás cuidando de ti mismo a lo largo de todo el día, recargando baterías, y ahora te mostrarás regulado en todo momento y listo para lo que el mundo te ponga por delante, ¿no es así? Pues no, la realidad es que nadie está regulado en todo momento. Así es la vida y no es ése nuestro objetivo. La práctica proactiva del cuidado personal a lo largo de todo el día lo que hace es mantenerte en un ancho de banda para cuando llegan los momentos difíciles. Pero ¿cómo vas a cuidar de ti *en el momento?* A esto lo denominamos cuidado personal responsivo, de respuesta.

Cuando sientes que la sangre te hierve y que el volcán está a punto de estallar, puedes recurrir a estrategias responsivas de cuidado personal (dicho de otro modo, estrategias de respuesta) para regular tu sistema nervioso. Existen dos estrategias a las cuales podemos recurrir en el momento: movimiento/arraigo y compromiso cerebral.

Un ejemplo. Yo estaba trabajando con una pistola de cola caliente y unas tijeras cuando mi bebé las vio y comenzó a trepar a la mesa.

—¡Eso quema, cariño! Voy a tener que apartarte de ahí.

En cuanto se lo dije, me acerqué y lo saqué de allí, y él comenzó a sacudirse y a sollozar de inmediato. Mientras lo llevaba al salón, me dio un bofetón inadvertidamente en el rostro. *¡Ufff!* Una descarga de cortisol y adrenalina me recorrió las venas, y entré en modo lucha. Apreté los dientes, tensé los músculos y el corazón se me puso a mil. Le dejé sobre la alfombra y me senté en el suelo, cerca, pero a una distancia prudencial.

Lo primero que hice fue arraigar.

—Tengo el trasero en el suelo. Bajo los hombros y relajo la mandíbula –me dije en un susurro a mí misma.

Y luego pasé al *compromiso cerebral.* «Estás a salvo. Su organismo está fuera de control. Tu energía puede calmarlo», me repetí a mí misma. Sentí que mi organismo comenzaba a calmarse mientras recurría a estas estrategias de respuesta. Ítem extra: al sentarme en el suelo y relajar mi cuerpo, en vez de elevarme como una torre por encima de él, le envié a *su* sistema nervioso la señal de que no estaba allí para atacarlo. Esto puede ser útil para los niños que han perdido el control, para que comiencen el proceso, se sientan a salvo y se calmen.

He tenido que esforzarme mucho para aprender a hacer una pausa, respirar y recurrir a estrategias de respuesta durante momentos como éste. Además de recitar mantras, esto me ayuda a tomar cierta distancia, a veces durante sólo dos minutos, mientras mis hijos se encuentran en un lugar seguro (aunque estén gritando), de manera que puedo respirar. No es como una visita al spa, donde entras en un espacio zen, pero el objetivo estriba en calmarse lo suficiente como para poder volver y aguantar a los niños. Puedes decir: «Voy al baño a calmarme durante un minuto. Luego volveré y te ayudaré». Siempre y cuando todo el mundo esté seguro, me pongo los auriculares durante un par de minutos con el fin de escuchar algo diferente. Salgo a la calle o abro una ventana, y dejo que el aire me dé en la cara, y, con frecuencia, me obligo a respirar hondo. Canturreo una suave melodía familiar. Esto calma mi sistema nervioso, hace que mi organismo se sienta seguro y permite que mi cerebro vuelva a sentarse en el asiento del conductor. (Repasa la «Caja de herramientas de estrategias de respuesta», unas páginas atrás, para ver más ideas de cuidado personal responsivo).

¿Qué herramientas utilizas en tu práctica diaria para mantener el equilibrio? ¿A cuáles recurres en los momentos de acaloramiento, cuando la presión de la sangre te sube y sólo deseas explotar? El objetivo no estriba en alcanzar la perfección el cien por cien del tiempo. Tenemos que practicar cada día. Profundizaremos en cómo reparar la situación con los niños cuando nos acaloramos en el capítulo 7.

La importancia de cuidar de ti mismo

Durante mucho tiempo, me estuve mintiendo al decirme que cuidar de mí misma era egoísta, cuando la verdad es que puede ser el mayor regalo que podemos hacerles a nuestros hijos, a nuestra pareja, a nuestra familia, a nuestros compañeros de trabajo, a nuestras amistades, *y* sí, a nosotros mismos. No existe una manera correcta de hacerlo. El mejor enfoque es aquel que funcione mejor en tu unidad familiar. ¿Que necesitas salir una noche al mes con tu pareja para conectar? ¡Hazlo! A lo mejor puedes intercambiar el cuidado de los hijos con alguna pareja amiga para cuadrar una fecha. ¿Que te encantaría acurrucarte con tu pequeñín cada noche (en vez de salir con tu pareja a cenar)? ¡Hazlo! ¿Que necesitas un fin de semana lejos de casa con tus amistades? ¡Hazlo! Tomarte tiempo para ti puede provocarte sentimientos de vergüenza o de culpabilidad al principio. Y harás bien en aceptarlos, responder de forma compasiva y optar por una narrativa diferente. En aquellas culturas en las que se alaba a la gente por darse desinteresadamente, puede resultar difícil conceder prioridad al cuidado de uno mismo, de modo que es normal que te sientas mal al principio mientras aprendes a hacerlo. Comienza con una cosa. Comprométete con un cambio hasta que se convierta en rutina. No lo veas como un propósito de Año Nuevo, demasiado ambicioso y condenado al fracaso a corto plazo. Los cambios sostenibles se implementan poco a poco. Da un paso detrás de otro y concédete el don de la gracia a lo largo del camino.

He aquí otra cosa que conviene que sepas al respecto del cuidado personal y las estrategias de respuesta: que no necesitas reorganizar tu vida o tu presupuesto para sentirte mejor. Cada día recibimos mensajes de la sociedad acerca de lo que nos merecemos o de aquello que haría que nos sintiéramos mejor. Normalmente esto nos llega bajo la forma de algún anuncio del tipo «trátate» que requiere que gastemos dinero, ya sea un masaje, una cuota costosa en un gimnasio, ropa nueva o un par de zapatos, unas vacaciones caras o un café sobrevalorado. Ciertamente, podrías sentirte mejor después de hacer algunas de esas cosas, pero recuerda que, a veces, el cuidado personal no pide más que dejes a un lado la lista de quehaceres y te termines tu café, o que pases diez minutos leyendo un buen libro, o que te tomes un poco de tiempo para preparar un desayuno nutritivo durante una mañana frenética. La práctica del cuidado personal y aprender a utilizar estas estrategias de respuesta no van a llegar siempre de forma natural ni van a ser fáciles. Es mucho más fácil sacar una copa del estante que investigar las raíces emocionales de nuestras creencias, como señala Tara Brach. Sin embargo, ella sugiere que ésta es la única manera de liberarnos de las creencias que nos limitan.

Recursos para el cuidado personal

Páginas web

- Escala de autocompasión: https://self-compassion.org/test-how-self-compassionate-you-are/
- Retiros Kripalu: https://kripalu.org/ (dispone de opciones de ayuda económica)

- Encuentra terapeuta: www.psychologytoday.com/us/therapists
- Fireweed Collective: https://fireweedcollective.org/
- Encuentra un grupo de meditación o de oración en tu zona
- Narcóticos Anónimos – Encuentra reunión: www.na.org/meetingsearch/
- Alcohólicos Anónimos – Encuentra reunión: www.aa.org/pages/en_US/meeting-guide

Lecturas recomendadas

- *Los dones de la imperfección,*[22] de Brené Brown, o cualquier otra de sus obras.
- *Los lugares que te asustan,*[23] de Pema Chödrön.

¿Qué práctica de cuidado personal vas a poner en marcha hoy? Bastará con una forma de cuidar de ti mismo de forma proactiva. Recuerda que, a veces, el cuidado personal es, simplemente, poder hacer pis sin tener un niño encima. Si ése es tu punto de partida hoy, será suficiente por ahora.

Descubrir los prejuicios implícitos

¿Cuándo fue la última vez que te sentiste triste? Si tuvieras que describir o ilustrar tu idea de *tristeza,* ¿qué aspecto o sonido tendría? ¿Cuál es tu relación con la tristeza? ¿Cómo responderías a todas estas preguntas acerca de la ira? El mero hecho de analizar *cómo te sientes con respecto a los sentimientos,* mientras escuchas tu propia resistencia o tu rechazo a determinadas emociones, constituye la conciencia de sí mismo. Pero también es el fundamento para descubrir los prejuicios implícitos.

22. Publicado por Gaia Ediciones, Móstoles, Madrid, 2012.
23. Publicado por Paidós, Barcelona, 2019.

En el capítulo 3, explicamos cómo desarrollaste los conceptos emocionales a partir de las experiencias que tuviste en tu familia, en tu cultura y en la sociedad en general. Aquí se incluye cómo reconocerlos, qué hacer con ellos y cómo comprender los símbolos que se relacionan con ellos. A veces, los niños reciben mensajes acerca de determinadas emociones que son, implícita o explícitamente, estereotipos reforzantes. Pero, con frecuencia, estos mensajes están sesgados debido al estilo de apego del adulto.

Las familias biculturales o bilingües, las compuestas y las adoptivas es muy probable que impliquen conceptos emocionales distintos a sus relaciones mutuas. Y aunque tengas la misma identidad social y/o cultura de origen que la persona o las personas con las que compartes tareas educativas, tú también puedes aportar diferencias en los conceptos emocionales. Finalmente, profesorado y familias pueden tener también conceptos distintos.

Como ya vimos en el capítulo 3, los niños son capaces de asumir el biculturalismo emocional y el bilingüismo, del mismo modo que pueden aprender otros aspectos de diferentes culturas e idiomas. La manera más sana de enseñar biculturalismo emocional consiste en aceptar y resaltar la idea de que existe más de una manera de ser y que diversas series de conceptos pueden ser perfectamente válidos.

En una ocasión tuve un estudiante de preescolar, Peter, cuya cultura familiar con respecto a las emociones era que los sentimientos sólo debían compartirse en las relaciones más íntimas. El niño se pasaba el día aparentemente en calma de cara al exterior para luego compartir sus sentimientos de lo que había sucedido a lo largo del día con sus progenitores al regresar a casa. En ocasiones, ellos nos contaban lo que les decía el niño, por si existiera algo por resolver. En el aula, algunos de los chicos con los que Peter se relacionaba más expresaban sus emociones a lo grande, algo que estaba permitido en la cultura del aula.

Con el transcurso del año escolar, y a medida que Peter iba intimando en su relación con nosotras como profesoras, así como con algunos otros niños en su amistad, comenzó a expresar sus sentimientos ante determinadas personas, pero sólo de uno en uno. Sin embargo, se enfadaba si otros niños se acercaban a curiosear. Cuando esto ocurría, alejábamos a aquellos niños reenganchándolos a los juegos con el fin de dejar espacio para que Peter se expresara en esa relación 1:1. Era un tipo de relación que le iba bien cuando experimentaba emociones intensas, porque se correspondía con la cultura familiar de abordar socialmente las emociones dentro de las relaciones más íntimas. Con nuestra ayuda, Peter fue capaz de entrar y salir de estas variaciones culturales en el procesamiento de las emociones.

Tus procesos de socialización de las emociones se vieron afectados por los prejuicios inconscientes de las personas que cuidaron de ti en relación con tus singulares identidades sociales; y esto, a su vez, puede estar afectando de forma inconsciente a tu actual manera de tratar con los niños. Yo imparto enseñanzas relacionadas con las emociones a una población de estudiantes adultos muy diversa en términos culturales; y cuando los estudiantes reflexionan sobre su experiencia en la socialización de las emociones, sus relatos son asimismo diversos. Hay personas cuyos contextos culturales de infancia fomentaban la expresión de sentimientos intensos, y podían hacerlo con quien necesitaran hacerlo, mientras que en otros contextos culturales se les animaba a procesar las emociones en silencio y sólo con las relaciones más íntimas cuando fuera necesario. En ocasiones, la propia identidad de estas personas (en particular, de género, raza y orden de nacimiento) influía en la manera en que respondían los adultos y otros niños de su infancia cuando ellos no expresaban sus sentimientos de acuerdo con las expectativas culturales.

Por ejemplo, y a modo de anécdota, parece que la gente se siente más cómoda cuando las niñas expresan su tristeza y los niños su ira que cuando es al revés. ¿Qué aprendiste de tu familia o de tus cuidadores en la infancia acerca de las emociones y de la forma de expresarlas?

Tenemos la esperanza de que, con el PCE, las bibliotecas emocionales de nuestros hijos lleguen a ser más robustas y diversas que las nuestras a medida que las vayan desarrollando. Si eres bilingüe o bicultural, dispones de más de una serie de conceptos emocionales, y puedes basarte en este legado para decidir qué quieres enseñar a la siguiente generación. Todo esto explica por qué descubrir, reconocer y enfrentarse a los prejuicios inconscientes es crucial para la equidad en el desarrollo de las habilidades en el procesamiento de las emociones.

Prejuicios relacionados con la identidad social

A mediados de la década de 1990, Mahzarin Banaji y Anthony Greenwald lanzaron una invitación a la población en general para que participara en una investigación *online*, mediante la cumplimentación del Test de Asociación Implícita (TAI). Lo que descubrieron a partir de los datos que recibieron es que hasta las personas que creen conscientemente que no tienen prejuicios en determinadas categorías, como la de género o raza, los tienen de manera *inconsciente*. El prejuicio inconsciente recibe también el nombre de prejuicio implícito. Si buscas en Internet «Project Implicit» («Proyecto implícito»), encontrarás un enlace para cumplimentar una serie de tests de actitudes sociales sobre los siguientes temas relacionados con la identidad y/o apariencia social: árabe-musulmán, raza, género-ciencia, nativo, color de piel, edad, discapacidad, religión, sexualidad, asiático, género-profesión y peso, y se continúan añadiendo grupos. Cuantos más datos reúnen a través del TAI, junto con otros hallazgos de investigación en las ciencias conductuales, más fuertes son las evidencias de la existencia de prejuicios implícitos en nuestra sociedad. En una charla pública realizada en Cambridge, Massachusetts, en 2018, Banaji afirmó que hasta niños de cinco años de edad muestran los mismos prejuicios raciales que las personas de treinta y cinco años en su grupo de identidad racial.

Al mismo tiempo, están mejorando las actitudes *explícitas* (aquellas de las que somos conscientes) en relación con la raza, lo cual significa que nuestros valores conscientes y nuestros comportamientos inconscientes pueden hallarse directamente en conflicto mutuo. Además, los prejuicios no tienen por qué ser abiertamente hirientes para ser calificados de tendenciosos. De hecho, una de las formas más notables en que se puede manifestar un prejuicio inconsciente es a la hora de decidir a quién ayudamos frente a quién no ayudamos. Ayudar a los miembros del grupo socialmente aceptado y no hacerlo con los demás es una forma de discriminación oculta a nivel social.

Existe multitud de evidencias que muestran que los niños afroamericanos reciben un trato diferente al del resto de niños, sobre todo en lo referente a emociones. Es más probable que se otorguen trastornos emocionales y conductuales a los niños negros y se considere que las niñas negras precisan menos apoyo y consuelo.[24] El profesorado, con independencia de su raza, es más probable que anticipe conductas problemáticas en los niños negros, sobre todo en los varones, que en los niños blancos.[25] Y los malentendidos con las emociones, que llevan a una cascada de ira y de castigo, son perfectamente observables.[26] Éstos son estudios relacionados con la escuela, pero podemos dar por sentado que el prejuicio implícito no desaparece cuando regresamos a casa ni cuando estamos en público.

El prejuicio implícito respecto a quién debería sentir qué y cómo debería expresarlo va más allá de las razas. La forma en la que se socializa emocionalmente a los niños en diferentes culturas se puede relacionar con el género en la infancia.[27] Una búsqueda rápida en Internet sobre expectativas y niños con discapacidades proporcionará abundante información anecdótica acerca del forcejeo que sostienen los adultos por mantener expectativas inapropiadas sobre este colectivo de niños, tanto en el hogar como en la escuela. Los prejuicios inconscientes (o conscientes) de los adultos acerca de raza, género y capacidad afectan al modo en que los adultos apoyan (o no) el desarrollo social y emocional de los niños. Cuando intentes descubrir prejuicios implícitos, quizás te

---

24. Wilson, C.: «Study: 'Adultification' Has Black Girls Facing Harsher Punishments». *ABA Journal*, vol. 103, n.º 11, p. 20 (2017). https://search-ebscohost-com.proxy16.noblenet.org/login.aspx?direct=true&AuthType=cookie,ip,-cpid&custid=bhc&db=buh&AN=125868636&site=ehost-live&scope=site
25. Gilliam, W. S.; Maupin, A. N.; Reyes, C. R.; Accavitti, M. y Shic, F.: «Do Early Educators' Implicit Biases Regarding Sex and Race Relate to Behavior Expectations and Recommendations of Preschool Expulsions and Suspensions?» [Resumen de estudio de investigación]. Yale University Child Study Center (2016). https://medicine.yale.edu/childstudy/zigler/publications/Preschool%20Implicit%20Bias%20Policy%20Brief_final_9_26_276766_5379_v1.pdf
26. Halberstadt, A. G.; Cooke, A. N.; Garner, P. W.; Hughes, S. A. M., Oertwig, D. y Neupert, S. D.: «Racialized Emotion Recognition Accuracy and Anger Bias of Children's Faces». *Emotion* (2020). https://doi-org.proxy16.noblenet.org/10.1037/emo0000756.supp (Supplemental).
27. Brown, G. L.; Craig, A. B. y Halberstadt, A. G.: «Parent Gender Differences in Emotion Socialization Behaviors Vary by Ethnicity and Child Gender». *Parenting: Science & Practice*, vol. 15, n.º 3, pp. 135-157 (2015). https://doi-org.proxy16.noblenet.org/10.1080/15295192.2015.1053312

percates de las discrepancias existentes en tus ideas sobre cuándo los niños deberían llorar, o dejar de hacerlo, cómo o si deberían ser consolados, o cómo o si deberían expresar determinadas emociones.

Durante uno de nuestros talleres, un progenitor preguntó:

—Pero ¿cuándo dejará mi hijo de llorar por todo?

—¿Cuándo esperas tú que lo haga? –pregunté yo.

—No puede empezar a ir al jardín de infancia llorando a todas horas –respondió el progenitor.

¡Ajá! Un prejuicio de edad para la expresión emocional. Este progenitor confesó después su temor a que su hijo fuera objeto de *bullying* por llorar en la escuela. En su contexto cultural y en su experiencia de infancia, llorar en la escuela no era seguro. El miedo tenía sentido si nos atenemos a la infancia del progenitor, pero estaba dando lugar a un prejuicio.

Probablemente no haga falta decir que los resultados en el desarrollo infantil son mejores cuando los adultos tienen unas expectativas elevadas y apropiadas en términos de desarrollo, y esto se aplica tanto al desarrollo social como al emocional.[28]

Estilo de apego y prejuicio inconsciente

El estilo de apego (*véase* capítulo 2 para recordar) también puede afectar al modo en que respondemos o reaccionamos ante las emociones de los niños.

Si aprendimos un apego inseguro, porque la persona que nos cuidaba la mayor parte del tiempo estaba ansiosa por la idea de no saber satisfacer nuestras necesidades, es posible que suframos la misma ansiedad ante la idea de si seremos capaces de satisfacer las necesidades de los niños. En presencia de un apego inseguro, el llanto de un niño puede disparar el temor en la persona cuidadora de no ser capaz de satisfacer las necesidades del niño (dicho de otro modo, la persona cree que no será capaz de gestionar las emociones del pequeño). En cambio,

---

28. Deutsch Smith, D.; Chowdhuri Tyler, N. y Garner Skow, K.: *Introduction to Contemporary Special Education: New Horizons.* Pearson, Nueva York, 2018.

unos progenitores con apego de evitación podrían restar importancia o despersonalizar las emociones de sus hijos, o bien interpretarlas como mal comportamiento. Las personas con un apego seguro pueden reaccionar emocionalmente ante la expresión emocional de los niños, y pueden sentirse incómodas con ello, pero serán capaces de asumir tal incomodidad sin salir corriendo con el fin de recuperar su propia comodidad ante las emociones infantiles.

Si tienes un estilo de apego inseguro, quizás te preguntes si tu hijo o hija tiene también un apego inseguro. De hecho, esto puede ocurrir, ¡pero no siempre! Daniel J. Siegel ofrece una explicación convincente de la relación entre el estilo de apego de los progenitores y el estilo de apego de sus hijos en *The Neurobiology of 'We'* («La neurobiología del "nosotros"»*)*. Su investigación apunta a la correlación que existe entre *la capacidad del progenitor para dar un sentido a su infancia* y un apego seguro con su propio hijo o hija.29 La terapia es un contexto habitual para dar sentido a tu infancia, para tener una historia que explique cómo y por qué tu infancia fue de la forma que fue.

Cuando comenzaba a explorar la idea de que mis lentes de apego pudieran estar teniendo alguna influencia en mi relación con los estudiantes, me di cuenta de que estaba permitiendo que determinados niños se expresaran con frecuencia a lo grande, al tiempo que invalidaba la expresión de otros niños durante los momentos de transición. Había llegado a ser muy eficaz a la hora de anticipar el tipo de apoyo emocional que un niño pudiera necesitar si yo sabía que tenía necesidades especiales, si era conocido por expresarse a lo grande y/o forcejeaba con su comportamiento. Estos niños tenían toda mi paciencia ante su expresión emocional y todo mi asesoramiento para procesar la energía de las emociones.

Pero había una niña que mantenía la compostura durante las transiciones, y en otros momentos, que rara vez pedía algo y que, en general, gestionaba sus emociones de forma independiente. Un día, para mi sorpresa, comenzó a expresar su frustración o su tristeza con lágrimas en los ojos y resistiéndose a recoger las cosas. Le dije:

---

29. Siegel, Daniel J.: *The Neurobiology of*«We»: *How Relationships, the Mind, and the Brain Interact to Shape Who We Are.* Sounds True, Boulder, CO, 2011.

—Sé que no quieres recoger las cosas, pero no habrá un profesor dentro y no puedo dejarte aquí sola.

Esto a veces funcionaba para hacer que *obedeciera,* pero en el momento en que dije aquello me di cuenta de que estaba perdiendo una valiosa oportunidad para enseñarle a *procesar la emoción.*

Lo irónico (o la clave) de todo aquello es que yo era como ella cuando era una niña. Mis profesoras siempre decían que yo era tímida y que siempre estaba atenta, de modo que quizás no estaba dejando a la niña que se expresara, de la misma forma en que a mí no se me había permitido expresarme cuando era pequeña. (En mi familia, se decía una palabra cuando alguien expresaba sus emociones, y era «Apaga»). Finalmente, decidí dedicar más tiempo aquel día procesando con ella en vez de salir corriendo, y creo que fue bueno para las dos.

Si descubrimos y resolvemos los prejuicios implícitos y las suposiciones que vienen con ellos, podemos abrirnos a las singulares necesidades de desarrollo del procesamiento de la emoción en un niño. Si tienes más de un hijo y/o eres docente, en el capítulo 10 nos ocuparemos de cómo trabajar con ello (cómo equilibrar las necesidades de múltiples niños, PCEar en familia o en grupo, PCEar en público, asegurarnos de que nadie se nos despista entre las rendijas).

Aunque no podamos ver nuestros prejuicios implícitos, los niños sí los ven... o, al menos, los captan de manera inconsciente y los hacen suyos. Como señaló Mahzarin Banaji durante su charla en Cambridge: «¿Qué haces cuando una parte de tu cerebro no sabe lo que hace la otra?». Podemos ofrecerte tres sugerencias.

1. Atención plena y conciencia de sí mismo

Puede resultar evocador comenzar a descubrir prejuicios implícitos. Al examinar mi experiencia con mi compañera en aquel sistema escolar mal financiado y con escasos recursos (*véase* la sección «Conciencia de sí mismo», en el capítulo 4), me di cuenta de que nuestros enfoques de enseñanza eran completamente distintos debido a nuestras diferencias de identidad y experiencias. Yo intentaba enseñar a los niños a procesar las emociones para que se sintieran cómodos con ellas, para que aprendieran a identificar adultos con los que se sintieran seguros procesando y para que aprendieran a autorregularse. Yo me había comprometido a cambiar el sistema y, al mismo tiempo, era consciente de que no habría conseguido modificar el sistema para cuando mis alumnos entraran en el jardín de infancia. Por otra parte, comprendía a la perfección por qué mi compañera priorizaba enseñar a los niños a que fueran obedientes, para que no terminaran en una confrontación (o lo que pudiera percibirse como una confrontación) con alguien que pudiera hacerles daño, emocional o físicamente.

Me encontraba hecha un lío con mis propios prejuicios y con los de los demás, y mi compañera y yo nos habíamos enzarzado también en suposiciones mutuas, una acerca de la otra. Cuando nos dimos cuenta de los prejuicios, la atención plena nos ayudó a reconocer los juicios que con frecuencia acompañan a los prejuicios. Una práctica de cuidado personal intensa te ayudará a sostenerte a medida que profundizas. No pasa nada por el hecho de que no todos los lugares sean seguros para procesar las emociones. Los niños pueden aprender a diferenciar un espacio o una persona seguros con los cuales expresarse de un espacio o una persona inseguros para la expresión emocional.

2. Un compañero de control

¿Hay alguna persona con la que te sientas seguro a la hora de expresarte emocionalmente? ¿Y qué persona se siente segura contigo en su expresión emocional? Para responsabilizarte de tu propio trabajo sobre el prejuicio implícito, haz equipo con algún amigo, un colega o un familiar de confianza, pues os podéis ayudar mutuamente a la hora de señalaros las discordancias entre vuestros comportamientos y vuestros valores. El problema con los prejuicios implícitos es que no sabemos que los tenemos. Es mucho más fácil reconocerlos en los demás que en uno mismo. Mi marido asistió hace poco a un programa de formación en desarrollo profesional sobre prejuicio implícito, y el formador recurrió a una analogía al decir que, del mismo modo que le diríamos a una de nuestras amistades «Has tenido un desliz», nuestro compañero de control podría decirnos «Has tenido un prejuicio implícito». A medida que construyas tu aldea de cuidados personales, estate atento a la aparición de posibles compañeros de control.

3. Eliminación de la discrecionalidad

Cuando a Anthony Greenwald, uno de los creadores del TAI, le preguntaron si existía algo que pudiera reducir los efectos del prejuicio implícito, habló de algo denominado «eliminación de la discrecionalidad». Se trata de un enfoque sistémico para reducir o eliminar las decisiones subjetivas acerca de una persona que suelen llevar a un prejuicio en el comportamiento. «Pero cuando esas decisiones se toman sobre la base de criterios predeterminados y objetivos que se aplican con rigurosidad, es mucho menos probable que generen desigualdades».[30] Con el transcurso de los años, he creado una herramienta para tomar decisiones acerca de comportamientos problemáticos con la eliminación de la discrecionalidad en mente. Se denomina herramienta de respuesta ante conductas problemáticas, y hablaremos de ella con detalle en el capítulo 10.

Con la práctica y en comunidad, el desvelamiento de prejuicios implícitos debe comenzar por sentirse uno más cómodo (o, al menos, menos *in*cómodo). Esto se debe, como nos recuerda Ruth King, a que «Cada vez que capeamos el temporal del malestar o la angustia racial (ya sea insensibilidad, confusión o aversión), estamos literalmente reprogramando nuestra mente, modificando el cableado de nuestro cerebro hacia una mayor estabilidad, bienestar y confianza».[31]

Recursos sobre prejuicios implícitos

Páginas web

- Cumplimentar los Tests de Asociación Implícita: https://implicit.harvard.edu/implicit/
- Artículos sobre prejuicios implícitos: https://outsmartinghumanminds.org/
- Pódcast: www.sceneonradio.org/seeing-white/

30. *PBS News Hour*: «Making People Aware of the Implicit Biases Doesn't Usually Change Minds. But Here's What Does Work». pbs.org (10 de junio de 2020).
31. King, R.: *Mindful of Race*. Sounds True, Boulder, CO, 2018, p. 127.

Lecturas recomendadas

- *The Neurobiology of «We»*, de Daneil J. Siegel.
- *Maneras de amar: La nueva ciencia del apego adulto y cómo puede ayudarte a encontrar el amor... y conservarlo*, de Amir Levine y Rachel Heller.[32]
- *Blindspot: Hidden Bias of Good People*, de Mahzarin Banaji y Anthony Greenwald.
- *El origen de los otros*, de Toni Morrison.[33]
- *Mindful of Race*, de Ruth King.
- *Blink: Inteligencia intuitiva. ¿Por qué sabemos la verdad en dos segundos?*, de Malcolm Gladwell.[34]
- *Social Justice Parenting: How to Raise Compassionate, Antiracist, Justice-Minded Kids in an Unjust World*, de Traci Baxley.

King habla específicamente del problema racial, pero el mismo concepto se puede aplicar al malestar o a la angustia relativa a cualquier tipo de prejuicios. Podemos modificar el cableado de nuestro cerebro para ver no sólo nuestros prejuicios, sino también, y con más claridad, las expresiones y las intenciones de los niños.

El conocimiento científico

No es fácil acceder a la información científica, pero ésta ha sido un factor decisivo en nuestra relación con los niños. Éste es uno de los motivos por los que la ofrecemos aquí. El conocimiento científico está evolucionando una y otra vez a medida que avanzan los métodos de investigación y la tecnología. Hemos investigado tanto las teorías más contrastadas como los más recientes desarrollos científicos para diseñar un método que resulte útil hoy en día. En el capítulo 3, nos introduji-

32. Publicado por Books4pocket, Barcelona, 2016.
33. Publicado por Lumen, Barcelona, 2018.
34. Publicado por Punto de Lectura, México D. F., 2008.

mos a fondo en la ciencia de las emociones. ¿Cuáles son los puntos clave que conviene recordar para continuar este trabajo? Toma nota de ellos y ponlos en un lugar especial, donde puedas verlos de manera regular.

Para continuar con lo expuesto en el capítulo 3, conviene que sepas que dispones de una increíble cantidad de poder en tu lenguaje corporal, tu tono y tu conducta general cuando te acercas a alguien que está sintiendo algo, sobre todo un niño. Esto se debe a dos procesos que tienen lugar en tu interior.

El primero se halla en el sistema límbico, que es una sección del cerebro que incluye la amígdala (el cerebro de lucha, huida, parálisis y sumisión) y el hipocampo, y «juega un papel en las conductas autorreguladoras, entre las que se encuentran las emociones, los recuerdos personales, la conducta espacial y la conducta social».[35] Cuando compartimos espacio, tu sistema límbico y el mío hablan entre sí, con o sin nuestro consentimiento, por lo que convendrá tener en cuenta esta dinámica cuando trabajamos con niños. Si nos encontramos con un niño con las baterías agotadas, o desregulado, o sufriendo una emoción intensa, lo que el niño más agradecerá es que recurramos a estrategias de respuesta que calmen ambos sistemas límbicos (junto con un cuidado personal proactivo). Si, por otra parte, nos precipitamos con un sistema límbico activado o desregulado, el sistema límbico del niño va a responder con el mismo nivel de intensidad, pues va a interpretar que tu energía no es segura. Los adultos con un sistema límbico tranquilo son más seguros para los niños, y su sistema límbico lo sabe.

Nos gustaría hablar también del asombroso tema de las neuronas espejo. Cuando ves a alguien haciendo algo y automáticamente lo reflejas (como cuando un bebé se ríe y tú te encuentras de pronto sonriendo), lo haces porque existen unas neuronas en tu cerebro que hacen lo mismo que las neuronas del bebé. Quizás sea éste el motivo por el cual el modelado sea una técnica de enseñanza tan poderosa. Cuando un niño está teniendo una crisis nerviosa en el pasillo 4 del supermercado, interiormente, tu sistema límbico está teniendo una crisis nervio-

35. Kolb, B. y Whishaw, I.: *Fundamentals of Neuropsychology*. Worth Publishers, Nueva York, 2015.

sa en el pasillo 4. **De tal modo que, o bien eres el termómetro y detectas la temperatura de la sala y te sumas a ella, o bien puedes ser el termostato y marcar la temperatura que conviene que haya. Tú dispones del poder para calmar la situación.**

Recursos y ejercicios para el conocimiento científico

Páginas web

- Centro sobre el Desarrollo Infantil de la Universidad de Harvard: https://developingchild.harvard.edu/

Lecturas recomendadas

- Referencias del capítulo 3 (*véanse* las notas a pie de página de este capítulo).

Las interacciones adulto-niño

Seamos realistas: lo que buscabas en este libro eran las interacciones adulto-niño, ¿no es cierto? Mientras que la primera parte del libro la hemos dedicado a explicar los fundamentos del método PCE, en la segunda parte nos vamos a centrar en las interacciones adulto-niño. En los siguientes capítulos, vas a ver cómo funciona este método con los niños. Simplemente recuerda llevar contigo la conciencia de sí mismo, el cuidado personal, el trabajo sobre los prejuicios implícitos y el conocimiento científico. Vamos allá.

Segunda parte

El procesamiento colaborativo de las emociones con los humanos diminutos

Capítulo 5

Qué hacer en el momento

Respuestas adecuadas son aquellas que tienen el objetivo de fomentar la expresión de la emoción, que es lo que necesitamos cuando nos emocionamos.
—Sal Medaglio[1]

Para muchos de nosotros existe una gran diferencia entre el modo en que los adultos respondieron a nuestras emociones cuando éramos niños y el modo en que, como adultos, queremos responder a las emociones de los niños de ahora. Pero ¿cómo vamos a hacerlo? ¿Cómo ayudarles a que desarrollen respuestas emocionales sanas? En la segunda parte, te vamos a conducir por las distintas fases del procesamiento de las emociones, tal y como se aplican en el *coaching* emocional.

John Gottman y Joan DeClaire introdujeron formalmente el *coaching* emocional en 1998 como una alternativa a la disciplina de estilo conductual. En *Raising an Emotionally Intelligent Child* («Cómo educar a un niño emocionalmente inteligente»), establecieron una conexión directa entre la crianza y la inteligencia emocional, y propusieron una forma distinta de ver la conducta, basada en el supuesto de que tras ella existían raíces emocionales. Ofrecían a los progenitores herramientas que pudieran ayudar a sus hijos a identificar sus sentimientos, recibir validación y, finalmente, seguir adelante. Los cinco pasos que planteaban Gottman y DeClaire son los siguientes:

1. Rivero, L.: «Mister Rogers' Emotional Neighborhood». *Psychology Today* (2012). www.psychologytoday.com/intl/blog/creative-synthesis/201203/mister-rogers-emotional-neighborhood?amp

1. Sé consciente de las emociones del niño.
2. Reconoce la expresión emocional como una oportunidad para la intimidad y la enseñanza.
3. Escucha empáticamente y valida los sentimientos del niño.
4. Etiqueta las emociones con palabras que un niño pueda entender.
5. Ayuda al niño a descubrir formas apropiadas de resolver un problema o de tratar con una situación decepcionante.[2]

A lo largo de las siguientes páginas, verás el influjo que han tenido los cinco pasos de Gottman y DeClaire en el desarrollo del método PCE, y seguiremos construyendo a partir de su trabajo de una manera que reafirme la importante aportación que supone para el mundo del desarrollo infantil y la interpretación de las conductas a través de una lente de desarrollo emocional.

Los niños no preguntan: «¡Eh! ¿Dispones de un poco de tiempo para que pueda tener una emoción intensa, lo saque todo y lo trabajemos juntos?». Las emociones son espontáneas, no están planificadas y, por lo general... son inconvenientes. Algo así como cuando se te pincha una rueda.

«¡Eh! ¿Dispones de un poco de tiempo para que pueda tener una emoción intensa, lo saque todo y lo trabajemos juntos?».

Cuando hacía de niñera, tuve una amiga que hacía de niñera de un niño de, más o menos, la misma edad. Disfrutábamos llevando a los niños a un embalse cercano. Aquel día brillaba el Sol, los dos pequeños estaban despiertos y decidimos que nos encontraríamos en el estacionamiento del embalse. Tras un breve retraso, Raina llegó al estacionamiento despotricando porque se le había pinchado una rueda por el camino. ¡Qué fastidio! Claramente resueltas, Raina y yo pusimos a los

2. Gottman, J. y DeClaire, J.: *Raising an Emotionally Intelligent Child: The Heart of Parenting.* Simon & Schuster, Nueva York, 1997.

niños en los cochecitos, en un sitio donde estuvieran seguros y pudieran ver lo que hacíamos, nos pasamos otro minuto más despotricando por el neumático y nos pusimos a la faena. Raina sacó las herramientas del maletero y cambiamos la rueda, explicándoles a los niños el trabajo que estábamos haciendo, hasta que metimos aquel donut que era el neumático pinchado en el vehículo. Y después, retomamos la intención inicial de disfrutar del Sol y de los gansos dando un paseo alrededor del embalse.

Quizás lo más importante de esta historia es que en el maletero disponíamos de las herramientas necesarias para cambiar el neumático. Nadie planea que se le pinche una rueda, pero la idea de que eso ocurra y no dispongas de las herramientas adecuadas para resolverlo es lo bastante incómoda como para que todo el mundo se asegure de llevar esos elementos en el automóvil dondequiera que vaya. Esto es lo que se pretende cuando planeamos las cosas para una respuesta espontánea. No podemos planificar cuándo, o quién, o cómo alguien va a sentir una emoción intensa, pero sí que podemos esperar que *ocurrirá*. Dependiendo de las personalidades y el desarrollo de los niños, ¡hasta puede suceder cada hora! No sirve de nada pretender que no va a haber emociones intensas, pues sería como ir por ahí con el vehículo sin gato y sin rueda de repuesto. Si esperas que ocurra y sabes cómo utilizar las herramientas, te sentirás más preparado cuando suceda.

Es lógico que tú, como adulto, tengas reacciones ante las emociones del niño. Cuando te imaginabas tu maternidad o paternidad, es probable que no te imaginaras a tu hijo protestando una mañana porque le estabas cambiando los pañales, llorando a tus pies mientras intentabas prepararle el desayuno, arrojando al suelo su batido, pinchándote en el brazo con el tenedor o castigándote con una crisis de nervios porque ¿cómo te atreves a pedirle que se lave las manos embadurnadas de frambuesa después de comer? Cuando te imaginabas con tu hijo, te veías con él desayunando juntos una mañana agradable, haciendo las cosas poco a poco, con calma, mientras el niño colaboraba, disfrutando de los preparativos del desayuno, para luego saborearlo. Sin embargo, ahora te desencantas al ver que vives con un ser humano diminuto que tiene más emociones intensas de las que te gustaría. Y puede ocurrirte lo mismo cuando te imaginas tu trabajo docente o de canguro: quizás te imaginabas jugando todo el día con unos chiquitines divertidos y encantadores.

Es natural que te resistas a la realidad de las emociones gigantes de esos chiquitines. En el capítulo anterior hablamos de las neuronas espejo y de cómo tu sistema nervioso puede disparar el sistema nervioso de tu hijo de una manera inesperada. Pero tenemos que insistir en que la expresión de emociones intensas es normalmente espontánea, inesperada, no planificada, por lo que convendrá estar preparado para esos momentos; es decir, tener las herramientas a mano para usarlas en el instante en que las necesitemos. Míralo como si llevaras a todas partes una bolsa de pañales con un cambio de ropa por si acaso. No sabemos si o cuándo puede tener lugar ese contratiempo, pero dispondremos de lo que necesitemos cuando llegue el momento.

En la segunda parte, te acompañaremos a lo largo del procesamiento colaborativo de las emociones cuando las emociones gigantes hacen su aparición en tus humanos diminutos:

- **Atención plena:** hacer una pausa que nos permita *responder* en vez de *reaccionar.*
- **Conciencia de sí mismo:** activar la «monitorización» para reconocer pensamientos y sentimientos, y para estar en guardia ante prejuicios implícitos.
- **Conocimiento científico:** discernir si se trata de un momento para calmarse o de un momento para enseñar.
- **Interacciones adulto-niño:** orientar a través de las fases del procesamiento emocional.

Atención plena

Una pausa para prestar atención le permite al adulto *responder* en lugar de *reaccionar.* Esta pausa te da la oportunidad de percatarte de tus propios sentimientos y permitirlos, además de prepararte para comprender las emociones del niño de una manera más clara. Cuando nuestro organismo reacciona ante las emociones o el comportamiento de un niño, puede suceder que se ponga en marcha esa parte de nuestro cerebro que se ocupa de la supervivencia. En estas situaciones, la atención plena nos permite reconocer que experimentamos la conducta del niño como una amenaza, nos facilita recuperar el asiento del conductor y disponernos a experimentar la conducta del niño como una invitación a conectar, aunque se nos antoje inconveniente o complicada. (Claro está que, si existe alguna amenaza potencial para el niño, como que un automóvil se esté aproximando por la calzada, o que el niño esté herido o lesionado, por favor, déjate de pausas y reacciona lo antes posible, pues éstos son los momentos en que tu cerebro de supervivencia brilla y no hay tiempo que perder pensando «Mmm, ¿debería tomarlo en brazos?». ¡La reacción puede salvarle la vida en estos casos!).

Mentalidad de adulto desregulada	**Mentalidad de adulto regulada**
Mi hija es revoltosa.	Su organismo necesita movimiento. Puedo orientarla ofreciéndole estimulación sensorial.
Mi hija es rebelde.	Existe un sentimiento intenso subyacente. Puedo orientarla dejando espacio para sus emociones dentro de los límites establecidos.
Mi hijo es dependiente.	Puedo orientarlo empatizando con su necesidad, ofreciendo opciones y manteniendo límites personales.

Tras cerciorarnos de que nadie esté herido o a punto de estarlo, tu trabajo consiste en **calmarte**, para que puedas reducir la intensidad, en lugar de incrementarla. Como señala Stuart Shaker, «Nuestro sistema límbico está programado para responder de la misma manera, positiva o negativamente, cuando nos enfrentamos al sistema límbico excitado de otra persona».[3] Esto puede darnos la ventaja en esta situación, porque, si nos presentamos con el sistema límbico en calma ante un niño (o una persona de cualquier edad) cuyo sistema límbico está activado o desregulado, nos hallaremos en situación de resolver el problema, mientras que el niño estará más abierto a recibir lo que tengamos que ofrecerle.

No es necesario prolongar demasiado el tiempo de atención plena (30 segundos tienen un potente efecto). Tómate un respiro y prepárate para hacer las cosas bien, calmando el sistema límbico. Esto significa que la expresión facial se relajará, al igual que tus miembros. ¿Cómo se desarrollan estos treinta segundos de atención plena?

- Haces la pausa. Respiras, con respiraciones profundas, prolongadas, exhalando lentamente (pruébalo ahora). Ésta es siempre una buena manera de empezar.
- Da prioridad a la seguridad física de los niños y luego tómate unos instantes para evaluar lo que está ocurriendo en tu interior.
- Examina tu organismo en busca de cualquier reacción fisiológica. Observa cualquier reacción; incluso podrías verbalizarlas («¡Guau! ¡El corazón me va muy rápido!»).
- Adopta el ritmo de un perezoso y reduuuuuce la velocidaaaaaad. Respira de nuevo.

Si haces todo esto y eres consciente de que no encuentras la calma por ninguna parte, opta por una estrategia responsiva, como reducir la intensidad de las luces, estirarte, beber un poco de agua o cualquier otra sugerencia de cuidado personal de las que hemos hablado en el capítulo 4. Decántate por algo que puedas hacer dondequiera que te

3. Shanker, S.: *Self-Reg: How to Help Your Child (and You) Break the Stress Cycle and Successfully Engage with Life*. Penguin, Toronto, 2017, p. 93.

encuentres en ese momento. Una vez hayas practicado la atención plena, más el cuidado personal si es necesario, será más probable que operes desde el cerebro del pensamiento lógico, teniendo acceso a tus conocimientos científicos y a la conciencia de que pueden existir prejuicios implícitos. No te va a servir de nada disponer de todos esos conocimientos y comprensión si no puedes acceder a todo ello cuando más lo necesitas. Hacer una pausa para prestar atención, y para cualquier atención personal responsiva que pueda ser precisa, sentará las bases para la conciencia de sí mismo.

Conciencia de sí mismo

Con la conciencia de sí mismo se genera un espacio para que el cerebro racional se ponga en línea y hable con el cerebro de supervivencia. Aquí es donde tenemos que experimentar las emociones gigantes de los humanos diminutos como una invitación para conectar, donde cambiamos el modo en que experimentamos sus emociones y su comportamiento. Es verdaderamente poderoso. Y convendrá recordar que esta transformación no sucede de la noche a la mañana, por lo que el mero hecho de intentarlo ya es una buena manera de empezar.

Ahora que el cerebro racional está en línea, puedes recurrir a él para recordar cualquier cosa en la que estés trabajando. Puedes formularte cualquiera de las siguientes preguntas para mantener la concentración en ese momento:

- ¿Cuál es mi papel como persona que cuida de este niño?
- ¿Qué decidí que haría cuando esto ocurriera?
- ¿Existen prejuicios que estoy intentando erradicar?

Conocimiento científico

Cuando las emociones infantiles entran en erupción, podemos utilizar los conocimientos científicos para decidir: «¿Es el momento de instar a la calma o es el momento de enseñar?». Una tarde, tras un largo día,

Jonah, de cuatro años, comenzó a incordiar a su hermana pequeña, quitándole sus juguetes, burlándose de ella, chocando con ella… ¡No paraba! Me volví hacia Jonah dispuesta a decirle: «¿Puedes dejar en paz a tu hermana sólo durante cuatro segundos? ¿Por qué tienes que hacerle eso?», cuando, de pronto, acudió a mi mente la imagen del pequeño Jonah cuando era más pequeño, pinchándome con el tenedor durante la cena cuando quería interactuar. ¡Ajá! Conexión. Jonah está desregulado y, para poder conversar con él y resolver el problema, primero habrá que ayudarle a regularse; necesita calmarse.

—¿Jonah, quieres que vayamos corriendo hasta la verja y volvamos? ¡Seguro que llego primero! Preparados, listos, ¡ya!

Eché a correr y Jonah vino detrás, me adelantó y regresó el primero, diciéndome con una gran sonrisa:

—¡Te he ganado!

—¡Sí, me has ganado! ¡Eres muy rápido! Pero vamos a hacer otra carrera. Esta vez hasta el árbol. Preparados, listos, ¡ya!

Al cabo de unas cuantas carreras por el patio trasero, me senté y busqué el cronómetro de mi reloj.

—¿Cuántos segundos crees que te llevará hacer cinco saltos de canguro, una voltereta y, luego, saltar hasta tocar la hamaca?

Después de tanto movimiento y de sentirse conectado conmigo, Jonah estaba listo para mantener una conversación sobre cómo jugar con su hermanita respetándola físicamente y respetando también su espacio de juegos. Jonah necesitaba calmarse (movimiento y conexión) antes de que yo pudiera enseñarle habilidades sociales.

¿Te acuerdas del triángulo del crecimiento del que hablamos en el capítulo 3? La base del triángulo es la regulación sensorial. Sabemos que, cuando alguien está angustiado o sufre una desregulación, no va a poder aprender nada nuevo ni va poder a acceder a herramientas a las que podría acceder si estuviera regulado, de modo que no tiene sentido intentar enseñarle habilidades sociales o cuestionarlas mientras se encuentra en ese estado. Los niños pueden procesar las emociones mientras se hallan bajo alguna forma de desregulación, pero no cuando están angustiados.

Cuando alguien está angustiado, no está en situación de procesar emociones ni de comunicarse de forma compleja. Lo que necesita es una corregulación, calmarse. La angustia puede adoptar muchos aspectos: vomitar o tener retortijones por llorar demasiado, un llanto incontrolable, una desconexión completa o retirada, dar vueltas o agitarse. Sin embargo, el sistema nervioso puede estar desregulado sin que exista ninguna angustia. La desregulación puede hacer que el niño se muestre rebelde, agitado o nervioso, que haga tonterías, que tenga una crisis nerviosa, que empiece a darse golpes contra las paredes, que se desconecte o, incluso, se aleje del resto.

Si existen señales de desregulación, el niño no estará en disposición de aprender habilidades sociales todavía. Más bien, si un niño está desregulado, conectaremos con él y le ayudaremos mediante la corregulación para que pueda aprender habilidades de conciencia de sí mismo y aprenda a autorregularse, pues los niños son capaces de practicar habilidades de regulación emocional. Lo que hacemos es evocar esos momentos de calma mientras le enseñamos a reconocer las señales de alarma, a calmarse y sentirse seguro.

Lo difícil a la hora de identificar un momento de calma es que los comportamientos problemáticos suelen aparecer cuando el niño está desregulado. Pero el intento por tranquilizar al niño puede hacer que algo en tu interior te diga que estás pasando por alto un «mal comportamiento» y que darle apoyo como respuesta podría reforzar esa conducta. Si hay otros niños o adultos alrededor, quizás sientas el impulso de decir algo al niño, como, por ejemplo: «No está bien pegar», pero esa frase no va a hacer que el niño deje de pegar. Lo más probable es que tengas el impulso de decir algo así porque quieres que los otros niños o los adultos sepan que no perdonas la conducta agresiva, pero eso probablemente ya lo saben de ti. En este momento, consiéntete dar prioridad a la calma, es decir, a la corregulación. Calmar se puede traducir en:

- Involucrar al niño en una actividad física compartida (como en el ejemplo anterior, organizando carreras con Jonah).
- Bajar hasta la altura del niño, ponerse la mano en el corazón y decir: «Siento cómo late mi corazón [*siente realmente tu latido*]. Late muy rápido, de modo que voy a hacer algunas respiraciones [*haz algunas respiraciones, lentamente*]». Si tienes un apego fuerte,

puedes plantearte si sería correcto sentir también el latido de su corazón.

- Bajar hasta la altura del niño y preguntarle: «¿Quieres escuchar la historia de Maxine?». Si dice que sí, cuéntale una historia muy simple, poco a poco, mientras pellizcas al niño en aquellas zonas de su cuerpo que vas nombrando, como, por ejemplo, «había una vez una niña que se llamaba Maxine. Maxine tenía dos brazos, y en cada uno de ellos tenía un brazo y un antebrazo [*repite en el otro lado*]; en la parte de arriba de cada brazo tenía un hombro y, en la parte de abajo, una mano. En la mano izquierda tenía cinco dedos, 1... 2... 3... 4... 5», y así sucesivamente.
- Anunciar: «Creo que es un buen momento para tomarnos un respiro. Necesito ayuda para mover esta pesada caja. Creo que podremos levantarla juntos». [*Intenta levantar la caja y finge que es demasiado pesada para ti. El niño probablemente sienta que estás fingiendo, pero se trata de una forma de jugar. Esto es una señal para el sistema nervioso, que le dice que está a salvo*].

Más tarde habrá tiempo para enseñar habilidades sociales de forma proactiva, de lo cual hablaremos en los capítulos 7 a 9.

Con bebés, lo natural será la corregulación, porque son muy pequeños y dependen de nosotros para todo. Podríamos dudar en utilizar la corregulación con niños más mayores, porque quizás hayan empezado a desarrollar ya habilidades de autorregulación y pensemos que podrían utilizarlas cuando lo necesiten, pero ¿de dónde hemos sacado la idea de que, una vez superada la primera infancia, uno sabe ya automáticamente cómo gestionar las emociones intensas y cómo autorregularse?

Los mensajes sociales tienen una poderosa influencia, y habría que incluir aquí aquellos mensajes y las opiniones que pudimos escuchar cuando crecíamos y que seguimos oyendo en la actualidad de muchas personas. Muchos de esos mensajes se basan en ideas caducas acerca del aprendizaje y el desarrollo, y emergen en nuestros procesos inconscientes de prejuicios implícitos, ejerciendo un efecto de bola de nieve sobre nuestra conducta, en lo que se conoce como la escalera de inferencias. En el primer peldaño de la escalera, tomamos conciencia de lo que ocurre: «Mi hija está gritando y pataleando en el suelo del supermercado». En el segundo peldaño, seleccionamos aquella información que se nos antoja más relevante, «Aquellas personas nos están mirando», mientras ignoramos de manera inconsciente otra información, «Aquellas otras personas no nos están mirando y siguen haciendo sus compras». Un peldaño más arriba estamos estableciendo significados, o bien suposiciones basadas en lo que creemos saber. Algunos mensajes sociales que podrían afectar a este proceso de establecimiento de significados podrían ser: «a los niños se les debería ver, pero no escuchar», «hay que cortar de raíz las rabietas», «los niños que tienen rabietas son insoportables», «debe ser un mal padre (o una mala madre) cuando su hija patalea así en público; imagina lo que hará en casa». Si damos por supuesto que las personas que miran están pensando algo de esto, y si esos pensamientos emergen de pronto en nuestra mente, toda esta información influirá en las conclusiones que extraigamos, como «Tengo que detener esto lo antes posible». Esto puede llevar a la creencia, en el siguiente peldaño, de «Tengo que detener esta conducta de inmediato para que se perciba a mi hija como "buena" y a mí como "buen" padre (o "buena" madre)», lo cual afectará a la acción que emprendamos.

Supongamos que volvemos al segundo peldaño para seleccionar una información relevante diferente, como «El corazón me late con rapidez, mientras mi hija tiene los músculos rígidos y los ojos muy apretados». Después, subimos un escalón para establecer significados o suposiciones basadas en lo que pensamos que sabemos. La suposición podría ser: «Mi sistema nervioso está alterado y mi hija está desregulada». Esto nos llevaría a una conclusión muy diferente, quizás: «Éste no es momento de enseñar nada a mi hija; es momento para calmarla», lo cual lleva a una creencia, que podría ser «Si respiro profundamente, podría discernir qué hacer en estos momentos». Y esto puede llevar a una acción, como «Respiraré con el fin de calmar las cosas y corregularme con mi hija».[4]

---

4. Senge, P.; Ross, R.; Smith, B.; Roberts, C. y Kleiner, A.: *The Fifth Discipline Fieldbook*. Doubleday, Nueva York, 1994, pp. 242-243. (Trad. cast.: *La quinta disciplina en la práctica*. Granica, Barcelona, 1996).

En vez de…	Prueba a…
Exigir. («¡Deja de correr!» o «¡Compártelo con tu hermano!»).	Regularte primero. (Si la emoción se da como respuesta a la satisfacción de una necesidad básica, como cambiar los pañales, puedes decidir si necesitas tomarte primero una pausa para regularte o si sigues adelante, proporcionando, de paso, apoyo y validación).
Dejar que el niño se haga daño a sí mismo o a los demás, incluido tú mismo.	Protegerlo dentro de su entorno. • Apartando objetos con los que pueda hacerse daño. • Poniendo alguna barrera física en zonas que no sean seguras. • Llevándolo a una zona menos estimulante o, si es posible, pidiendo a los demás que dejen espacio. • Proporcionando seguridad con tu cuerpo. • Poniéndote en cuclillas, de rodillas o sentándote en el suelo, de modo que tus ojos estén al nivel o por debajo de los ojos del niño. • Suavizando los rasgos de tu rostro. • Abriendo el pecho y las manos. • Hablando más lento o utilizando menos comunicación verbal. • Desviando cualquier intento por lastimarte físicamente mientras mantienes el mensaje de que no te vas a defender.
Enseñar nuevas estrategias de respuesta.	Centrarte en permitir la emoción y conectar.

Como ya señalamos en el capítulo 3, recuerda que, cuando la amígdala está en el asiento del conductor, estas habilidades están o bien ocultas o bien desactivadas. Eso significa que tanto los niños muy pequeños como los preescolares en ocasiones necesitan y merecen ser corregulados. Incluso niños más mayores lo precisan algunas veces. ¡Hay niños en los que es necesario todos los días y varias veces! Pero es a través de la práctica de la corregulación como el niño aprende a regularse solo.

Una vez hayas considerado que el niño no está angustiado, o bien que lo estuvo pero ya no lo está, aunque sigue expresando una emoción, el siguiente paso consistirá en orientarle a través de las fases del procesamiento de las emociones.

Interacciones adulto-niño

La expresión de emociones intensas fue el inicio, y ahora tendrás que regresar a una vía que reafirma las relaciones de apego seguras. Lo que viene a continuación son algunos de los papeles que podrías interpretar teniendo esto en cuenta:

- Testigo
- Espejo
- Facilitador
- Proveedor de caja de herramientas

Éste *no* es momento para aplicar la fuerza de la ley ni para hacer justicia. Gracias a gente como el señor Rogers, es habitual escuchar a los adultos decir que todos los sentimientos son bienvenidos. Ése es un gran comienzo, pero los actos son más importantes que las palabras. Si le decimos a un niño que sus sentimientos son bienvenidos, pero intentamos que desaparezcan lo más rápido posible para nuestra comodidad, lo que estaremos diciendo en realidad es lo siguiente: «Sólo algunos de tus sentimientos son bien recibidos», o bien «Mi comodidad es más importante que tus sentimientos».

Con el fin de crear una cultura en la que se permita a los niños experimentar sus sentimientos en vez de reprimirlos, utilizamos las fases del procesamiento de las emociones. Estos cinco pasos permitirán al niño abrirse paso a través de una emoción y descubrir que no sucede nada por sentirse de esa manera, que se le quiere incluso cuando está pasando por un mal trago y que puede desarrollar estrategias de respuesta para gestionar situaciones difíciles de la vida. Aprenderá a desenvolverse en los conflictos de forma sana y a resolver los problemas con resiliencia. Se construirá una caja de herramientas para gestionar cualquier cosa que la vida le plantee, y lo hará practicándolo contigo ahora.

Las primeras cuatro fases buscan que el sistema nervioso se sienta seguro y en calma. En estas fases, los niños practican la regulación sensorial y emocional, lo cual les permite desarrollar habilidades de lenguaje y comunicación. Quizás tengas la tentación de pasar a la fase 5, que trata de la resolución del problema y pasar página, es decir, acabar con el conflicto; y tiene sentido, pues no resulta agradable estar con alguien que está pasando un mal rato. Pero conviene tomar conciencia de ese impulso de dar un salto y acabar con todo, por lo que tendrás que practicar la conciencia de sí mismo y la autorregulación también aquí.

Fase 1: Permitirse la existencia de emociones

Parece bastante directo y sencillo, ¿no es así? Permitir que el niño tenga emociones. Y, sin embargo, puede ser muy complicado. Puedes llegar a sentirte muy mal con la expresión de la tristeza o la frustración de un niño, y tener la necesidad de distraerlo activamente cuando se siente así. Puede darse una sensación general de miedo o preocupación de que ese sentimiento pueda llegar a abrumar al niño y/o a ti.

Esta fase se podría definir mejor por lo que no es. Cuando una persona no tiene las habilidades para permitir la aparición de emociones, parece que haya una distracción o un desvío/rechazo. Cuando los niños sienten cierta incertidumbre ante la reacción del adulto (vergüenza, culpabilidad, ansiedad, etc.), pueden dejar de consentir la expresión de sus emociones y pueden intentar reprimir sus sentimientos. La mayor parte de la enseñanza y el aprendizaje de esta fase comienza por uno mismo, con las personas que actuamos de cuidadoras, dando espacio a las emociones intensas de los niños. Durante tu práctica de atención plena, comenzaste observando tu ritmo cardíaco y tu respiración. Después, con la conciencia de sí mismo, quizás te percataras de tus propias emociones y pensamientos en tanto que reacciones ante la expresión emocional del niño. Si es así, respira hondo. Resístete al impulso de impedir que el niño se exprese. Por favor, no le enseñes a actuar de forma superficial. Recuerda que llorar es una forma normal y saludable de expresión.

Dar espacio a las emociones intensas

Con el fin de enseñar a nuestros hijos a procesar las emociones, lo primero que tendremos que hacer es *permitirlas*, dejando espacio para ello.

- Acepta sus sentimientos sin resolver el problema.
- Concédele tiempo en su propia línea temporal, no en la tuya.
- Mantén su cuerpo seguro, sin castigarlo por perder el control.
- Establece una escucha activa para conectar, en vez de explicar.
- Mantén tu regulación y haz modelado, mostrándole cómo calmas tu organismo.

Pero permitir supone también poner ciertos límites. Amaya había estado mostrando emociones intensas en la escuela, sobre todo durante el tiempo libre de juego, pues solía pegar, dar patadas o mordiscos a otros niños. Cuando entré yo, justo antes del tentempié de media mañana, vi cómo se desencadenaban los acontecimientos. Cuando la niña abrió el recipiente donde llevaba el tentempié, tuvo un estallido de frustración; así, golpeó la tapa del recipiente contra la mesa y la zarandeó en el aire mientras gritaba:

—¡Le dije a mamá que no me pusiera la barrita!

Una maestra se acercó a ella e intentó resolver el problema.

—Puedes comer cualquier otra cosa de las que tienes en el recipiente. No tienes por qué comerte la barrita de cereales. ¿Quieres que te busque algo del almuerzo para comer ahora?

Yo podía sentir cómo crecía el temor de la maestra ante la posibilidad de que el enojo de la niña fuera a más y ante lo que pudiera suceder si eso ocurría.

La maestra pareció sentirse aliviada cuando le dije que ya me ocuparía yo del problema.

—¡No querías que mamá te pusiera la barrita, y ella te la puso de todas formas! *¡Buf!* ¡Es frustrante! –empaticé con ella.

Yo no me hubiera sentido frustrada en la misma situación, pero sabía lo que es sentirse de ese modo y comprendía que es duro. Mientras Amaya agarraba la tapa del recipiente, la sujeté por las manos y le dije:

—Pareces frustrada, pero no puedo permitir que hagas daño a nadie. Estaré aquí contigo.

De este modo, permití que Amaya tuviera sus sentimientos y los expresara, al tiempo que la mantenía a ella y a sus compañeros a salvo.

Un niño puede expresarse así por diversos motivos. ¿Tiene hambre, está cansado o excesivamente estimulado? ¿Hay que cambiarle el pañal? ¿Desea conectar? Tú sabes que, cuando tienes hambre, puedes tener comportamientos bruscos o, incluso, insolentes. Puede que te satures con más facilidad o que tengas una menor tolerancia ante la frustración. Esto cobra sentido cuando pensamos en el triángulo del crecimiento, donde los sistemas sensoriales se encuentran en la base. Si nuestras necesidades sensoriales no están satisfechas, si precisamos recargar las baterías, las emociones se pueden amplificar. Si estás en la fase de consentimiento, comprueba si al niño le falta batería en primer lugar, por si justo esto se halla en la raíz de esos intensos sentimientos.

¿Cuándo debería tener ganas de comer? ¿Cuándo debería querer dormir? ¿Cuándo fue al baño por última vez? ¿Cuándo fue la última vez que se movió? ¿Cuándo fue la última vez que tuvo un tiempo de reposo? ¿Cuándo fue la última vez que conecté con el niño sin pantallas ni distracciones de por medio?

No hace falta tener todas las respuestas para orientarnos en este proceso, pero comprender qué otra cosa puede estar pasando en su organismo puede ser útil para recorrer las fases.

Empatía es...	Empatía no es...
✓ Una oportunidad para conectar	☒ Una oportunidad para resolver problemas
✓ Aceptar la emoción percibida	☒ Sentir pena por la persona
✓ Adoptar su perspectiva	☒ Utilizar el razonamiento para evitar la emoción
✓ Comprender y validar	☒ Imaginar que tú lo sabes mejor

Fase 2: Reconocer la emoción percibida

Cuando alguien valida lo que estás experimentando, te sientes visto y, así, te sientes conectado. Puedes sentirte comprendido. Es como «¡Ahhh, sí, lo ha captado!». Sentir que te ven es a veces suficiente para los niños. Cuando su sistema nervioso se activa, sentirse vistos puede transmitirles cierta sensación de calma y seguridad. A veces, la raíz de la desregulación es la necesidad de conectar, y el mero hecho de sentirse visto y conectado contigo puede ser suficiente para que se regule. En algunos casos, los niños se calman y se sienten seguros en esta fase y, con ello, están listos para pasar a la fase 5. La fase 2 no es tanto de decir las palabras «adecuadas» como de comprender realmente de dónde viene el niño.

Si alguien entra cuando estás llorando delante de un jarrón roto y dice: «Ya veo que estás triste», te vas a sentir de un modo muy distinto a si esa persona entra y dice: «¡Vaya! Ese jarrón era muy especial para mamá. Es un fastidio que se haya roto. ¡Qué pena!». La fase 2 trata de empatizar con el fin de conectar.

Después de sujetarle las manos a Amaya, repetí:

—¡Tú no querías que mamá te pusiera la barrita y ella te la puso de todos modos! *¡Buf!* ¡Es muy frustrante!

Así es como entro en la fase 2. Es un punto de conexión. Te veo. Te comprendo.

Ella siguió llorando.

—¡Sí! ¡Y le dije que la barrita no tiene buen sabor cuando se rompe, pero ella la puso de todos modos! ¡Ahora está rota y no va a saber bien!

Amaya me miró y gritó «¡Sí!» cuando reconocí el sentimiento percibido. Aunque estaba aún desregulada y gritando, estábamos conectando.

—Oh, le dijiste que no sabe bien cuando se rompe y ella metió la barrita en tu recipiente y ahora está rota. Comprendo tu frustración, Amaya.

No me incumbe a mí decidir si debería o no sentirse frustrada. No es mi trabajo decir: «No es tan importante. Va a tener el mismo sabor». Ella *se siente* frustrada en estos momentos y nunca, en toda la historia, desestimar los sentimientos los ha hecho desaparecer. No me compete a mí sermonearla en estos momentos por estrellar la tapa del recipiente contra la mesa o lanzarla por los aires. No soy yo la encargada de averiguar cómo resolver este problema con ella. Su pensamiento racional y su cerebro resolutor de problemas no están todavía en línea. Nos encontramos aún en un momento de tranquilización.

Detalles sobre el desarrollo

El reconocimiento

En bebés

Presentar un símbolo a un bebé

- Haz una pregunta como «¿Estás triste porque papá se ha ido?» o «¿Estás enfadada por tener que esperar?»; y, luego, ve un paso más allá y valida al niño: «Es triste decir adiós, ¿verdad?» o «Es difícil tener que esperar cuando tienes hambre».

- Muéstrale al niño una tarjeta de sentimientos y dile algo donde combines una observación con una palabra de sentimiento del vocabulario, como «Veo tus lágrimas. Pareces triste», o bien «Parece que estás enfadada».
- Utiliza lenguaje de signos, junto con una pregunta o una observación.

Reconocimiento en el bebé

- Los bebés no muestran reconocimiento mediante el uso de palabras hasta que pueden decir sí y no. De ahí que, como con todo lo demás cuando trabajas con bebés, el contacto visual y el lenguaje corporal sean los modos principales de comunicación expresiva. Por este motivo, así como por el tiempo de procesamiento del bebé, será determinante detectar el reconocimiento de un símbolo que le hayas presentado.

En niños pequeños

Presentar un símbolo a un niño pequeño

- Si, cuando era bebé, a tu hijo pequeño le ofrecieron símbolos de las emociones, cuando empiece a hablar no tardará mucho en utilizar el vocabulario emocional. La presentación de un símbolo a un niño pequeño es similar a la presentación en el caso de los bebés (que ya se ha descrito). Sin embargo, la respuesta que puedes esperar de un niño pequeño irá evolucionando a medida que el niño evolucione en su desarrollo cognitivo, motriz y de lenguaje.

Reconocimiento en el niño pequeño

- A nivel individual, los niños mostrarán el reconocimiento en un amplio rango de expresiones cuando presentes un símbolo. Habrá niños que ofrecerán sólo pistas sutiles, mientras que otros se mostrarán muy locuaces y evidenciarán sus sentimientos, o bien la respuesta se hallará en algún punto intermedio entre ambos extremos.

En niños de preescolar

Presentar un símbolo a un niño de preescolar

- Esto se podría llevar a cabo mediante tarjetas y ofreciendo símbolos, o se puede incluir una frase extra, como «Ése es un sentimiento duro», o «Es normal que estés enojado».

Reconocimiento en el niño de preescolar

- Un niño de preescolar podría indicar reconocimiento al afirmar con la cabeza o sacudirla, o diciendo sí o no cuando le presentas un símbolo. Aceptar la tarjeta, sostenerla entre las manos y estudiar la imagen es una forma de reconocimiento (en contraposición a arrojarla, apartarla o doblarla). Si sacude los brazos con agitación o se pone tenso o grita, las etapas iniciales del reconocimiento tendrán el aspecto de una ralentización o detención momentánea del movimiento.

Esta fase tiene dos partes para el adulto: buscar y proporcionar. La primera consiste en *buscar* señales de reconocimiento de que el niño está asociando símbolos con sentimientos cuando éstos se presentan. Es ese momento «¡Ajá! Sí, me siento visto. Mi adulto comprende lo que estoy experimentando». Los signos de reconocimiento pueden ser sutiles en un niño (¡o adulto, llegado el caso!) de cualquier edad, sobre todo si para un niño es totalmente novedoso que los adultos le ofrezcan símbolos de sus emociones. En respuesta a los símbolos, el reconocimiento guarda más relación con:

- El contacto visual.
- Inclinarse.
- La relajación muscular (cuando existía tensión justo antes).
- Levantar los brazos hacia ti.
- Asentir con la cabeza.
- El reconocimiento verbal. Nota: la calidad del sonido verbal de reconocimiento podría reflejar la emoción que se está expresando.

Por ejemplo, si la emoción es de ira o frustración, el «Sí» podría manifestarse con un grito.

Esta lista no es exhaustiva y te percatarás de que los signos de reconocimiento varían de un niño a otro, dentro de las culturas y según grupos de edad, así como con diferentes adultos.

La segunda fase consiste en *proporcionar* el reconocimiento explícito de que vemos al niño y validar sus sentimientos. Disponer de palabras y símbolos que nos permitan expresar un amplio rango de emociones es sumamente valioso en una sociedad donde se da tanto valor al lenguaje verbal y escrito como vía habitual para interconectar. Los símbolos más habituales para los sentimientos son las palabras que utilizan ya muchos progenitores y docentes. Por otra parte, las imágenes comienzan a estar más disponibles para los niños, sobre todo si existe alguna relación con profesionales de la terapia ocupacional. Las imágenes son muy útiles para todo el mundo, sobre todo para aquellos niños que tienen problemas con la comunicación verbal, la secuenciación y la planificación. (Precisamente por este motivo creamos el mazo PCE de tarjetas emocionales, para el acompañamiento a través de las fases. Aunque no siempre se puedan tener a mano, las tarjetas están diseñadas para facilitar la construcción de conceptos emocionales en el niño y para que, tanto las personas cuidadoras como los niños, se comuniquen en términos de emociones a medida que éstas emergen. *Véase* la sección «El mazo PCE» al final del libro).

Muchas personas con las que trabajo se preguntan lo siguiente: *«¿Qué pasa si le doy a mi hijo un nombre incorrecto para la emoción que está teniendo?»*. Si utilizamos la teoría de la construcción de emociones, que presentamos en el capítulo 3, podemos crear conjuntamente las definiciones de las emociones dentro de la familia o de la comunidad. Como persona adulta, tú dispones de más experiencia a la hora de poner nombres a las emociones de la que tiene el niño, y has reflexionado sobre cualquier diferencia cultural que te ayude a interpretar sus expresiones, de manera que no pasa nada por ofrecerle lo que tú sabes, del mismo modo que harías ofreciendo tus conocimientos sobre alimentación o sobre el mejor modo de realizar una tarea.

No existe manera alguna de saber con seguridad si comprendes la experiencia de otra persona. Cuando ofreces vocabulario y das nombre a un sentimiento, siempre existe cierta conjetura involucrada. Se puede formular el símbolo de reconocimiento de tal manera que transmita el mensaje preciso de que estás haciendo tu mejor conjetura. Lo que puedes hacer es identificar, en primer lugar, la información objetiva y cierta, combinándola después con tu conjetura. Por ejemplo:

- «Tienes lágrimas en los ojos. ¿Es que estás triste?».
- «Está llorando. A veces, cuando estoy triste, yo también lloro».
- «Tienes los brazos tensos y hablas a voces. Me parece que estás enfadado. ¿Lo estás?».
- «Parece que te preocupa que te vaya a arrebatar ese juguete. ¿Puedo ponerlo en la estantería para guardarlo mientras hablamos?».

Si el niño se calma en cuanto acudes en su ayuda, puedes preguntarle cómo se siente o si lo hiciste bien. Por otra parte, si el niño está muy disgustado, reduce al mínimo el proceso de pregunta-respuesta; pues, en este caso, el niño tiene el cerebro sobrecargado con la mera tarea de procesar el sentimiento, y puede ser frustrante tener que procesar una pregunta sabiendo que tú esperas una respuesta. Si dudas del vocabulario emocional que estás ofreciendo, quizás convenga dedicar más tiempo a la atención plena o la conciencia de sí mismo con el fin de comprender mejor tu propia experiencia de las emociones en relación con los símbolos.

Habrá niños que pasen mucho tiempo preparándose para la fase 2. Puede que notes que, cuando mencionas una emoción, ésta se intensifica. En ocasiones, nombrar la emoción percibida puede ser útil para algunos niños si lo haces de un modo impersonal, si extraes al niño de la ecuación emocional. En vez de «Pareces triste», podrías probar con «Es triste decir adiós a papá. Lo comprendo». En cualquier caso, la forma correcta de responder será la que mejor funcione para el niño en concreto que tienes delante.

Fase 3: Sentir seguridad al experimentar un rango de emociones con el tiempo

Cuando un niño o una niña alcanza esta fase, ya habrás observado que es capaz de permitirse un rango de emociones sin sumirse en la angustia. También habrás advertido señales de reconocimiento cuando se le presentan al niño palabras, signos o imágenes de las emociones.

Convendrá que los niños tomen conciencia de la impermanencia de las emociones. Si no nos sentimos seguros con un sentimiento, posiblemente queramos salir huyendo de él o deseemos alejarlo de nosotros por miedo a quedarnos atascados en él. Pero esto es como las arenas movedizas, que cuanto más intentas salir, más te hundes. Para sentirnos seguros con nuestros sentimientos hemos de tener la convicción de que ese sentimiento no es para siempre, de modo que no sucede nada por sentirnos así de momento. A mí me gusta decir a los niños que los sentimientos son como las nubes en el cielo. La nube de lluvia que tenemos encima se mueve poco a poco, y pronto tendremos encima otra nube distinta. Nuestro objetivo es ayudarles a ver la emoción que están teniendo justo en este momento como una más entre muchas que podrán sentir con el transcurso del tiempo. Tanto si disfrutamos del sentimiento como si no, sabemos que eso no va a ser eterno.

Las pistas gráficas serán muy útiles en esta fase. Mostrándoles simplemente imágenes de personajes que sienten algo en un libro, o en las tarjetas emocionales, o incluso en los emojis, mientras se dice: «¿Tienes miedo? ¿Estás preocupado? ¿Decepcionado?», estaremos haciéndoles ver que los seres humanos sienten emociones distintas. Una vez encontremos una imagen y/o una palabra con la cual se identifiquen, tendremos que reconocerla y validarla. A veces esta experiencia basta para que el niño se calme y se estabilice. Otros seguirán sintiéndose angustiados en este punto. Entonces podemos mostrarles algo que nos haga pensar en las palabras «calma» o «seguro» (otra imagen de un libro, un emoji, una tarjeta emocional o incluso un dibujo hecho a mano) y sugerirles que podrían sentirse calmados y seguros de nuevo. Esto les permitirá reconocer que se van a sentir de un modo diferente en algún momento, lo cual les proporcionará cierta seguridad para contrarrestar el sentimiento que están sufriendo en este momento. Sin embargo, no siempre tenemos a mano imágenes relacionadas con conceptos emocionales, y no por ello pasa nada, pues también puedes hacer esto mismo sin ellas. Puedes verlas como una herramienta adicional, una ayuda visual que nos facilita el proceso, pero no como algo imprescindible.

Otra forma de permanecer con una emoción desagradable y de explorarla consiste en que el adulto comparta el relato de una ocasión en que sintió la misma emoción y consiguió superarla. Y aquí la clave estriba en superarla. No vayas a contar una historia que tenga un mal final o en la cual te sintieras abandonado. La favorita de mis niños de preescolar era una de cuando yo tenía cuatro años: «Mi canguro me llevó de paseo hasta la heladería. Elegí mi helado favorito, una bola de chocolate en un cono de galleta. ¡Estaba entusiasmada! Pero en cuanto le di el primer lametón, la bola del helado se cayó al suelo. ¡Me sentí muy triste! Creo que llegué a llorar. Mi canguro me dio un abrazo y, luego, tomó un trozo de su helado de chocolate con menta y me lo puso en mi cono. Yo nunca había probado un sabor como ése, por lo que no sabía si me gustaría. Estaba un poco nerviosa. Lo probé, ¡y *me gustó*! Y terminó siendo mi sabor favorito durante años». Los recuerdos de infancia son especialmente atractivos para los niños, aunque los recuerdos de nuestra fase adulta también les sirven. Si no dispones de muchas de estas historias, no te importe repetir las que tengas, pues los mismos niños te van a pedir que lo hagas. También puedes utilizar ejemplos de libros que hayáis leído juntos. Si no tenemos miedo de quedarnos atascados en nuestras propias emociones y nos sentimos confiados en que podremos ayudar al niño cuando se quede atascado, resultará más fácil para todos estar en paz con la emoción actual. Podemos estudiar cada emoción, jugar con ellas y conocerlas a fondo, así como granularlas, lo cual significa que podemos distinguir matices más finos entre las emociones. Para desarrollar seguridad habrá que practicar la atención plena, la conciencia de sí mismo y, en ocasiones, las habilidades sociales.

—Estoy aquí para ayudarte a calmarte cuando estés preparada… –le dije a Amaya.

Con la utilización del verbo «calmar», lo que hago es indicarle que la calma existe, que no va a estar frustrada para siempre. En el caso de Amaya, proseguí añadiendo la frase:

—Cuando estés preparada resolveremos este problema.

Le va a ser muy útil saber que *vamos* a resolver ese problema juntas. Le estoy hablando de la práctica de recuperar la calma y la estoy introduciéndola en ella antes de intentar resolver el problema.

Como persona adulta, si forcejeas con una emoción cuando la experimentas, posiblemente seas consciente del problema que te va a suponer estar con un *niño* que está viviendo esa emoción. Por ejemplo, si sentir miedo puede provocarte ansiedad y te quedas atrapado en el miedo, intentando escapar de él, puede que intentes evitar que un niño sienta miedo. Comienza por tomar nota de las emociones que tratas de evitar o de las que intentas huir, y de las emociones en las que te quedas atascado en ocasiones. Ser consciente de esto es el primer paso para construir un patrón diferente. Puedes practicar la sensación de seguridad recordándote a ti mismo lo siguiente: «Las emociones no son problemas que haya que resolver. Me siento seguro sintiendo esto».

Detalles sobre el desarrollo

La seguridad

En bebés

La seguridad en los bebés se parece al apego seguro. El bebé comienza a calmarse cuando la persona que lo cuida responde, o bien gatea hacia ésta si ve que alguien a quien no conoce entra en la sala. Esto se debe a que los bebés se hallan en la fase de corregulación o regulación conjunta, de modo que su seguridad emocional está estrechamente relacionada con la persona que los cuida, y en cómo responde a la corregulación, en el caso de que lo haga.

En niños pequeños

La seguridad en los niños pequeños se parece también al apego seguro, si bien hay ya niños pequeños que empiezan a sentirse seguros con sus emociones sin regulación conjunta. Un ejemplo sería el de aquel niño que se siente un poco triste (quizás algunas lágrimas) al despedirse de su progenitor cuando lo deja en la escuela y ve que se marcha. Quizás se demore en la puerta durante unos minutos para después pasar página y seguir jugando. Otro ejemplo sería el del niño que pasa de los brazos del progenitor a los brazos de una de sus profesoras al llegar a la escuela, aunque haya algunas lágrimas.

En niños de preescolar

Un ejemplo de seguridad en niños de preescolar es cuando se reconoce el símbolo y viene seguido por una pregunta acerca de por qué el personaje de la tarjeta se siente así. En este caso, le puedes preguntar al niño por qué cree que se siente así. Si el niño da una respuesta con sentido, nos encontraremos ante un buen ejemplo de seguridad, pues significa que es capaz de pensar cómo contextos diferentes podrían afectar emocionalmente a alguien. Esto precisa una toma de perspectiva, que es una de las siete habilidades vitales esenciales que todo niño necesita, según Ellen Galinsky.[5]

Fase 4: Buscar apoyo a través de estrategias de respuesta

—Pero yo le dije que no lo hiciera y ella lo sigue haciendo de todos modos –saltó de nuevo Amaya.

—Bueno, está claro que no quieres que te ponga la barrita de cereales en el recipiente del tentempié. Ahora se ha roto y no va a tener buen sabor –reconocí–. Veo que tienes los hombros levantados y los puños cerrados. Y hablas en voz alta. Escucho tu frustración. Tiene sentido.

Nos hallamos todavía en el momento de tranquilización.

Nos adentramos ahora en la fase 4: estrategias de respuesta.

—¿Quieres que demos diez saltos grandes? ¡Preparada, lista, ya!

5. Galinsky, E.: *Mind in the Making: The Seven Essential Life Skills Every Child Needs*. Harper Studio, Nueva York, 2010.

Amaya y yo saltamos arriba y abajo diez veces juntas y, después, ella dejó de gritar y comenzó a destensar los músculos, pero seguía teniendo los hombros subidos y la mandíbula tensa.

—Antes de resolver este problema juntas, ¿te gustaría que te diera un abrazo?

Amaya se derrumbó en mis brazos y la estuve abrazando hasta que exhaló un gran suspiro. Entonces, se retiró y su rostro se relajó.

¿Te acuerdas de los dos tipos de respuesta que identificamos en el capítulo 4, los mecanismos de respuesta y las estrategias de respuesta? Los mecanismos de respuesta son las herramientas de respuesta que adormecen nuestro sistema nervioso temporalmente. Es aquello a lo que recurrimos de manera automática si no nos han enseñado estrategias de respuesta. Experimentar un sentimiento desagradable no es fácil, de modo que intentamos hacer desaparecer la molestia lo antes posible. Los mecanismos de respuesta dan como resultado la producción de dopamina, que actúa en el centro de las recompensas del cerebro. Esto proporciona un alivio temporal de la emoción molesta, que es como presionar el botón de repetición de la alarma del teléfono celular: encontramos alivio momentáneo, pero no regulamos el sistema nervioso con el fin de procesar la experiencia emocional y resolver el problema o gestionar la resolución del conflicto.

Las estrategias de respuesta facilitan que el organismo ralentice o detenga la producción de adrenalina o cortisol y que comience a generar serotonina u oxitocina para calmar el sistema nervioso durante un período de tiempo más prolongado. Esto permite también que el niño procese la emoción en vez de reprimirla en su interior para que vuelva a emerger más tarde. Es de esperar que, antes de que un niño alcance la fase 4, posiblemente recurra a mecanismos tales como el chupete, un objeto de apego como un peluche o una manta, una distracción en forma de juguete o pantalla, o la comida. Todo eso está bien, pues no es justo pedirle al niño que renuncie a sus mecanismos de respuesta antes de que se sienta seguro. Consulta www.seedandsew.org/more si deseas disponer de una lista más amplia que te puedas descargar.

Como puedes ver, algunas de las estrategias precisan habilidades sociales, como la de compartir sentimientos, jugar con un amigo íntimo o pedir un abrazo a alguien. No todos los niños gravitarán hacia todos los ejemplos de la lista, pero puedes ayudar a cualquier niño a desarrollar su caja de herramientas de estrategias de respuesta tomando nota de qué actividades le ayudan a recargar las baterías de un modo proactivo. ¿Le va bien trepar o saltar? Estupendo, pues vamos a dar diez saltos en ese momento, o bien vamos a correr hasta la puerta, la vamos a tocar y vamos a volver. ¿Le encanta colgarse boca abajo o columpiarse? Muy bien, pues vamos a dar vueltas en una silla o vamos a hacer zambullidas boca abajo en mis brazos. Los niños aprenden a autorregularse con estas estrategias corregulándose primero contigo como apoyo.

Mecanismos de respuesta	**Estrategias de respuesta**
Para adormecer los sentimientos, soterrarlos con rapidez y sentirse mejor momentáneamente	*Para procesar las emociones, dejar a un lado el cerebro reactivo y entrar en el cerebro del pensamiento racional*
• Distraerse con un juguete • Reírse nerviosamente o sonreír cuando alguien se siente mal • Hacer daño a otro para sentirse poderoso o con control • Recurrir al chupete para detener la expresión emocional • Conseguir un tentempié o algo de comida en respuesta a un sentimiento desagradable • Intentar resolver el problema • Ofrecer un objeto de afecto/seguridad sin práctica	• Dibujar / colorear / pintar • Respirar • Moverse / hacer ejercicio • Jugar tranquilamente con un juguete que involucre a los músculos pequeños de los dedos • Escritura libre / practicar la gratitud • Tocar música • Leer un libro • Abrazos

Pero el objetivo no estriba en abandonar todos los mecanismos de respuesta, pues en ocasiones pueden ser herramientas poderosas a las cuales podemos recurrir. Hay una investigación en la que se demuestra que algunas personas neurodivergentes, principalmente las que tienen trastorno por déficit de atención con hiperactividad (TDAH), pueden tener una función dopaminérgica baja.[6] El uso de mecanismos de respuesta que fomenten la secreción de dopamina puede servirnos de puente para la aplicación posterior de una estrategia de respuesta en personas neurodivergentes. Por ejemplo, un comportamiento juguetón y divertido, como utilizar una voz tonta, puede conectar al adulto con el niño lo suficiente como para que éste se muestre receptivo a una estrategia, como la de columpiarse o saltar sobre un montón de cojines. La clave aquí estriba en estar atento a cuándo recurrimos a mecanismos de respuesta con el fin de emparejarlos con una estrategia, como cuando se utiliza una pantalla como mecanismo de respuesta y luego coloreamos juntos o hacemos un juego de movimiento como estrategia de respuesta.

No recurrimos a la respuesta en un esfuerzo por dejar de experimentar una emoción, sino que empleamos una estrategia de respuesta para que el organismo y el cerebro trabajen juntos en interés del procesamiento emocional. Recuerda que eso significa haber experimentado e integrado por completo las emociones. Eso nos permite experimentar una emoción y darle sentido sin que nos consuma. Cuando el organismo vuelve a sentirse seguro o en calma, eso no significa que hayamos dejado de experimentar la emoción, pues puedes volver a poner el cerebro en línea y, sin embargo, seguir sintiendo la emoción. En una caja de herramientas de estrategias de respuesta debe haber algunas herramientas que impliquen a otra persona, como un abrazo o hablar con un amigo, mientras que otras se pueden realizar de manera independiente, como pasear o hacer respiraciones profundas. Esto es importante, porque queremos que los niños se sientan con la capacidad suficiente como

---

6. Gold, M. S.; Blum, K.; Oscar-Berman, M. y Braverman, E. R.: «Low Dopamine Function in Attention Deficit/Hyperactivity Disorder: Should Genotyping Signify Early Diagnosis in Children?», *Postgraduate Medicine*, vol. 126, n.º 1, pp. 153-177 (2014). doi: 10.3810/pgm.2014.01.2735. PMID: 24393762.

para que, aunque tú no estés allí, puedan disponer de herramientas adecuadas.

Aprendemos a autorregularnos corregulándonos en primer lugar, por lo que convendrá comenzar con estrategias de respuesta que te involucren a ti, la persona que cuida del niño y en la cual confía y se siente seguro. Podemos escalonar este desarrollo ofreciendo sugerencias si vemos que el niño parece estar buscando una manera de abordar la emoción. Esto podría resultar más o menos así: «Mamá tenía que ir a trabajar. Tú no querías que se fuera. ¿Quieres que te dé un abrazo mientras te sientes triste?», o bien «Estabas trepando por el columpio y te caíste. Pareces asustado. ¿Te sentirás mejor si te acurrucas con tu peluche?».

Pero ¿qué ocurre si el niño se enfurece aún más cuando se le ofrece apoyo?

—Cuando intento ofrecerle apoyo a mi hija a través de las fases del procesamiento emocional, ahora me grita: «¡No calma, mamá!». ¿Qué puedo hacer si rechaza el apoyo? –preguntó una de las personas de la aldea de Seed & Sew.

Cuando aprendemos las fases, tenemos la tentación de precipitarnos en aplicarlas y resolver el problema con ese sentimiento que tiene nuestro hijo. Sin embargo, las emociones precisan tiempo para su procesado. En ocasiones, los niños necesitan tiempo para sentir sus emociones y no están listos para gestionarlas y seguir adelante. Si diriges a un niño a través de las fases y ves que se detiene en un punto determinado, haz una pausa y dale tiempo y espacio para que sienta y se exprese antes de volver a ofrecerle apoyo. Tom Petty lo clavó: «La espera es la parte más difícil». La fase de espera podría ser algo así: «Estaré aquí si me necesitas», «Estoy aquí contigo. Te quiero», «Siéntete segura sintiendo tus emociones». Con la práctica, ofrecerán menos resistencia ante las estrategias de respuesta y, con el tiempo, las adoptarán.

Fase 5: Pasar página

¡Vaya! El niño está regulado, puede acceder al cerebro del pensamiento racional y está listo para resolver el problema o el conflicto o para dejarlo pasar. Has llegado al momento donde se le pueden enseñar habilidades sociales. Eso podría significar resolver el problema que precipitó tan intensa emoción, o bien dejarlo estar porque resultó que, después de todo, no era tan importante. En tu caso, significa también identificar habilidades adicionales que convendrá desarrollar antes de llevar a cabo la siguiente tentativa de procesamiento emocional o de resolución del problema específico.

La resolución del problema puede acaecer de muchas formas. Los niños son fantásticos para gestionar los problemas de forma colaborativa cuando se hallan en un estado regulado y tienen acceso al pensamiento racional, la parte del cerebro que se ocupa de la resolución de los problemas. Todas las habilidades de inteligencia emocional (conciencia de sí mismo, autorregulación, empatía, motivación y habilidades sociales) se pueden ejercitar en esta fase.

—Amaya, me acabo de dar cuenta de que quedan sólo cinco minutos para el tentempié. No tienes por qué comerte la barrita. Luego ya vendrá la comida del mediodía. ¿Podrás aguantar hasta entonces o te entrará hambre? No estoy segura. ¿Qué crees que deberíamos hacer? –le pregunté.

—¡Podríamos envolverlo todo con cinta adhesiva! –dijo ella ocurrente.

—¿La barrita? Claro. ¿Qué sabor crees que tendrá la cinta adhesiva?

—¡Agg, asqueroso! –exclamó fingiendo una arcada–. A lo mejor podríamos ponerle pegamento.

—Sí, podríamos, pero no sé cómo sabría el pegamento –respondí.

Ella reflexionó por un instante.

—Quedan tres minutos para el tentempié. No tienes por qué comerte la barrita. Confío en que tú sabes lo que te pide tu cuerpo –le dije.

—Bien… bueno… me la comeré –respondió entornando los ojos.

Amaya no habría podido realizar ese proceso de resolución de problemas, ni siquiera con mi ayuda, si no se hubiera regulado, pues no habría estado abierta o no habría sido capaz de ver las diferentes opciones disponibles. Si nos precipitamos hasta la fase 5, le transmitimos al niño el mensaje de que sus intensos sentimientos nos resultan molestos o inconvenientes, y que lo único que queremos es que desaparezcan. O nos arriesgamos a enviar el mensaje de que sentir emociones no es seguro, o es malo. Es ahora, después de recorrer las otras cuatro fases, cuando el niño (o cualquier ser humano) puede resolver el problema.

La resolución del problema puede girar en torno a lo siguiente:

- Utilizar un temporizador para que los niños hagan turnos.
- Poner un temporizador para marcar el momento en que habrá que dar por concluido algo (como ver la televisión o jugar en la bañera antes de acostarse).
- Reparar algo (por ejemplo, la construcción de bloques que se desmoronó).
- Hacer planes para intentarlo de nuevo tras la siesta o al día siguiente.
- Preparar un lugar especial donde dejar las cosas a mitad hacer cuando ha llegado la hora de dejar los juguetes.
- Resolver conflictos entre varios niños (dispones de más información en el capítulo 10).

Una vez hayas completado la fase de pasar página, habrás finalizado con el procesamiento emocional por el momento. Pero entre una emoción intensa y otra, hay más cosas que hacer, de las cuales nos ocuparemos en la tercera parte.

¿Cómo saber qué funcionará con este niño?

La respuesta breve es que no puede saberse. Y, sin embargo, llegar a conocer el temperamento de estos humanos diminutos es fundamental para saber cómo responder ante ellos. Tenemos que trabajar mediante ensayo y error, recurriendo a lo que sabemos acerca de cómo funciona el cerebro y cómo aprendemos los seres humanos. Tendremos que seguir determinados enfoques durante al menos dos semanas para descubrir si funcionan o no, en la medida en que vayamos viendo las expresiones emocionales de cada niño cada vez que respondamos a sus emociones sin intentar solucionar su problema. Es normal que el niño se exprese de una manera más intensa, porque su cerebro está intentando hacer correcciones ante el hecho de que tú ya no estás reaccionando como lo hacías antes. A los niños les va a llevar cierto tiempo aprender el nuevo algoritmo.

Sidra llevaba dos meses con Charlie desde el parto, y se sentía abrumada intentando satisfacer las necesidades del bebé y las de su hija de dos años. La culpabilidad iba en aumento... «¿Estoy echando a perder a Hannah?», «¿Acaso puedo darles a ambos lo que necesitan?», «No estoy disfrutando de esta nueva maternidad». Si Sidra se levantaba para cambiar los pañales a Charlie, Hannah se ponía a gritar y lloraba, intentaba subirse encima de Sidra y ningún mensaje de afirmación ni de apoyo era suficiente para ella. Al final, Sidra se encontró de pronto evitando hacer determinadas cosas porque le resultaba emocionalmente agotador enzarzarse en aquella loca danza con Hannah.

Lo intentó diciéndole lo que iba a hacer antes de realizar cualquier cosa, para luego volver de inmediato con Hanna, tal como había prometido. Lo intentó hablando con ella a través de la expresión emocional, validando lo que sentía. Cualquier enfoque novedoso que descubría lo ponía en práctica, pero nada le funcionaba. Como último recurso, intentó validar sus emociones, hacer lo que tenía que hacer y luego seguir dándole espacio a Hannah, sin precipitarse en tocarla, pero diciéndole que, si necesitaba apoyo y cariño, no tenía más que acercarse a ella. Sidra permanecía en la sala, suficientemente cerca como para vigilarla, pero sin estar encima de ella, esforzándose en gran medida por gestionar sus propios sentimientos ante las intensas emociones de Hannah. Jugaba con Charlie y, cada pocos minutos, reconocía los sentimientos de Hannah, y le volvía a ofrecer consuelo si quería acercarse a ella. Pero cuanto más intentaba Sidra controlar la expresión emocional de Hannah, más intensos eran los sentimientos de ésta.

Por último, resultó evidente. Hannah necesitaba ser escuchada, pero para eso iba a precisar tiempo y espacio para expresarse, sin presionarla en su proceso. También necesitaría una vía para reconectar positivamente cuando estuviera lista. Sidra validaría sus emociones y le concedería espacio, aun estando presente, diciéndole «Estaré aquí contigo cuando estés lista». En cuanto Sidra aplicó este enfoque de una forma consistente, las «rabietas» de Hannah se hicieron más breves, su capacidad para autorregularse se fortaleció y, con el tiempo, fue capaz de procesar lo que ocurría sin sentirse debilitada por sus emociones. La niña había recibido el mensaje de que su madre podría gestionar sus intensas emociones incluso con la presencia del nuevo hermano en casa. En cuanto a la madre, la gestión de las emociones de Hannah supuso no precipitarse en el proceso y, a cambio, darle espacio a Hannah para que las experimentara.

Un pequeño porcentaje de niños precisa espacio físico para expresar sus emociones, pero esto debería reservarse como último recurso, porque el niño puede interpretarlo erróneamente como un rechazo a sus emociones. Cuando un niño necesita espacio para expresarse, conviene comprobarlo con ellos, así como verbalizar que estás allí con y para él cuando esté dispuesto, al igual que hizo Sidra: «Estaré aquí en cuanto tú estés lista». Para Sidra, al cabo de algo más de un mes de ensayo y error, fue un alivio encontrar una estrategia que le permitiera desarrollar las habilidades necesarias para gestionar la situación. Tuvo que aceptar los intentos fallidos para poder darse cuenta de lo que Hannah estaba pidiendo. El fracaso y la reflexión suelen ser parte de este proceso. ¡Puedes fracasar! Y tienes la oportunidad de decir: «Eso fue un error». Te fijas en las cosas que puedes cambiar y vuelves a intentarlo. Esto es la conciencia de sí mismo.

La ansiedad

Cuando era un bebé, Sage rechazaba los biberones. Lo intentamos con todo tipo de biberón, con el flujo de la tetina, con la temperatura de la leche, recalentada frente a recién bombeada, leche de fórmula frente a leche de pecho, en esta posición o en la otra, en ese momento del día o en otro; lo intentamos todo. Un día, a los cuatro meses del parto, estaba dándole de mamar sola en casa cuando entré en pánico. ¿Qué ocurriría si yo moría? ¿Cómo iba a sobrevivir él? ¿Lo alimentarían con goteros? ¿Quién podría ayudar a mi marido a resolverlo?

La espiral comenzó y continuó, pero yo bajaba la mirada a su dulce carita y regresaba al instante al presente, reconociendo aquel sentimiento familiar de quien se zambulle en las profundidades del miedo. Hola, ansiedad, mi vieja amiga. Yo solía combatirla. Intentaba huir de ella con un mecanismo de respuesta que me permitiera salir de ahí, y trataba con toda mi alma detener aquello... hasta que comencé a practicar el PCE. Cuando somos capaces de tomar conciencia del miedo mientras burbujea en nuestro interior, se nos da la oportunidad de estar con él, en vez de dejarnos consumir por él.

Cuando empecé a ver mi ansiedad como lo que realmente era, fue cuando comencé a aprender qué podía hacer con ella. Comencé a darme cuenta de que los pensamientos desbocados se habían convertido en la norma en mi mente. Mis estrategias de respuestas proactivas y responsivas ya no funcionaban, e incluso sentarme a meditar me resultaba insoportable, porque no quería quedarme a solas con mi ansiedad. Empecé a tener ataques de pánico. Estaba abrumada, de modo que regresé a terapia. La terapia ha sido una estrategia de respuesta útil para mí durante muchos años. Con el apoyo de mi terapeuta, aprendí a identificar mis emociones a medida que emergían, en vez de identificarlas tras dejar que me abrumaran. Desarrollé unas cuantas estrategias de respuesta nuevas, y mis antiguas estrategias favoritas comenzaron a funcionar de nuevo. Descubrí que, validando un poco mis emociones subyacentes, junto con un eslogan como «Todavía no tenemos suficiente información», conseguía permanecer en el presente.

Toda aquella experiencia me recordó que estar preocupada no es lo mismo que experimentar ansiedad. La preocupación es una emoción que se puede procesar, mientras que la ansiedad es una reacción del sistema nervioso ante una emoción. Cuando utilizo la atención plena para tomar conciencia de mis pensamientos, y mi conciencia de sí mismo diferencia después entre ansiedad y preocupación, soy capaz de ponerle nombre y desarmarla con una estrategia de respuesta.

La ansiedad y el miedo constituyen, en su raíz, un poderoso maestro, porque nos advierten de que tenemos algo que no queremos perder. Si el miedo aparece, puede ser porque también tenemos esperanza (la esperanza de conservar algo que nos resulta muy querido). En ausencia de esperanza, nos sumimos en la desesperación, que nos puede hacer perder la voluntad de seguir adelante. La ansiedad es guerrera; es una reacción del sistema nervioso que está luchando por la supervivencia. Y es monumental cuando pasamos de intentar liberarnos de la ansiedad a sentir compasión por nosotros mismos cuando tenemos miedo de perder algo.

Hay una investigación de la Universidad de Yale, un estudio de 2019, que se centró en la ansiedad en los niños. Comparó tres enfoques distintos de tratamiento: medicación, terapia y apoyo del cuidador/progenitor para responder en el momento.[7] Curiosamente, el apoyo del cuidador/progenitor fue el que tuvo los mayores resultados a largo plazo, y con diferencia. Esto no quiere decir que la terapia y la medicación no sean útiles, pero sí convendrá reconocer que tienes un papel decisivo en la vida del niño. En esta investigación hubo tres puntos a destacar en las respuestas de los cuidadores/progenitores que marcaron la diferencia:

Permitir el miedo sin apresurarse por alejarlo. En vez de «No tienes por qué asustarte por la noche en la cama. Estoy en el piso de abajo», prueba con «Estar sola pueda dar miedo. Lo entiendo».

Diferenciar la regulación sensorial del procesamiento emocional (recuerda el triángulo del crecimiento, en el capítulo 3). Antes incluso de hablar acerca de lo que está ocurriendo, lo primero que hacemos es ayudar al niño a regularse. «Tienes el corazón acelerado, las manos temblorosas y estás levantando la voz. Pareces ansioso». Haces una pausa y luego le das apoyo con estrategias de respuesta. «¿Qué haces para que tu organismo se sienta seguro cuando te pones nervioso?». En función de en qué fase de su desarrollo y en qué fases de procesamiento emocional se encuentre, puedes sugerirle, o bien modelar, estrategias de respuesta. «Ponte la mano en el corazón, baja los hombros y abre las manos mientras respiras profundamente».

Procesamiento emocional. Podemos dar soporte al niño convirtiéndonos en un espacio seguro donde procesar la experiencia y para que la discuta cuando esté preparado, ya en la fase 5. Un factor importante en cuanto al modo en que el trauma se aloja en el organismo tiene que ver con si nos sentimos solos o no. Si disponemos de un espacio seguro donde procesar la experiencia posteriormente, trabajándola con alguien que no tenga miedo de la intensidad de nuestras emociones, podremos

7. Hathaway, B.: «New Way to Combat Childhood Anxiety: Treat the Parents». Yale News, (2019). https://news.yale.edu/2019/03/12/new-way-combat-childhood-anxiety-treat-parents

aprender a hacer cosas complicadas sin que el organismo lo viva como un trauma.

Lo primero que hay que hacer para trabajar la ansiedad con un niño es permitirnos sentir miedo. Si practicas el PCE en tus momentos de ansiedad, desarrollarás un conjunto de habilidades en las que apoyarse cuando un niño esté nervioso. ¡Imagina lo maravilloso que sería poder aprender esas habilidades en las primeras fases de la vida! Estás cambiando la forma en la que los niños experimentan el mundo. ¿Eres consciente de lo increíble que es eso?

Las cinco fases también nos pertenecen

¿Qué clase de modelo ofreces tú a la hora de gestionar tus emociones? ¿Mantienes rutinas de cuidado personal? ¿Recurres a mecanismos de respuesta o dispones de estrategias de respuesta? ¿Te sumerges en un proceso de reflexión y de actualización personal que te permite compartir con los demás anécdotas emocionales propias? ¿Sientes la empatía de tal modo que puedes modelarla de una forma auténtica? Cuando practicamos estas cinco fases del procesamiento emocional, servimos de modelo para los niños. Y si sabemos algo acerca de niños, es que es más probable que repitan lo que ven que lo que les decimos que hagan.

Recursos para las interacciones adulto-niño

- El mazo PCE (tarjetas de emociones diseñadas específicamente para el PCE; *véase* en una sección aparte al final del libro), creado por Lauren Stauble y Alyssa Campbell.
- Libros infantiles que cuenten historias de niños que expresan emociones y utilizan estrategias de respuesta, o bien que ilustran el vocabulario emocional. Consulta la siguiente página web: www.seedandsew.org/more si deseas ver una lista de nuestros libros preferidos.

Capítulo 6

Cómo establecer límites y mantenerlos

Una mañana, nos habíamos sentado un rato en mi aula de niños pequeños mientras los progenitores iban trayendo a los pequeños a la escuela. Éramos tres madres y yo, y estábamos rodeadas por sus pequeñines. Los niños jugaban a nuestro alrededor mientras nosotras charlábamos antes de que ellas partieran hacia sus respectivos trabajos, cuando Mika nos arrojó un bloque. Mi instinto me impulsaba a decir: «Mika, no tires los bloques. Puedes hacerle daño a alguien. Ve a recogerlo y ponlo en su sitio». Pero eso ya lo sabía ella. Si hubiera estado regulada, ella me podría haber dicho a mí que no se debe arrojar bloques y que, con ello, se le puede hacer daño a alguien y se puede hacer que esté triste. Ella disponía de esa información, pero no fue capaz de acceder a ninguna habilidad sobre qué otra cosa podía hacer en ese momento para satisfacer su necesidad.

Por otra parte, observé cómo una oleada de vergüenza cubrió el rostro de su madre, justo un instante antes de que yo respondiera al comportamiento de la niña deslizándome hasta ella para decirle:

—Mika, no te voy a dejar que arrojes más bloques en clase [*al situarme junto a ella, estaba en disposición de detenerla si intentaba arrojar otro bloque*]. Si quieres que alguien juegue contigo, puedes decir «Juega», o tocar a alguien y decir «Juega».

Mika se detuvo, miró a su madre y después me miró a mí de nuevo. Creamos un espacio de silencio entre todas. Cuando el silencio comenzó a hacerse incómodo, Mika me agarró de la mano y dijo:

—Juega.

La madre de Mika no podía creer lo que veía:

—*¿Qué?* ¿Cómo has conseguido que te escuche? –preguntó–. A mí nunca me habría escuchado.

Lo que la madre de Mika entendía por «escuchar» era en realidad «obedecer»... «¿Cómo has conseguido que te obedezca?». La clave estriba en que la obediencia no era mi objetivo. Mi objetivo era marcar un límite de seguridad y mantenerlo. ¿Qué habría pasado si Mika hubiera intentado arrojar otro bloque? Sinceramente, ésa era mi previsión. Y ése es el motivo por el cual me acerqué a ella y estaba preparada para detenerla por la seguridad de los demás.

Nuestro trabajo consiste en establecer límites, y el trabajo del niño en empujarlos para ver si son reales, para comprobar si *de verdad* estarán a salvo dentro de ellos. Los límites se diseñan para crear una entrada, no para levantar un muro. Si yo le hubiera dicho simplemente a Mika lo que *no debía* hacer (no arrojar bloques), sin explicarle cómo *podía* captar nuestra atención, ella no habría sabido qué hacer a continuación. En su libro *Cuestión de límites: Aprender a marcar, comunicar y mantener esas líneas que nadie debería cruzar,*[1] Nedra Glover Tawwab afirma lo siguiente: «Los límites tácitos son invisibles y suelen sonar a algo así como "Debería haberlo sabido" o "El sentido común diría que...". Sin embargo, el sentido común se basa en nuestras propias experiencias vitales, y éstas no son las mismas para todas las personas. Ése es el motivo por el cual es esencial comunicarse y no dar por supuesto que las personas son conscientes de nuestras expectativas en las relaciones. Tenemos que informar a los demás de nuestros límites y asumir la responsabilidad de mantenerlos».[2]

Los límites son básicos en una relación de apego segura, pues transmiten nuestras expectativas, lo que aceptaremos y cómo deberán mostrarse los demás en la relación con nosotros si optan por relacionarse. Si eres una persona complaciente en recuperación, como yo, es muy probable que descubras en ti el anhelo de que los demás acepten tus límites

1. Publicado por Diana, Barcelona, 2021.
2. Tawwab, N. G.: *Set Boundaries, Find Peace: A Guide to Reclaiming Yourself.* Tarcher Perigee, Nueva York (2021).

y los comprendan. Pero esto es absurdo en el caso de los niños. Durante mucho tiempo creí que, si conectaba con un niño primero, éste comprendería el límite y cumpliría con él, que no intentaría empujarlo. Sin embargo, la realidad es que nunca le he marcado un límite a un niño para responderme: «¡Magnífico, estoy anhelando respetar ese límite!». Tuve que cambiar radicalmente mis expectativas respecto a este tema, y eso hizo que me sintiera más preparada para responder ante la situación. Cuando marco un límite, espero de antemano que el niño sea curioso con él, que se pregunte si realmente lo voy a mantener. Los niños son muy buenos preguntando (mediante su comportamiento): «¿Qué puedo esperar de ti si hago/digo …?». Pero cuando mi meta pasó de la obediencia a la curiosidad, mi respuesta interior se suavizó. Ya no me enojaba por el hecho de que aquel humano diminuto que estaba delante de mí fuera curioso, y de este modo podía pasar a desempeñar el papel de su adulto regulado. Yo podía responder intencionadamente y servirle de modelo de lo que supone poner un límite y mantenerlo.

Cuando Mika arrojó el bloque, sentí que mis emociones se desbocaban y mi instinto me impulsaba a responder de un modo muy distinto a como por último respondí. Y mi respuesta fue posible gracias a que practicaba el cuidado personal y porque trabajaba mi conciencia. Sentí aquella oleada de emociones (avergonzada por el hecho de que aquello estaba sucediendo en mi aula, delante de unas madres que estarían vigilando todos mis movimientos, y decepcionada porque Mika no estuviera utilizando sus propias palabras para comunicarse conmigo). Hice una pausa y respiré, permitiéndome pasar del cerebro reactivo al cerebro del pensamiento racional. Entonces fue cuando pude responder intencionadamente, abordando sus emociones en vez de reaccionar ante las mías. En un mundo perfecto, yo habría añadido una emoción a mi respuesta: «Mika, no te voy a dejar que arrojes más bloques en clase. [*Me sitúo junto a ella, lista para detenerla, si intentaba arrojar otro bloque*]. Parece que te sientes sola. Si quieres que alguien juegue contigo, puedes decir "Juega", o tocar a alguien y decir "Juega"». Por fortuna, la perfección no es la meta.

¿Qué diferencia existe entre límite y amenaza?

Los límites guardan relación con el poder personal. Establecen lo que la persona está dispuesta a aceptar. Los límites van acompañados de consecuencias, que permiten que la otra persona sepa lo que puede esperar si los traspasa. Y la consecuencia estará en relación directa con el límite.

Límite: no te voy a permitir que me pegues.
Consecuencia: si me pegas, me alejaré de ti para mantener a salvo mi integridad.

El límite resume tus directrices y las consecuencias las llevan a su cumplimiento. Así, si quieres estar cerca de mí, tendrás que responsabilizarte de no pegarme.

Una amenaza, sin embargo, guarda relación con ejercer el poder o el control sobre alguien, y se utiliza para manipular a la persona para que haga lo que tú deseas que haga. Las amenazas ponen en peligro la integridad física o emocional de la otra persona.

Amenaza: si me pegas, te daré un azote.
Amenaza: si me pegas, me pondré triste y no te hablaré.
Amenaza: si me pegas, no tendrás donut cuando vayamos luego a la pastelería.

En las familias donde se utiliza el castigo se suelen dar amenazas. En el capítulo 8 profundizaremos en asuntos como el castigo, la recompensa y las consecuencias. Lo que es determinante en el tema de los límites es que, dicho de una forma sencilla: límites + consecuencias claramente establecidas = expectativas. De momento, fíjate tan sólo en el hecho de que las amenazas no forman parte de esta ecuación. Si conocemos los límites y las consecuencias de traspasarlos, sabremos lo que cabe esperar como consecuencia de ello. Una de nuestras frases favoritas, que utilizamos justo antes de establecer un límite, es: «No estoy enfadado contigo. No te hallas en problemas». Y, a continuación, procede con el límite.

La consistencia es clave

Límites y consecuencias consistentes permiten al cerebro saber qué cabe esperar ante un escenario determinado. Del mismo modo que las rutinas se convierten en hábitos subconscientes (donde abres el armario de la cocina, tomas tu taza, viertes café en la taza y das un sorbo sin tener que pensar de manera consciente cada paso), cuando un límite se aplica de forma consistente, terminamos esperando que las consecuencias se cumplan.

Un día, cuando mi marido y yo comenzábamos nuestra relación, tuvimos una discusión; en un momento dado, yo empecé a gritar y él se fue. Aquello me dejó absolutamente desconcertada: ¿acaso no se discute a gritos? Yo grito, tú gritas, hay una explosión grande y luego hacemos las paces. Bueno, pues ésa no era su manera de gestionar los conflictos y sus límites quedaron claros de inmediato: *No voy a mantener una conversación a gritos.* Cada vez que teníamos un conflicto, si yo gritaba, él se iba. Y yo aprendí que, para gestionar la resolución de conflictos con él, tenía que hacerlo sin gritar.

Todos traspasamos límites con frecuencia, de modo que por qué no van a hacer los niños lo mismo. Mantener los límites de forma consistente establece unas expectativas. Nuestro trabajo consiste en marcar un límite, y el suyo en sentir curiosidad acerca de hasta qué punto lo vamos a mantener: ¿será igual el sábado a como fue el lunes? ¿Y qué ocurre si el otro progenitor no está en casa? ¿Y si estoy enfermo? ¿Y si estás enferma tú? ¿Sigue habiendo límites cuando estás cansado? ¿Hay alguna diferencia entre si es al final o al principio del día? Lo más difícil es empezar porque, sea cuando sea que establezcamos un límite, tenemos que estar emocionalmente preparados para que los niños lo traspasen. Es su trabajo. Poner los cimientos puede ser problemático, pero el resto de los días te resultarán mucho menos agotadores.

Si Mika hubiera arrojado aquel bloque durante las primeras semanas de asistencia a la escuela, su respuesta conmigo habría sido muy diferente. Ella quizás hubiera puesto a prueba los límites para ver si yo los mantenía o no. Quizás hubiera arrojado otro bloque, puede que mientras me miraba fijamente a los ojos, como desafiándome a que hiciera algo al respecto. Ésa era *mi* previsión durante el primer mes en la escuela. Yo estaba casi segura de que, cuando yo marcara un límite, ella probablemente lo sobrepasaría, pero que si yo me mantenía firme, ella lo pondría a prueba cada vez con menor frecuencia. Mika arrojó aquel bloque para ver si yo mantendría el límite estando su madre presente, y descubrió que yo lo mantenía. Ella también sabía, por mis reacciones previas cada vez que arrojaba bloques al principio del curso, que yo me acercaría a ella para pararle la mano si intentaba arrojar otro bloque. Yo le envié de manera consistente el mensaje de que mi trabajo era cuidar de su seguridad y de la de todos los demás en el aula, y que eso significaba no dejar que arrojara bloques.

Instrucciones en negativo	**Instrucciones en positivo**
No corremos dentro.	Caminamos, por favor.
¡No dejéis los juguetes desperdigados!	Poned los juguetes en la cesta, así.
¡Deja de darme patadas!	Por favor, sé amable con mi cuerpo. Puedes tocarme el brazo así.
No más televisión.	El tiempo de televisión se ha terminado. ¿Te gustaría apagar tú el televisor o quieres que lo haga yo?

Igualmente importante es que le ofrecí dos opciones para lo que *podía* hacer si deseaba mi atención o la del grupo, una verbal y la otra no verbal. Por lo general, les decimos a los niños lo que no deben hacer, pero ¿qué pasaría si incluyéramos lo que *sí pueden* hacer? Podemos encontrar el sí. «No te voy a permitir que te subas a la mesa. Puedes subirte al sofá si necesitas mover tu cuerpo». Y, si se sube a la mesa, tu trabajo será mantener ese límite y no permitirle estar encima de la mesa. Puedes ayudarlo a bajar y decir: «La mesa no es para subirse encima. Puedes subirte al sofá». Puedes quedarte incluso junto a la mesa para reenviar al niño al sofá si lo vuelve a intentar. Los niños tratan de ver hasta dónde llegan los límites. ¿Mantendremos realmente nuestra posición? ¿Son ellos los que mandan aquí?

Te encuentras con una nueva receta de pan de plátano y te gustaría probarla. La haces una vez y está deliciosa, de modo que la preparas una y otra vez. A la tercera, tienes todos los ingredientes listos de antemano, te acuerdas de precalentar el horno, y las herramientas de medida y tu cuenco favorito están limpios y dispuestos para su uso. Puede que ni siquiera necesites mirar la receta, porque has hecho ese pan de plátano tantas veces que ya te la sabes. Pues bien, imagina ahora cuántas veces tendrá que hacer ese pan tu humano diminuto hasta que comprenda toda la logística y los preparativos que precisa. Su cerebro puede aprender cosas nuevas con más rapidez que el tuyo, pero la mayor parte de lo que se encuentra a diario es nuevo para él, de manera que se esfuerza mucho más que tú para recordarlo todo y darle sentido. Los niños se están empapando constantemente del mundo que les rodea, construyendo millones de conceptos y conexiones neuronales nuevas, mientras que esa receta puede ser lo único nuevo que has aprendido en toda la semana.

Es de esperar que los niños necesiten recordatorios. Anticipa que van a poner a prueba tus límites y estate preparado para aguantar el tirón, haciéndoles saber que el límite es real. Al igual que ocurre con las emociones intensas, traspasar los límites puede parecer algo espontáneo, por lo que aceptarlo te puede ayudar a reconocer y mitigar la urgencia por reaccionar.

A lo largo de todo el día nos estamos creando expectativas, desde cómo dejamos que los niños nos hablen, hablen con los demás o entre ellos, hasta quién dicta la rutina y el programa diario. «No dejes que los pacientes dirijan el asilo», solía decir mi padre cuando éramos niños para explicarnos por qué no mandábamos nosotros en casa. Y, conforme me hacía mayor, empecé a preguntarme a qué edad deja una de ser una «paciente». ¿Acaso esta estructura de poder es siempre válida? Si mis progenitores establecían las reglas en casa con una mentalidad de «porque lo digo yo», ¿es así como mi jefa tiene que actuar también?

Este enfoque de las normas de arriba abajo, autoritario, procedía de un deseo de control y orden. Progenitores y docentes sabían que su trabajo consistía en establecer reglas, y creían que la única manera de hacerlo bien era creando la apariencia de que siempre tenían el control. Pero la idea del control es una ilusión. Cualquiera que haya intentado que un niño se duerma, que se coma la cena que le has puesto en el plato o que vaya al baño según los horarios de los adultos sabe que el adulto no siempre tiene el control. (Véase: mi hijo se hizo caca en la bañera anoche. Sed padres, decían. Será divertido, decían). Tendremos mayores éxitos en el desarrollo de los niños cuando trabajemos con ellos en lugar de contra ellos. Sin embargo, esto no significa que haya que negociarlo todo.

Cómo marcar límites

Los límites son útiles para que el sistema nervioso se sienta seguro. Para los niños, sería abrumadora la sensación de que, en última instancia, todas las decisiones dependieran de ellos. Sería muchísima responsabilidad para un niño. Los límites establecen con claridad lo que el niño puede esperar de nosotros.

Los límites pueden ser algo como lo siguiente:

«No te voy a permitir que me pegues. Te sostendré las manos si me pegas. Si lo que quieres es mi atención, puedes decirme: "¡Juega conmigo!"».

«Voy a darle la vuelta al reloj de arena. Cuando se vacíe, ¿te pones tú sola el pijama o quieres que te ayude?».

«Pasaremos cinco minutos más afuera. Pondré la alarma. Cuando suene, ¿entrarás tú solo o te llevo yo?».

Los niños pondrán a prueba los límites con el fin de ver si son flexibles, y pueden sentirse confortados al saber que existen reglas firmes que velan por su seguridad. Muchos niños hacen preguntas acerca de los límites, intentando comprender lo que en principio puede parecerles arbitrario. Sin duda, expresarán su frustración, su ira, su decepción y/o su tristeza siempre que no les guste el límite impuesto. Cuando esto ocurra, puedes conectar y empatizar con ellos sin por ello dejar de mantener el límite. «Es muy divertido pasar el rato con los primos, y entiendo que no quieras que nos vayamos. Lo comprendo. Estaré contigo en el coche mientras volvemos a casa si quieres que hablemos de ello».

Si mantienes el límite de esta manera, el niño se sentirá reconfortado, pues verá que él no es el responsable de las emociones de los adultos, y que nosotros podemos gestionar cualquier cosa que el niño sienta. Existe un tipo de tranquilidad que proviene del hecho de saber que te encuentras en un espacio seguro donde expresar tus emociones. Si podemos crear ese espacio para nuestros hijos, veremos un desarrollo inmenso en la medida en que confiarán lo suficiente en nosotros como para mantener una actitud abierta, sincera y clara. Quizás el mayor desafío sea que seamos capaces de mantener la calma, haciéndoles saber que pueden sentirse decepcionados, enojados o tristes por ello, y que nosotros podemos gestionar sus emociones. Los niños no son responsables de los sentimientos que tú tengas por *sus* sentimientos.

Ellos no son responsables de los sentimientos que tú tengas por *sus* sentimientos.

Los límites guardan también relación con diferenciar el cómo del qué. El adulto elige *qué* va a ocurrir y el niño *cómo* va a ocurrir. A continuación, se ofrecen algunos ejemplos:

Qué: vamos a la escuela.
Cómo: nos preparamos para partir.
El niño puede elegir cómo partir: «¿Quieres elegir tú los zapatos mientras vamos en el coche, o los elijo yo hoy por ti?».

Qué: tenemos que irnos del parque para volver a casa.
Cómo: vamos en el automóvil.

El niño puede elegir cómo ir en el coche: «Ha sonado la alarma. Es hora de volver al vehículo. ¿Te gustaría que te llevara volando en mis brazos o prefieres ir dando saltos como un canguro?».

Qué: es hora de lavarse los dientes.
Cómo: ¿quién te lava los dientes?
El niño puede elegir quién le lava los dientes: «Es hora de lavarse los dientes. ¿Quién quieres que te los lave esta noche, mamá o mamita?».

Las ayudas visuales son útiles para comunicar expectativas que tienen una línea temporal. En el capítulo 9 profundizaremos en el tema de las ayudas visuales utilizando un buen número de ejemplos.

¿Por qué el niño pone a prueba los límites?

Con el fin de comprender el origen de la puesta a prueba de los límites, tendremos que reconocer y ser conscientes de nuestros sentimientos y nuestra energía en el momento. Respira. Haz una pausa. Observa. ¿Te percatas de algo? ¿Estás dando significado a su comportamiento, impidiéndote así ver la imagen de conjunto?

Replanteamientos de los comportamientos

Replanteamientos para fomentar la enseñanza sin enjuiciamiento

«¡Es una niña tan quejica! Me paso la vida diciéndole que pare».	«¡Ha vuelto a hacer un dibujo en la pared! No lo entiendo. Sabe muy bien que no debe hacerlo».	«Es tan traviesa. No puedo seguirle el ritmo».
↓	↓	↓

«Ella está abogando por sus necesidades en este momento. ¿Cómo puedo enseñarle otra manera de hacer las cosas que nos funcione bien a ambos?».	«Su conducta me está diciendo algo. Me pregunto si intentaba conectar conmigo mientras hablaba por teléfono».	«Pone a prueba los límites para saber qué es seguro y qué no. Cuando yo marque límites y los mantenga, ella podrá sentirse segura y empoderada».

He aquí el aspecto que puede tener y cómo podría sonar:

- Parece que sea desobediente.
- Piensas que sabe muy bien lo que hace.
- Crees que tiene que aprender a seguir las reglas.
- Su comportamiento parece irrespetuoso.
- Crees que está intentando sacarte de tus casillas.

En cierto modo, el hecho de que un niño ponga a prueba los límites puede parecer una forma de desobediencia, pues para muchos de nosotros, así es como nos educaron. Pero ahora sabemos mucho más acerca de los motivos que llevan a los niños a comportarse del modo en que lo hacen, y nuestro trabajo consiste en ser como detectives para averiguar cuál es el origen de esa resistencia a los límites. Si piensas de modo semejante a las frases superiores, acuérdate de lo siguiente: «Mi hijo hace lo que puede con las herramientas que tiene en este momento. Necesita mi apoyo». Y ahora podemos volver atrás y poner en marcha nuestra curiosidad: ¿qué está intentando comunicar el niño?

¿Cómo sabes si el niño está poniendo a prueba un límite o está mostrando señales de angustia?

Lo que viene a continuación son algunas de las señales de la angustia fisiológica. Esta lista no es exhaustiva.

- Rostro enrojecido.
- Vómitos.
- Evacuación intestinal.
- Bebé sentado, con las manos extendidas y la apariencia de que está abrumado.
- Niños pequeños y de preescolar dando vueltas (incapaces de concentrarse y/o sollozando de manera descontrolada).

Antes de mantener ese límite, tendrás que abordar primero el estrés subyacente del niño. De otro modo, no vas a encontrar un momento de aprendizaje adecuado. Examina el capítulo 5 para consultar técnicas que te ayuden a tranquilizarlo antes de seguir adelante.

¿Cómo equilibrar el respeto con el mantenimiento de un límite físico?

A veces hay que hacer cosas para preservar la salud e integridad de un niño que, sin embargo, no tienen sentido para él. Ejemplos de ello sería llevar a tu hijo al médico para que le pongan una vacuna, cambiarle el pañal para prevenir una dermatitis por causa del pañal, o sujetarlo bien en la sillita del automóvil para que esté seguro cuando el niño detesta que lo inmovilices. A veces estas cosas nos exigen que movamos o sujetemos físicamente al niño a pesar de sus resistencias, por mucho que se niegue. Una se siente mal al traspasar los límites de alguien, sobre todo los de un ser humano diminuto. En estos casos, puedes reconocer su confusión o sus sentimientos de traición, así como tus propios sentimientos y aquellas partes de ti que se activan en respuesta a la situación.

En primer lugar, sé consciente de cómo te sientes cuando el niño se resiste y permítete tales emociones. *Siento que el corazón se me acelera y que empiezo a sudar. Esta situación me abruma.* Haz lo que haga falta para abrirte paso a través de esos sentimientos y alcanzar cierta calma. *Voy a respirar y a recordarme que mi responsabilidad es mantener a salvo a mi hijo, aunque él no lo entienda.* Después, trabaja la emoción dándole énfasis a la validación. Hazle saber que a ti tampoco te gusta hacer eso, si es eso lo que te ocurre. Yo le he dicho a mi hijo las siguientes palabras en múltiples ocasiones: «Lo sé, cariño. Sé que estás pasando un mal rato».

Si no puedes hacer nada con respecto a la experiencia sensorial (la temperatura de las toallitas, la sensación de las correas en la sillita del vehículo, el agarrón abrupto para impedir que se precipite en la calzada), tendrás que pasar por ella. Observa si existe alguna opción que puedas ofrecerle como estrategia de respuesta, como:

- «¿Quieres estar de pie o echado para que te cambie el pañal?» (recomendado sólo con pañales húmedos).
- «¿Quieres abrir tú las pestañas del pañal mientras te limpio, o no?».
- «¿Quieres que te sostenga Oma o lo hago yo?».
- «¿Quieres pasar tú el brazo a través de la correa o lo hago yo?».

Obviamente, no hay elecciones que ofrecer si el niño se está precipitando hacia la calzada o se encuentra en alguna otra situación igualmente peligrosa; tan sólo habrá que agarrarlo y explicárselo después.

No preguntes dos veces; sigue adelante con la respuesta que dé. Si no responde, deja claro los pasos que vas a dar a continuación, explicándoselos de forma literal: «De acuerdo, te voy a pasar el brazo derecho por la correa. Muy bien, ahora el brazo izquierdo». No hay necesidad de prolongar el proceso más allá de lo que sea necesario, y tendrás que aceptar que el niño no llegue a la fase de pasar página hasta *después* de llevar la tarea a término. Si puedes aceptar esto, será más fácil que el niño lo acepte (con el tiempo), porque su sistema nervioso estará tomando pistas de tu sistema nervioso.

Para la próxima vez que te veas en esa situación, convendrá que realices algunos preparativos con antelación:

- Enséñale previamente; es decir, hazle saber lo que viene, pues esto puede ayudarle a comprender la tarea mientras aún está en calma (trataremos de esto con más detalle en el capítulo 9).
- Recurre a algunas ayudas visuales, ya que te permitirán reducir el número de palabras que utilizas y el niño tendrá menos información que procesar (trataremos también de esto con detalle en el capítulo 9).
- Haz los preparativos necesarios antes de que se presente la siguiente ocasión, como sería el recorrer las fases del procesamiento emocional si no lo hiciste antes de realizar la tarea o la planificación

logística con la información novedosa de la que dispongas. ¿De qué modo vas a apoyar a tu hijo en la siguiente situación que se presente? Quizás podrías estudiar de qué manera puedes meter todo en el automóvil *antes* de introducir al niño en la cabina y buscar un momento de calma para alertarlo de lo que viene antes de colocarlo en la sillita. También puedes cerciorarte de que la caja de toallitas esté abierta *antes* de cambiarle los pañales, puedes cantarle una canción o contarle una historia antes de comenzar con el cambio de pañales, organizar las cosas para que os acompañe otra persona como apoyo cuando tengáis que ir a la consulta del pediatra a ponerle vacunas, o respirar profundamente y preparar un mantra que te permita encontrar cierta calma a lo largo del proceso.

Quizás te preguntes que, si los niños aprenden a través del modelado, ¿cómo van a aprender lo que significa el tacto consentido si los cuidadores en los que más confía irrumpen en su cuerpo a pesar de su negativa? Lo más importante es hacerte merecedor de su confianza, por lo que convendrá que no abuses de tu fuerza física y que eches mano de la comprensión si el niño no puede o no sabe cómo hacer las cosas. A continuación, sugerimos algunas maneras de hacerlo:

- **Respeta su negativa siempre que puedas.** En cuestiones de higiene y seguridad, nuestro trabajo consiste en asegurarnos de que el niño tenga lo que necesite. A veces lo que necesita no es de su agrado y eso está bien. Si no es una cuestión de higiene o de seguridad, pulsa la pausa en tu monitor de conciencia de sí y plantéate en qué consiste realmente tu trabajo en ese momento y si es necesario forzarlo a hacer lo que le pides. A mi madre le encanta contar una anécdota de cuando yo tenía dieciocho meses y, tras mostrarme la ropa que pretendía ponerme, yo le dije «Otra». Evidentemente, mi madre podría haberme rogado que aceptara aquel atuendo y, en última instancia, podría habérmelo impuesto por las buenas o por las malas; sin embargo, dijo: «De acuerdo, hace frío en la calle, de modo que puedes elegir algo que te tape las piernas y los brazos». Y, a continuación, abrió los dos cajones de ropa donde guardaba mis pantalones y mis camisas de manga larga, y fui yo la que elegí la ropa que quería ponerme. Para ella habría sido más fácil y rápido ponerme lo que había elegido, pero aquélla fue una oportunidad de oro para respetar mi negativa y reforzar mis habilidades para hacer valer mis opiniones. Si respetas las negativas siempre que puedas, el niño aprenderá que hay veces en que tienes que hacer las cosas, aunque esas cosas no le apetezcan, y confiará en que estás tomando esas decisiones con buena intención, siempre y cuando respetes sus límites físicos siempre que sea posible.

- **Dile al niño lo que estás haciendo.** A nuestros diminutos humanos los movemos constantemente de aquí para allá, por lo que es bueno mostrarles respeto haciéndoles saber lo que viene a continuación, como, por ejemplo: «Te voy a tomar en brazos y te voy a llevar al cambiador». Haz una pausa para que pueda procesar lo que le has dicho y, a continuación, tómalo en brazos. Emmi Pikler y Magda Gerber son bien conocidas por enseñar esto a los cuidadores de un orfanato de Hungría. Su manera de trabajar era revolucionaria cuando Pikler inauguró su orfanato en 1946, pero desde entonces se ha convertido, gracias a las enseñanzas de Gerber y a su introducción en la cultura popular por parte de Janet Lansbury, en un enfoque para el cuidado infantil reconocido en buena parte del mundo bajo el nombre de método RIE.
- **Amplifica la voz del niño si te percatas de que no se siente cómodo con el contacto o posible contacto de otra persona.** En cada curso escolar, al menos uno de mis alumnos de preescolar confiesa que no le gusta que alguna persona en concreto le haga cosquillas, y esto me resulta familiar, porque, cuando yo era niña, detestaba que me hicieran cosquillas. Al igual que mis alumnos de preescolar, no podía evitar reírme cuando me hacían cosquillas, cosa que los adultos interpretaban como que me gustaba. Yo les preguntaba si había alguien a quien le gustara que le hicieran cosquillas y casi todos decían que la única persona con la que se dejaban hacer cosquillas era con su madre. En Seed & Sew subimos un vídeo en Instagram en el que mi padre le hacía una «pedorreta» a mi hijo pequeño. Mi hijo se reía y se lo pasaba en grande. Después de la «pedorreta», mientras mi hijo seguía riendo, mi padre hacía una

pausa y le preguntaba si quería otro. Mi hijo sacudía la cabeza diciendo que no y mi padre lo dejaba en paz. La práctica del consentimiento es posible en un niño tan pequeño, pero exige que nos percatemos de las pistas no verbales. En el pódcast de Seed & Sew, *Voices of Your Village,* tenemos algunos episodios en los que hablamos sobre la enseñanza del consentimiento, incluyendo cómo utilizar los juegos bruscos en los que se involucra todo el cuerpo como una oportunidad para enseñar los límites del contacto consentido. consulta la página web www.seedandsew.org/more, donde encontrarás una lista de los episodios.

Aun así, es posible que tu pequeño siga llorando durante todo el tiempo que estés cambiándole los pañales. Pero si has dado los pasos necesarios para que tu hijo comprenda el proceso, la intensidad de sus resistencias se reducirá poco a poco con el transcurso del tiempo. En ocasiones, el niño tendrá que entrar en la siguiente fase de desarrollo antes de dar este paso; como, por ejemplo, cuando el niño haya aprendido a decir algunas de las palabras que tú usas en el proceso. Cuando era muy pequeño, mi hijo Sage aprendió a decir «Brrr» cuando presentía un paño frío. De este modo comunicaba su experiencia, al tiempo que nos permitía hacerle saber que comprendíamos por qué no le gustaba que le cambiáramos los pañales. Así, sentía que se le tenía en cuenta y se sentía comprendido durante el proceso, mientras mi marido y yo manteníamos los límites y le cambiábamos los pañales.

Si la intensidad de la resistencia no se reduce con el tiempo, quizás convenga buscar ayuda pediátrica o entre el personal docente que atiende a tu hijo. «Con el tiempo» puede ser diferente para cada niño y según las situaciones, motivo por el cual siempre será útil conectar con otras personas para averiguar lo que el niño (su cuerpo y su cerebro) está intentando comunicar. Yo tuve una estudiante de cuatro años, Jessica, que lloraba y se quedaba sin fuerzas cuando llegaba la hora de salir al exterior en invierno. Ella comprendía, como es lógico, que fuera hacía frío, pero insistía en que una sola prenda de abrigo era suficiente para no pasar frío. Intentamos instruirla emocionalmente y recurrimos a otras estrategias durante más de tres semanas, pero nada funcionó. Entonces, nuestra consultora de terapia ocupacional sugirió un examen de integración sensorial, que condujo a una evaluación, y resultó que el sistema sensorial de esta niña no aceptaba de manera adecuada la sensación del mono de nieve sobre su cuerpo. Nuestra terapeuta ocupacional nos dio un cepillo de cerdas suaves con el cual acariciar los brazos y las piernas de Jessica todos los días antes de que llegara el momento de ponerle el mono de nieve. A Jessica le encantaba la sensación del cepillo y, al cabo de un par de semanas, la niña ya se mostró dispuesta a ponerse la prenda y a salir al exterior. Empezó a disfrutar jugando en la nieve con sus amigas y ya no hizo falta cepillarle más los brazos ni las piernas. Nos sentimos muy agradecidas de poder disponer de la ayuda de toda una aldea detrás de nuestro equipo porque, de otro modo, jamás habríamos descubierto esta técnica.

¿Está buscando atención? Si es así, ¿cómo puedes responder de una manera positiva?

Solemos encontrarnos con niños que intentan sobrepasar los límites en un intento por llamar la atención (por conectar con nosotros o con un semejante). ¡Eso está muy bien! Están utilizando el método de ensayo-error para saber cómo pueden captar la atención de quien les interesa. En estos casos, podemos reconocer su deseo de conectar, ignorar de momento su intento de vulnerar los límites (si no corre peligro su integridad) e invitarle a interactuar de un modo positivo.

Jazmine regresó a la escuela después de una semana de vacaciones con su familia y, desde el mismo instante en que llegó, captó la atención de su profesora y del resto de alumnos corriendo por toda el aula, agarrando los juguetes de otros niños y encaramándose a muebles que sabía que no eran seguros y no estaba permitido subirse a ellos. Cualquier límite que pudiera haber en clase, ella lo traspasaba. Las profesoras comenzaron a ir detrás de ella, haciendo que devolviera los juguetes que había tomado y ayudándola a bajar de los sitios donde no debía haberse subido. No mucho después, aquella mañana, una profesora comentó:

—¡Guau! Ha regresado con fuerza. Me está volviendo loca.

Aquí es donde entra la atención plena: respira, haz una pausa y observa. Mira si puedes dejar a un lado el juicio, pues no te va a servir de nada darle vueltas a si eso *debería o no debería* ocurrir. *Está* ocurriendo. Cuando las profesoras tomaron perspectiva respecto a lo que estaba sucediendo y lo vieron con unas lentes distintas, reconocieron que Jazmine se había pasado una semana con la familia, donde había disfrutado de la atención individualizada de adultos durante la mayor parte del tiempo. Quizás la transición de regreso a la escuela le estaba resultando complicada. Puede que estuviera buscando más interacción con adultos, como de la que había disfrutado en los últimos días. O es posible que estuviera triste por el hecho de que habían concluido las vacaciones y el tiempo en familia, y por tener que volver a la escuela; yo me sentía así cada vez que se me terminaban las vacaciones. Fuera como fuera, quizás necesitara más apoyo del habitual para hacer la transición a la escuela y relacionarse de una forma más positiva. Forzarla a respetar los límites llevaba simplemente a una interacción negativa, de modo que quizás necesitara un enfoque diferente.

La profesora decidió ignorar las conductas negativas en la medida en que abordarlas no habría significado más que centrar la atención en ellas, y optó por relacionarse de manera positiva con Jazmine. Sabiendo que a la niña le gustaba mucho la lectura y la música, afirmó:

—Voy a leer *Barnyard Dance.* [Gracias a Sandra Boynton por este éxito].

La niña dejó sus carreras por la clase y miró al lugar de los libros en el aula. Después, volvió a agitarse, le cogió a un niño su juguete y salió corriendo. Ninguna de las profesoras reconoció esta conducta. La profesora comenzó a leer el libro interactivo con un niño que lo relataba a coro con ella. Al llegar a la segunda página, Jazmine empezó a repetir los sonidos de los animales del libro desde el otro extremo del aula. ¡Ajá! Estaba funcionando; se estaba involucrando en el relato. Después se subió a una mesa, cosa que sabía que no estaba permitido, violando los límites. La profesora siguió leyendo y, para cuando terminó la historia, la niña estaba en la zona de libros participando en el relato y riendo. Cuando la profesora terminó con el libro, dijo:

—¡Fue divertido! Jazmine, ¿te gustaría elegir otro libro para que lo leamos juntos?

Jazmine sonrió mientras iba a corriendo a la cesta de los libros, eligió otro y se lo llevó a la profesora. Si el motivo de traspasar los límites es la búsqueda de conexión, la conducta no se disipará hasta que el niño se sienta conectado.

Determinados niños, normalmente de entre cuatro y cinco años, consideran que un límite físico (por ejemplo, que un adulto permanezca cerca de la mesa para redirigirlos cuando intenten subirse a ella) es un desafío divertido. Necesitan ayuda para encontrar una actividad diferente que sea más apropiada y, sin embargo, siga siendo divertida. Traspasar el límite físico es un intento por conectar con el adulto a través del juego; y cuando éste es el caso, el adulto tendrá que responder de forma recíproca con el fin de impedir una profundización de los senderos neuronales relacionados con el traspaso de los límites físicos.

Dispongo de innumerables ejemplos de veces en que tuve que interrumpir una pelea o evitar un intento de sobrepasar los límites y el niño responsable parecía positivamente feliz al finalizar. Hubo una vez un grupo de niños de cinco años que parecieron sentirse encantados cuando les arrebaté un juguete que estaba siendo objeto de conflictos. No se sintieron decepcionados, ya que veían la situación como un divertido juego del «que te pillo». Había un niño que sabía que nosotras íbamos a responder si él se ponía de pie sobre la mesa y, cuando lo hacía, sonreía desafiante mientras nos acercábamos, porque sabía que hacerle bajar suponía prestarle atención.

Los niños quieren conectar con nosotros y, en ocasiones, la forma en que de manera inconsciente intentan conectar puede parecernos molesta o inconveniente. Podría parecernos maliciosa, o incluso podríamos pensar que están intentando irritarnos intencionadamente, cuando, en realidad, lo único que pretenden señalar es su necesidad de conexión. De ahí que, cuando marcamos limites que le impiden al niño conectar con nosotros, conviene proporcionarle al mismo tiempo una alternativa de conexión. Si un niño intenta conectar contigo físicamente de un modo que violenta tus límites, intenta ofrecerle una alternativa física aceptable para ti. Por ejemplo: «No te voy a permitir que te subas encima de mí. ¿Quieres sentarte en mi regazo y te leo un libro?».

Cambios vitales y límites

Profundizaremos en cambios y transiciones vitales, como tener un nuevo hermanito, el comienzo de la etapa escolar, una mudanza o un fallecimiento, en el capítulo 12, pero vamos a echar un vistazo ahora a los límites en estas etapas de la vida, pues, al pasar por transiciones, quizás sintamos el impulso de ser más flexibles con los límites. Sabemos que, en estos casos, los niños tienen que ajustarse a un gran número de cambios, por lo que convendrá ser conscientes de la enorme carga de estrés que estarán soportando. Paradójicamente, éste es el motivo por el cual necesitamos *mantener los límites* la mayor parte del tiempo. Localizar límites exige esfuerzo en los niños, por lo que saber que existen parámetros firmes e inalterables genera un espacio libre para ellos, una sensación de confort que les permite disponer de algo más de energía para moverse durante las transiciones.

«Porque lo digo yo»: cambiar un límite después de establecido

Que levante la mano quien haya crecido escuchando la frase «Porque lo digo yo». Yo levantaría las dos manos. No había nada que me pusiera más furiosa que escuchar aquello. Yo siempre quería una explicación. Quería saber el motivo. ¿Y sabes qué? No soy la única. De modo que somos muchas las personas, incluidos nuestros humanos diminutos, que queremos saber por qué. Esto no significa que tengamos que cambiar nuestra respuesta, pero sí puede significar que cambiemos *el modo en que la decimos.* Es un acto de atención plena a la autonomía infantil, pero un acto en equilibrio constante, dejando espacio para la innovación, estableciendo directrices para mantener su seguridad e integridad física y siendo conscientes de nuestras reacciones y narrativas internas. Las normas culturales juegan un importantísimo papel en lo que significa «equilibrio» en este contexto. En algunas culturas, la autonomía infantil es clave. En otras, el respeto a los mayores es determinante. Existen muchas respuestas correctas en esta escala. ¿Cómo es en tu cultura? ¿Qué aspecto tiene el equilibrio en tu escala?

Sam se le acercó a Amelia y le arrebató el camión de bomberos con el que estaba jugando. Amelia gritó:

—*¡No!* ¡Estoy jugando yo con él!

Sam comenzó a llorar.

Yo estaba ocupada preparando la comida, de modo que, simplemente, me asomé desde la puerta de la cocina para decir:

—Amelia, tú puedes compartir el camión con Sam. Podéis jugar juntos.

No se me pasó por alto la expresión de decepción en el rostro de Amelia, pero yo estaba muy ocupada haciendo la comida. Mientras volvía a mi tarea, escuché una vocecilla en mi cabeza que decía: «Ella no tiene por qué compartir el juguete si no quiere hacerlo». Y otra voz acudió a mí rápidamente para decir: «Has marcado ya una expectativa. Si la cambias ahora, pensarán que los límites pueden modificarse».

Hola, ego. Yo quería que se me viese como que era capaz de controlarlo todo. Deseaba tener la respuesta correcta siempre desde el principio, pero no la tenía y no la tengo. De modo que dejé de preparar la comida durante dos minutos, volví al salón y anuncié:

—Amelia, no tienes por qué compartir el camión si no quieres hacerlo.

Su gesto de decepción se suavizó y dijo:

—Vale, es que tengo una misión de rescate y tengo que ir ya.

Y se fue volando con su camión de bomberos.

Sam comenzó a llorar de nuevo y Amelia se volvió, posiblemente preguntándose si tendría que compartir el juguete de nuevo a causa del llanto de Sam. Yo me volví a Sam, validé su sentimiento de decepción por querer jugar con el camión y nos corregulamos durante dos minutos, mientras lloraba y, más tarde, se calmaba. Entonces, Amelia le trajo una ambulancia mientras decía:

—Tú puedes ir en misión de rescate también y salvar a una persona.

Sam no pareció muy entusiasmado con la propuesta, pero aceptó la ambulancia y partió con ella.

Yo me había equivocado en mi reacción inicial, y mi temor a no ser coherente estuvo a punto de impedirme cambiar el rumbo.

Por frustrante que sea no hacer las cosas bien desde un principio, nos encontramos aquí ante un magnífico momento para la enseñanza, pues ofrecemos un modelo a los niños de qué hacer una vez hemos cometido un error. Los niños nunca tendrán todas las respuestas ni discurrirán por el mundo de forma perfecta, como tampoco lo hacemos nosotros. Aprenderán a tropezar, para luego levantarse e intentarlo de nuevo, observándonos. Está bien escuchar esas voces interiores y decidir por ti mismo cuál de ellas se va a poner en el asiento del conductor.

En ocasiones, marcamos límites y, más tarde, somos conscientes de que no sabemos por qué los hemos marcado. Y cuando los niños cuestionan esos límites, nos situamos muchas veces en ese lugar del control, con esa mentalidad del «Porque lo digo yo», aunque no tengamos un motivo válido.

Durante una reunión en el trabajo, el jefe de Stacey reestructuró su proyecto delante de todo el equipo. Luego, aparte, le dijo que quería las revisiones en su despacho al día siguiente por la mañana. Cuando ella regresó a la oficina, vio que eran las 3:36 de la tarde y que tendría que partir en una hora y media para recoger a los niños a la guardería, y que no iba a disponer de tiempo suficiente para terminar las revisiones antes de esa hora. Bien, iba a tener otra noche de trabajo después de que los niños se fueran a la cama. Mientras Stacey preparaba la cena en casa, su esposa, Jen, llamó para decir que llegaría tarde y que esperaba estar en casa para la hora de acostarse. Tres minutos más tarde, Stacey entró en el comedor y vio que los niños, de tres y cinco años, habían sacado los cojines del sofá y estaban dando saltos sobre ellos por todo el salón.

—Recoged los cojines –dijo–. Son para el sofá, no para estar por el suelo, Chase.

—¡Pero mamá, el suelo es el océano y, si devolvemos los cojines, nos hundiremos!

—Los cojines no son juguetes. Van en el sofá. Ponedlos allí, por favor.

—¡No, mamá, caeremos al agua!

A veces, ponemos límites porque estamos en modo «marcha», sin hacer pausas, quizás por temor a sentir y que ese sentimiento nos lleve a desmoronarnos. Es como si siguiéramos aguantando y consiguiéramos sobrevivir un día más. A veces marcamos límites por el deseo de controlar nuestro entorno, el clásico «Porque lo digo yo». La cuestión es que los niños habían sacado los cojines del sofá y, para ser sinceras, a Stacey le importaba muy poco; la cosa no iba de cojines, sino de… ¿de qué? Si ella se retractaba de lo que había dicho, ¿pensarían los niños que todos los límites eran negociables? Por decirlo brevemente, no. También podemos cometer errores; de hecho, que los adultos cometan errores y hablen acerca de ello muestra a los niños que ellos también pueden caer y levantarse de nuevo.

Stacey recurrió a la atención plena, pensó en el cuidado personal por un instante y se detuvo a respirar. Vas a tener sentimientos difíciles, días difíciles y temporadas difíciles en la vida, y ahora dispones de herramientas para gestionarlos. La perfección no es el objetivo. La conciencia de sí mismo y la decisión de tomarse una pausa le dio a Stacey cierto espacio, y entrar en el cerebro racional fue la mejor decisión que pudo tomar pensando en sus diminutos humanos, y terminó decidiendo que no se iba a aferrar a un límite arbitrario con el tema de los cojines, límite que se había formado ella en su reacción a los sentimientos que la agobiaban.

Uno de los conceptos que estudié en el yoga es el de «límites = libertad». Puede que parezca contraintuitivo, pero a medida que vas viendo dónde se hallan tus propios límites, tus hijos irán viendo también los suyos. No vas a tener que esforzarte demasiado para establecer límites cada vez, y los niños no van a tener que investigar demasiado para averiguar dónde se hallan. Tanto ellos como tú os vais a sentir más libres. Además, podrás constatar el carácter emocional de las respuestas de los pequeños ante los límites, lo cual te proporcionará la oportunidad de conectar a través del PCE.

Capítulo 7

Cuándo y cómo hablar acerca de la conducta

Somos muchas las personas que crecimos en hogares donde una conducta errónea se abordaba de manera inmediata, y ciertamente existe la creencia de que hay que hablar de estas cosas sin más tardanza, para que los niños sepan que lo que hicieron fue una equivocación.

Pero antes de sumergirnos en el cuándo y cómo hablar de la conducta de los niños de una forma que sustente el cambio conductual a largo plazo, tómate un minuto para preguntarte algo que es realmente importante: ¿cuál es tu objetivo?, ¿por qué quieres hablar con el niño acerca de su comportamiento?, ¿es por...

- **rendir cuentas?** ¿Quieres que se responsabilice de sus actos para que sepa cómo sus conductas afectan a los demás?
- **enseñarle habilidades?** ¿Pretendes ayudarlo a desarrollar una nueva habilidad con el fin de que opte por un comportamiento diferente en el futuro?
- **facilitarle el acceso a una habilidad?** ¿Sabes que dispone de una habilidad, pero que no la utilizó en ese momento y quieres facilitarle el acceso a ella en futuras ocasiones?
- **una cuestión de inclusión y conexión?** ¿Estás intentando que aprenda de qué otro modo puede comunicar su necesidad de sentirse conectado con los demás y socialmente aceptado?
- **una cuestión de responsabilidad personal tuya?** ¿Crees que tu éxito se modela a través del comportamiento del niño?

Cada uno de estos motivos puede tener perfecto sentido. Queremos que los niños accedan a habilidades que sabemos que tienen, que desarrollen otras nuevas, que comprendan el efecto que sus comportamientos tienen en las personas que les rodean y que se sientan conectados y aceptados. También comprendemos el esfuerzo personal que supone reconocer cómo nos perciben los demás en función de la conducta del niño.

En ocasiones, hay personas ajenas a la familia que, refiriéndose a mi hijo Sage, comentan: «Es muy buen chico», lo cual significa algo así como «Es un chico adecuado». Pero todos los chicos son buenos chicos. Todos los niños quieren sentirse seguros y conectados. Y todos los niños están descubriendo el mundo por vez primera. Están aprendiendo a relacionarse con los demás. Están aprendiendo normas culturales y cómo «se supone» que deben actuar en casa, a diferencia de su comportamiento en un restaurante, en casa de la abuela o en el supermercado. Cuando podamos creer que están haciendo todo lo mejor que pueden con las herramientas de las que disponen en ese momento, posiblemente evaluaremos su comportamiento desde la compasión y la curiosidad. Podemos colaborar con ellos en vez de entrar en combate. Los niños *quieren* mostrarse de un modo que les permita sentirse seguros y aceptados, de manera que, si no lo consiguen, nos van a hacer saber que necesitan ayuda. Y el modo en que decidamos ayudarlos va a ser determinante.

Entre la autoestima y la vergüenza

La autoestima tiene que ver con cómo nos valoramos y nos percibimos a nosotros mismos. En el diccionario *Merriam Webster* se define como «la confianza y la satisfacción con uno mismo». Por otro lado, Brené Brown, en *Los dones de la imperfección,*[1] define la vergüenza como un sentimiento o experiencia extremadamente doloroso que se origina en la creencia de que somos defectuosos y, por tanto, indignos de amor y de pertenencia al grupo social. La vergüenza es una potente táctica de

1. Publicado por Gaia Ediciones, Móstoles, Madrid, 2012.

cambio comportamental a corto plazo, pero, con el tiempo, tiene unos efectos devastadores.[2] La autoestima guarda relación con el comportamiento. La vergüenza está vinculada con la persona.

Vergüenza: soy malo.
Autoestima: soy una buena persona que tomó una decisión errónea.

Vergüenza: soy perezoso.
Autoestima: estoy desmotivado y sin entusiasmo en este momento.

Vergüenza: soy molesto.
Autoestima: soy digno de cariño, aunque a veces haga cosas molestas.

A medida que nos adentremos en cómo y cuándo hablar con el niño de su conducta, nos fijaremos en los efectos que pueden tener en él la vergüenza y la autoestima.

¿Qué te dices a ti mismo cuando cometes un error? El otro día estuve hablando con una amiga que estaba reflexionando sobre un texto que acababa de enviar.

—No sé por qué escribí eso. Supongo que estaba decepcionada. Soy tan estúpida...

Yo sé que mi amiga no es estúpida, de modo que se lo recordé, y ambas coincidimos en que un mantra como ése no iba a resultar de ninguna ayuda en aquella situación. Hace falta tener empatía para reconocer que sus palabras podrían hacerle daño a alguien, pero para mí es mucho más fácil reconocer eso en otra persona que en mí misma. A veces, cuando me avergüenzo de algo que dije o que hice, rememoro la situación una y otra vez ensayando otras maneras posibles y más adecuadas en las que podría haber respondido en aquel momento. Y siempre he tenido miedo de hablar con alguien acerca de eso debido a que me causaba vergüenza. Sin embargo, cuando me obligo por fin a hablar con una persona querida o con una colega digna de mi confianza,

2. Brown, B.: «Shame vs. Guilt». Brenebrown.com, (15 de enero de 2013). https://brenebrown.com/articles/2013/01/15/shame-v-guilt/

le pongo nombre a esa vergüenza y la desarmo. Puedo aprender de la situación en lugar de quedarme atascada en ella, y todo ello debido al modo en que se me presentó.

Todos decimos cosas que después lamentamos, y cometemos errores en general, con independencia de lo considerados que podamos ser. Con frecuencia, esto se debe a la reacción de nuestro sistema nervioso, o a que el monitoreo de la conciencia de sí mismo se quedó dormido al volante. Y, cuando esto sucede, conviene prestar atención al modo en que nos hablamos a nosotros mismos y a los niños. Hasta no hace mucho, la forma tradicional de enseñar a un niño a «ser agradable» con los demás pasaba por el uso de la vergüenza como técnica para el cambio de conducta. «Mira lo triste que lo has dejado. Eso no está bien. Le has hecho llorar». O bien: «¿Te gustaría que alguien se llevara tu juguete?». ¿Te acuerdas de las sillitas de bebé de los vehículos de la década de 1980? Pues he aquí otro ejemplo de cómo muchas generaciones de progenitores que vinieron antes que nosotros intentaban hacer las cosas lo mejor que pudieron con las herramientas de las que disponían entonces. Con atención plena y sin enjuiciar, podemos intentar algo distinto, pero eso significa cambiar el modo en que nos hablamos a nosotros mismos y en que hablamos a los niños también. Como afirma Peggy O'Mara, «la forma en la que hablamos a los niños se convierte en su voz interior».

Cuándo hablar de la conducta

El indicador más significativo de que es un buen momento para hablar de la conducta es que el niño esté en calma; su sistema nervioso está desarmado, y lo mismo le ocurre al niño. La atención plena y los cinco componentes del PCE son tus mejores herramientas para llegar a ese punto y evaluar la situación. Lo que viene a continuación son algunas preguntas que convendrá que te formules para saber cuál es el mejor momento en cada situación con un niño:

- **¿Qué significan para el niño las palabras?** ¿Alguna vez has comenzado a hablar con un niño acerca de su conducta y te ha dado la impresión de que se distraía o, incluso, te ignoraba? Quizás intentabas hablar con él y llegabas a pensar que lo que le decías le entraba por un oído y le salía por el otro, y te preguntabas qué podrías hacer para que te escuchara. Hay niños que, en ocasiones, se benefician mucho de que sea más de un adulto el que hable con ellos. O tal vez consigas conectar a través de las tarjetas de emociones o las imágenes de respuesta, o es posible que exista un libro que aborde este comportamiento o problema. Las ayudas visuales pueden ser una valiosa herramienta, sobre todo con personas neurodivergentes. Utilizar ayudas visuales (tarjetas de emociones, imágenes de respuesta, programa, etc.) no es esencial, pero puede ser una opción valiosa si existe la posibilidad. Contar la anécdota de aquella vez en que tú pasaste por la misma situación puede ayudar al niño a abrirse paso a través de lo que esa experiencia significa para él. Antes de meterte en la discusión acerca de la conducta, podrías preparar estas ayudas visuales o pensar en el relato social que podrías contarle al niño. Si ponemos en orden nuestros pensamientos y planificamos las cosas como adultos antes de sumergirnos en la conversación, nos resultará más fácil desplazarnos en un estado regulado y conectar con el niño.

- **¿Cómo recuerda el niño?** He escuchado a mucha gente decir «Tengo muy mala memoria». Pero no todas esas personas estaban hablando de lo mismo. Una persona podría estar hablando acerca de fechas o números; otra, en cambio, de momentos de su infancia, y otras podrían estar refiriéndose a que no recuerdan lo que sucedió el día anterior. Así pues, convendrá preguntarse en qué medida el niño va a ser capaz de recordar algo en concreto. Todo dependerá de *cómo* recuerde y de *qué tipo* de episodios recuerde. Ciertos niños recordarán hasta el más mínimo detalle de cada uno de los productos que hayas comprado alguna vez en un supermercado, mientras que otros recordarán cómo se sintieron ante determinados acontecimientos clave. Presta atención a la forma de recordar del niño para valorar si vale la pena hablar de algo que sucedió el día anterior. ¿Cuentan acontecimientos o recuerdan experiencias anteriores? Nota: si el niño tiene cuatro años o más y no recuerda lo que ocurrió (o parece verdaderamente desconcertado) justo después de que haya tenido lugar una conducta problemática (y esto sucede con frecuencia), habla con un pediatra, con sus docentes y/o con la administración de la escuela sobre qué tipos de pruebas pueden ser útiles para determinar las mejores estrategias.

- **¿Está regulado?** Si un niño le ha hecho daño a alguien, o echa a correr, su sistema nervioso no va a estar regulado. Espera hasta que deje que te acerques para hacer el PCE tras haberle ayudado a pasar por las cinco fases de procesamiento de los sentimientos.
- **Cuando nos encontramos ante una conducta crónica, un buen momento para hablar de ella es fuera de contexto.** Busca un momento en el que ambos estéis en calma y haya un respiro en las actividades. En el caso de niños sensibles, podrás mitigar su vulnerabilidad si ambos empleáis las manos haciendo algo con lo que disfrutáis y no mantenéis contacto ocular (por ejemplo, podéis estar preparando la comida, haciendo una construcción de Lego, dibujando, doblando la ropa limpia). Una buena ocasión sería, asimismo, hablar en el automóvil durante un trayecto que dure lo suficiente para ello. Pero ten cuidado de que el niño no tenga la sensación de que le has tendido una «trampa» para hablar con él. Si se resiste, es que está intentando comunicar algo así como: «Tengo miedo de que te enfurezcas conmigo», «Tus palabras me recuerdan que fui malo», «Tengo un sentimiento, pero no sé qué es ni qué hacer con él», etc. En este caso, puedes dejar a un lado la conversación y decirle, por ejemplo: «Siempre te he querido y siempre te querré, aunque cometas errores y estés pasando por un mal momento». Y acaba la conversación ahí, en pausa, a la espera de otro momento más apropiado.

No intentes hablar de la conducta cuando tu hijo esté todavía en la situación de cerebro reactivo, pues no va a ser capaz de retener la información en ese momento. Si tratas de hablar con él acerca de lo que ocurrió y el niño grita o vocifera, es posible que necesite más tiempo para regularse. Si ha pasado ya un tiempo y cada vez que le hablas de su conducta reacciona o dice que no quiere hablar de ello, intenta hacerle saber que no pasa nada por hablar de ello y que no te vas a enfadar. También puede ser útil compartir una anécdota de una vez en que tú hiciste algo similar, pues esto le hará ver que es normal cometer errores y le servirás de modelo para pasar página.

Dentro de las rutinas que seguimos en casa a la hora de la siesta o acostarnos por la noche, solemos hacer una relación de las cosas que han ocurrido a lo largo del día. Yo menciono cosas de las que me he percatado, como «He visto que le has dejado a Alice el cortacésped de juguete un rato. Has sido muy amable con ella». A veces, menciono determinados comportamientos o algún momento difícil del día: «Cuando intentabas ponerte el zapato, se te quedó atascado. En ocasiones, es frustrante aprender una nueva habilidad» [*Pausa*], «En vez de arrojar el zapato, podrías apretar los puños y gruñir un poco, "¡Grrrrr!"». En ocasiones lo practicará en ese momento y otras veces simplemente se lo guardará. Es como escribir un diario donde descargas las experiencias del día. Y cuando los niños crezcan un poco, puedes añadir un diario o un cuaderno para que dibujen, pues esto puede ayudarles a procesar esos momentos cotidianos de comportamientos problemáticos.

Cómo hablar de la conducta

¿Has comprendido alguna vez algo desde lo intelectual, pero te costó llevarlo a la práctica o sentirlo visceralmente? Por ejemplo, cualquiera de mis amistades o de mi familia te dirá que yo lo hago mucho. Es cierto. No le pongo peros al trabajo (y, de hecho, me encanta mi trabajo) y me gusta hacer cosas del tipo «hágalo usted mismo» sin plantearme el número de horas que me llevará al cabo de una semana, y esto lo comprendo a nivel intelectual. Estoy comenzando a darme cuenta de que tengo que cambiar algunas cosas, pero todavía no lo siento en mi cuerpo. Me estoy esforzando por llevar a la práctica mis intenciones mediante técnicas de cuidado personal proactivas y suplementarias, y he descubierto que debo tener paciencia conmigo misma. El hecho de que sepa algo en la cabeza no significa que lo sepa en mi cuerpo, y eso es porque existe más de un tipo de conocimiento.

Quizás tu hijo te arrojara la taza (una vez más) y pienses que él *sabe* que no quieres que te lance cosas, y es posible que el niño lo sepa a nivel intelectual, pero no todavía a nivel corporal. Si su conducta no se corresponde con lo que tú crees que sabe, no es porque conscientemente elija hacer las cosas mal. Lo que hay que hacer en estas situaciones es excavar e ir bajo la superficie para entender la conducta como una forma de comunicación. ¿Qué podría provocar que el niño haga aquello que tú le pediste que no hiciera? ¿Qué podría provocar que el niño salga corriendo en vez de escuchar? ¿Cuál podría ser la causa de que el niño comience a gritar en vez de ponerse el abrigo o dejar que lo sujetes en la sillita de bebés del automóvil? ¿Qué le llevaría a tirar una silla? Puede que el niño te diga «No», pero ¿a que te está diciendo «Sí»? Predica con el ejemplo y tranquilízate fisiológicamente, de tal manera que puedas replantearte su comportamiento, interpretar sus intentos de comunicarse y orientarlo a través de las fases del procesamiento emocional.

En 2010, Ross W. Greene nos ofreció el concepto del plan B en su libro *El niño insoportable*.3 Greene decía que el plan A se da en aquellas situaciones en las que el adulto toma una decisión acerca de cómo resolver un problema (un enfoque de arriba abajo para las emociones y el comportamiento). El plan C hace referencia a situaciones en las que el niño tiene el control y el progenitor consiente (un enfoque pasivo ante las emociones y el comportamiento). El plan B es cuando te percatas de lo ocurrido sin enjuiciar para, a continuación, preguntarle al niño «¿Qué pasa?», como en «Me he dado cuenta de que cada mañana, cuando nos ponemos los abrigos, tú gritas. "¿Qué pasa?"». Y, a continuación, montas el escenario para resolver el problema *con* el niño. Si preguntas por ese comportamiento de una manera no enjuiciadora, quizás descubras que la muñequera elástica del abrigo del pequeño le aprieta demasiado. La colaboración en la resolución de problemas con niños tiene lugar de una forma evolutivamente apropiada durante la fase 5 del procesamiento emocional. Y la única forma de llegar a la fase 5 es llevar al niño a través de las fases 1 a 4. Intenta no enjuiciar durante el proceso, limitándote a reflejar simplemente lo que ves y escuchas. Para aquellos niños que han alcanzado una fase de desarrollo verbal, puedes añadir una frase de comprobación, como «¿Cómo te sientes?», «¿Qué tal?», o cualquier otra pregunta abierta. Lo que se bus-

3. Publicado en castellano por Médici, Barcelona, 2004.

ca es que el niño sepa que es su turno para hablar y para compartir su experiencia. A continuación, ofrecemos algunos ejemplos:

- «Acabas de arrojar la taza. ¿Qué pasa?».
- «Veo que llevas toda la mañana corriendo y colisionando con nosotros y el corazón te late rápido. ¿Cómo te sientes?» (el apego seguro y el confort con el contacto físico será de gran ayuda si le pones una mano suavemente sobre el pecho y la otra en la espalda).
- «Me acabo de dar cuenta de que le has gritado a Maddie un par de veces. ¿Estás bien?».

Si el niño no sabe qué sucede o no dispone de palabras para explicarlo, puedes ofrecerle una suposición, por ejemplo:

- «¿Arrojaste la taza porque estás decepcionada por el hecho de haberte dicho que hoy no hay galletas?».
- «Tienes lágrimas en los ojos. ¿Estás triste porque echas de menos a mami?».
- «¿Estás enfadada porque Maddie está jugando con tu vehículo favorito?».

Durante la fase 5: pasar página, podéis plantearos alternativas a esa conducta:

- «Dado que es peligroso que arrojes la taza, ¿se te ocurre qué podrías hacer la próxima vez que tengas un sentimiento fuerte? ¿Qué te parecería apretarte las manos con fuerza y decir "¡ahhhhh!" la próxima vez?».
- «Yo también echo de menos a mami cuando se va. A veces le mando mensajes cuando la echo mucho de menos. Pero yo sé que a ti te gusta pintar, de modo que, cuando eches de menos a mami, ¿qué tal si le haces una pintura especial y se la enviamos, en vez de comenzar a correr y a chocar con nosotros?».
- «Parece que hablar de esto te ha ayudado a sentirte mejor. La próxima vez que te enfades con Maddie y quieras gritarle, ¿qué te parece si vienes a buscarme de inmediato?».

Deja espacio para que el niño rechace tus ideas y tenga ocasión de compartir las suyas propias. Y, por otra parte, ten preparadas un par de sugerencias más por si el niño no tiene ninguna otra.

Una forma indirecta de hablar de determinada conducta en la que el niño se va a sentir menos vulnerable es sacar el tema a colación más tarde mientras jugáis. Tú puedes interpretar el papel de un personaje que necesita ayuda para sobreponerse a un sentimiento similar, o puede ser la muñeca la que tiene tal sentimiento. Dos personajes de Lego pueden tener un conflicto y necesitan la ayuda de un tercer personaje de Lego. La clave aquí consiste en meterse en los personajes, pues, de otro modo, el niño puede tener la sensación de que el juego no es auténtico. Cerciórate de jugar con los niños también en otros momentos, y no sólo cuando intentas abordar conductas.

Con independencia de cuándo hables de la conducta, mantén un tono y un discurso que no supongan enjuiciar, e intenta que el mensaje sea simple. No pasa nada por introducir una palabra nueva, sobre todo porque puede picar la curiosidad del niño, pero utiliza en gran medida palabras y conceptos que el niño conozca. Recuerda que los niños se esfuerzan mucho por aprender conceptos emocionales y por procesar las emociones en ese momento, lo cual es una prioridad. Proporcionar demasiada información para procesar o aprender restará energía a los objetivos del momento.

Un último detalle para ayudarte a decidir cuándo y cómo hablar de la conducta tiene que ver con el desarrollo de la brújula moral. La mayoría de los niños de menos de cinco años tienen una brújula moral binaria. Las cosas son buenas o malas. Incluso a los ocho meses asocian la disponibilidad como preferible y la no disponibilidad con lo no preferible,[4] y toman como referencia nuestras respuestas ante sus comportamientos y los de los demás para comprender qué más puede ser bueno o malo. Pero al igual que sucede con los hitos del desarrollo, también aquí hay excepciones. Utiliza esta información a modo de guía general para discernir si es más probable que estés hablando con alguien con

4. Lumen Learning: «Psych in Real Life: Moral Reasoning». Introduction to Psychology (s.f.). https://courses.lumenlearning.com/waymaker-psychology/chapter/psych-in-real-life-moral-reasoning/

una brújula moral binaria bueno-malo o con alguien que comienza a sentir por sí mismo por qué algo puede ser bueno o malo.

La reparación: un ingrediente clave para las relaciones de apego seguras

Una de las piedras angulares del apego seguro es la reparación, ya que es un componente crucial para el establecimiento de una relación segura y saludable. Inherente al reconocimiento de reparación es que no es una tragedia cometer errores. Yo nunca he terminado un día como madre o como profesora diciendo: «Hoy he sido perfecta». La perfección no es el objetivo. No podemos decir a los niños que tienen permitido cometer errores para, después, someternos nosotros mismos a un estándar binario de perfección-fracaso. Tómate un respiro de un minuto y repítelo: no podemos decir a los niños que tienen permitido cometer errores para, después, someternos nosotros a un estándar binario de perfección-fracaso. Si los niños cometen errores no es un fracaso tuyo. Y tampoco estás fracasando si tú cometes errores. Todo el mundo tendrá momentos de desregulación, perderá la calma, gritará o reaccionará, en vez de responder intencionadamente, y no pasa nada por ello. Lo que importa es lo que hagamos después.

No podemos decir a los niños que tienen permitido cometer errores para, después, someternos nosotros a un estándar binario de perfección-fracaso.

La cofundadora de Big Little Feelings («Grandes Pequeños Sentimientos»), Kristin Gallant, compartió en una ocasión una anécdota del día en que su hija mayor fue por vez primera al jardín de infancia. En las semanas previas a esta importante transición, Kristin contó que había tenido sentimientos intensos sólo de pensar que su pequeña comenzaría a ir a la escuela y en todo lo que eso supondría. Cuando iban a salir por la puerta de casa el primer día, Kristin quiso hacer la clásica foto con sus niñas en «su primer día en el jardín de infancia» justo después de ponerle los zapatos nuevos. Y fue justo en aquel instante cuando todo saltó por los aires. De pronto, todas las emociones salieron a flote mientras diminutos y grandes humanos por igual entraban en crisis.

En aquel momento, mientras la (por entonces) más pequeña estaba llorando, Kristin comenzó a discutir con su marido, gritándole:

—¿Podemos tomar sólo una foto, nada más que una bonita foto?

Y, a continuación, la hija mayor empezó a llorar y dijo:

—Mami, ¿podemos hacer una pausa?

Momento en el cual Kristin pensó «¡Maldita sea, he metido la pata!».

Kristin se detuvo, se correguló junto con sus hijas, se calmaron todos, hizo una pausa antes de hacer las fotos y se sobrepusieron todos juntos a sus emociones. Mientras se dirigían a la escuela, hicieron la reparación: Kristin reconoció su parte al perder la calma, conectó con sus hijas e hizo la foto una vez todas se hubieron regulado. La reparación fortalece las conexiones. Afirma: «Habrá veces en que se me caiga la pelota porque no es fácil ser humanos, y lo reconoceré y asumiré la responsabilidad por lo que haya hecho en nuestra relación».

La reparación es posible cuando estamos lo bastante regulados como para ver nuestra parte en un conflicto o un error, cuando podemos reconocer verdaderamente el papel que hemos jugado. Los signos que indican que estás listo para la reparación son, entre otros, que tu cuerpo está regulado, que eres capaz de ver la perspectiva de la otra persona, que puedes reconocer tu reacción sin culpar a los demás ni pasarles a ellos la responsabilidad, que estás en disposición de conectar y que sientes interés y/o compasión.

La reparación con un niño puede tener ser algo como lo siguiente:

«Cuando hemos llegado a casa desde el supermercado, todo el mundo ha comenzado a pedir cosas a la vez y me he sentido agobiada. Siento haber gritado. La próxima vez haré varias respiraciones profundas para calmarme primero».

«Esta tarde ha sido complicada. ¿Quieres que pulsemos el botón de pausa y que leamos un libro?».

«Estaba tratando de terminar los platos cuando me dijiste que querías jugar con ese juguete, y te respondí demasiado rápido. He cambiado de opinión: puedes jugar con él si lo deseas. Busca un sitio seguro para jugar».

Una interacción de reparación genuina es una buena ocasión para modelar el uso de frases como «Lo siento», pues será un punto de referencia para los niños a la hora de construir el concepto de «lo siento», y ello por ser real, por darse dentro del contexto y porque está ocurriendo en el seno de la relación de apego. Si tuviste que ausentarte cuando un niño lo estaba pasando mal, la reparación te permitirá conectar mediante el motivo, haciéndole saber al niño que tu alejamiento no fue un castigo. Esto podría sonar a algo así como «A veces, cuando mis sentimientos son muy intensos, necesito tomar un poco de distancia un minuto para calmar mi cuerpo y poder ayudarte. Normalmente puedo calmarme si voy al baño y respiro hondo varias veces. ¿Qué cosas te ayudan a calmarte a ti?». Si terminas este libro con una idea clara, espero que sea que tienes permiso para ser imperfecto, para aprender, crecer e intentarlo de nuevo. Estar en relación supone cometer errores y tener que enmendarse mientras navegamos por los difíciles mares de ser humanos.

¿Prestar atención a un niño refuerza su conducta?

«Simplemente ignóralo y dejará de hacerlo», me decía mi madre cuando mi hermano me incordiaba cuando éramos niños. Para muchas personas, la idea de que ignorar un comportamiento hará que desaparezca viene de muy lejos. La conducta es la comunicación de una necesidad no satisfecha. Esto no quiere decir que no estés satisfaciendo sus necesidades de manera regular. Puede ser simplemente la manera que tiene tu hijo de decirte que te necesita en este momento. Cuando podemos regular nuestra reacción en el momento para comprender mejor por qué está comportándose del modo en que lo hace (qué necesidad no satisfecha está comunicando), podemos admitir que no estamos reforzando su conducta prestándole atención, sino que estamos ayudando a nuestro pequeño a desarrollar nuevas habilidades de comunicación que funcionan mejor que la conducta. Éstas son las habilidades sociales, que podemos enseñarles una vez le hayamos ayudado a calmarse.

La conducta de búsqueda de atención es una conducta de búsqueda de conexión. Los niños no suelen pedir conexión diciendo: «¿Puedes conectar conmigo?». La piden tirando de la manga de tu camisa mientras estáis comiendo, arrojando la taza al suelo o gritando «Eres lo peor del mundo. ¡Te odio!». Podrías tener una reacción interna ante estas conductas y quizás incluso desees desconectar, ignorar al niño, no alimentar esa conducta o, incluso, castigarlo. (Abordaremos el tema de los castigos en el capítulo 8 y ofreceremos alternativas que son muy efectivas para la construcción de habilidades de vida a largo plazo en los niños). Por ahora, *toma nota* de tu reacción y recuérdate: «Está intentando conectar y necesita ayuda».

Los niños se benefician de cualquier enseñanza explícita y no enjuiciadora acerca de qué tipo de comportamientos son eficaces para obtener la atención del adulto. Para ello, diles lo que *sí pueden* hacer: «En vez de arrojar el juguete, puedes decir "¡Juega conmigo!"». Al comienzo de cada curso escolar, hago que mis alumnos de preescolar intenten captar mi atención de todo tipo de maneras. Me llevó tiempo enseñarles cómo quiero ser tratada, y les muestro diversas opciones entre las cuales elegir. La conversación se inicia cuando el niño intenta captar mi atención, por ejemplo, dándome una patada en la pierna. Entonces, yo le pregunto:

—¿Estás intentando captar mi atención?

A lo cual el niño o la niña afirma con la cabeza.

—Yo quiero prestarte atención siempre que lo necesites, y éstas son algunas de las maneras en que puedes captar mi atención: puedes tocarme en la pierna suavemente, así, y decir «¿Lauren?». O bien puedes decir «Por favor». O, si te gustan los abrazos, puedes venir y darme un abrazo. ¿Quieres que practiquemos? Ahora, yo finjo que no sé que estás viniendo... ¿De qué modo vas a intentar captar mi atención?

Un día que estaba de visita en casa de unos amigos, su hija de tres años, Miley, estaba dando gritos y volteretas sin cesar mientras sus progenitores y yo charlábamos, de modo que aumentamos ligeramente el volumen de nuestras voces para poder escucharnos. Yo me percaté de que Miley no dejaba de mirarme en mitad de su alboroto, de modo que me dirigí a ella:

—Miley, ¿estás intentando captar mi atención?

A lo que, exasperada, me respondió:

—¡Sí!

Yo le sonreí y le comenté:

—Para eso, no necesitas gritar; simplemente ven aquí y dime: «Por favor, Lauren», y entonces yo sabré que quieres hablar conmigo.

La niña vino hasta mí con una gran sonrisa y me contó que tenía un vestido nuevo. Después de aquello, mis amigos y yo pudimos reanudar nuestra conversación. Si Miley hubiera comenzado a gritar de nuevo buscando mi atención, la habría invitado a practicar el «Por favor…», pero aquel día lo único que necesitaba la niña era la validación de que su deseo de conectar era real.

No hay por qué satisfacer las necesidades de conexión de un niño en todas y cada una de las ocasiones. Puedes cumplir con sus expectativas de conexión diciendo, por ejemplo: «He visto que has hecho un camino para nosotros junto a las vías de tu tren. Gracias por ser tan considerado», o bien: «Me he dado cuenta de que te has acercado a mí para que Kana se siente a tu lado. Eres muy amable», o «Me he dado cuenta de que te has tomado tu espacio cuando te has sentido frustrada con tu Lego antes». Esto no significa que el niño no vaya a reclamar tu atención en otros momentos, pues todos los pequeños hacen alguna propuesta de conexión o bien utilizan la conducta para comunicar la necesidad que tienen de ésta.

Disculpas forzadas frente a disculpas auténticas

«Tienes que disculparte», «Ve y dile que lo sientes». Si creciste en una cultura donde escuchabas frases como éstas, es muy posible que alguna vez hayas pronunciado estas mismas palabras. Queremos que los niños aprendan a responsabilizarse de sus actos; eso está claro. Y también tiene sentido que deseemos que alguien pida disculpas por lo que ha hecho o dicho mal, porque supone reconocer que otra persona ha sido perjudicada por su comportamiento. Como ya señalábamos en la sección de «La reparación» en este mismo capítulo, reconocer *nuestra* parte de responsabilidad en un conflicto y nuestros errores es crucial en el desarrollo de una relación de apego seguro, pero existe una gran diferencia entre unas disculpas forzadas u obligadas y unas disculpas auténticas.

Imagina que tu pareja llega a casa después una larga jornada laboral y que, pocos instantes después de entrar por la puerta, te suelta:

—La ropa sucia todavía está en la cesta y ni siquiera has comenzado a hacer la cena. ¿Qué has estado *haciendo*?

Y ahora imagina que, inmediatamente después de eso, tu amigo, que está allí, comenta:

—Stella, eso no ha sido amable por tu parte. Tienes que disculparte con Macy de inmediato.

Stella se acerca, mira hacia otro lado y murmura:

—Lo siento.

¿Qué tal se siente eso? ¿Sientes una mayor conexión con tu pareja ahora?

«Un metaanálisis de 175 estudios demostró que pedir disculpas es uno de los predictores de perdón interpersonal más potentes, mayor que cualquier característica demográfica, de personalidad o de relación. Sin embargo, la disculpa no siempre es eficaz a la hora de resolver un conflicto. Que se dé o no la resolución del conflicto dependerá, por lo general, de cómo se perciba la disculpa, de si se ve como fiable, genuina y sincera por parte de la persona ofendida».[5]

En *Educar hoy: Nadie dijo que fuera fácil,* Po Bronson y Ashley Merryman explican de qué modo enseñamos a mentir a los niños sin darnos cuenta, y uno de los ejemplos es el de las disculpas forzadas.[6] Pero ¿qué significa realmente «sentirlo» cuando dices «Lo siento»? Según el Diccionario de la Real Academia Española de la Lengua, en su quinta acepción, significa «Lamentar, tener por doloroso y malo algo». Si el niño no siente realmente ninguna de estas cosas, enseñarle a decir «Lo siento» es prepararle para una mala comunicación en el futuro. El sentimiento de pesar precisa el desarrollo de la conciencia de sí mismo y de

---

5. Yamamoto, K.; Kimura, M. y Osaka, M.: «Sorry, Not Sorry: Effects of Different Types of Apologies and Self-Monitoring on Non-Verbal Behaviors». *Frontiers in Psychology*, vol. 12, p. 689615 (26 de agosto de 2021). doi: 10.3389/fpsyg.2021.689615.

6. Bronson, P. y Merryman, A.: *Nurture Shock: New Thinking About Children.* Hachette Book Group, Nueva York, 2009. (Trad. cast.: *Educar hoy: Nadie dijo que fuera fácil.* Sirio, Málaga, 2011).

las habilidades de toma de perspectivas. Se trata de un concepto emocional que debería enseñarse como el resto de las emociones: cuando lo percibes en el niño, cuando estás leyendo un libro o viendo algo en la televisión en la que un personaje lamenta haber hecho o dicho algo, o bien modelándolo cuando tú mismo lo sientes.

¿Acaso tu motivo es…	**Prueba mejor con esto…**	**¿Por qué?**
…mostrarle que lo que hizo es un error?	Ayúdale a identificar el sentimiento que crees que estaba teniendo cuando actuó así. ¿Se sentía excluido? ¿Avergonzado? ¿Solo? ¿Furioso? (fases 1 y 2). Después, hazle saber que no pasa nada por tener esos sentimientos (fase 3), pero que no está bien [*mencionar la conducta indeseable*]. Hazle sugerencias acerca de lo que puede hacer la próxima ocasión (fase 4). Y si a tu hijo le gusta jugar a hacer simulaciones, puedes incluso fingir que vuelves atrás en el tiempo para poner en práctica la nueva idea (fase 5).	Es inevitable que el niño vuelva a tener ese sentimiento de nuevo, de modo que lo que tenemos que hacer es ayudarle a sentirse cómodo con esa emoción, para que aprenda a regularse la próxima vez que le vuelva a pasar y sepa de qué herramientas dispone para llevar a cabo el proceso (creando la caja de herramientas de estrategias de respuesta). Recuerda que la resolución de problemas (pensar en qué se puede hacer de manera diferente la próxima vez que se dé esta situación) es la última fase del procesamiento emocional.

...ayudar a que el otro niño se sienta mejor?	Haz PCE con el otro niño. Ayuda al otro niño a sentirse mejor (independientemente de dónde esté el niño que cometió el error) para identificar su emoción y darle validación (fases 1 a 3). Después, ayúdale a buscar estrategias de respuesta (fase 4) y de resolución de problemas (fase 5), si es necesario.	En el mundo real, la gente no suele pedir disculpas justo después de haber cometido un error. De hecho, quizás no lo haga nunca. De modo que enseñemos a los niños que el procesamiento y pasar página es algo que pueden controlar ellos mismos y que no dependen de que venga alguien a disculparse. Por otra parte, el niño tendrá un exceso de poder/presión si le hacemos creer que puede controlar las emociones de los demás (en especial, las de los adultos).

...enseñar empatía?	Modela la empatía de forma consistente, sobre todo en tus propias interacciones con los niños y delante de ellos. El capítulo 11 se dedica al desarrollo de la empatía, donde ofreceremos más estrategias.	Según Bronson y Merryman, exigir que un niño se disculpe antes de sentir arrepentimiento le va a enseñar a mentir más que a sentir empatía. Por otra parte, si la vergüenza que pueda sentir por la repetición de errores es un factor, puede resultar incluso más difícil que aprenda empatía, porque la vergüenza no es un lugar seguro. Con el tiempo, eso puede ser apropiado, pero los niños que hacen daño una y otra vez a los demás tienen que dar este paso de aprendizaje en lo relativo a las emociones de los demás de una forma menos personal en primer lugar, para luego poder sentir empatía.

Si un niño comete el mismo error varias veces, tendrás que enseñarle (o cambiar el modo en que le enseñas) las habilidades que va a necesitar para gestionar situaciones similares. De otra manera, no harás más que señalar sus fracasos una y otra vez, con lo que le estarás transmitiendo el mensaje de que hay algo intrínsecamente mal en él, cosa que puede llevar a un agravamiento en sus sentimientos de vergüenza. Cuando sientas el impulso de hacer que el niño pida disculpas, pregúntate por qué vas a exigirle eso. Si puedes encontrar el motivo en la columna de la izquierda de la tabla, entonces te recomendamos que implementes un enfoque alternativo PCE como los que aparecen en la columna central, junto con el por qué en la columna de la derecha.

Una versión más reciente y popular de las disculpas forzadas la constituye un «chequeo» forzado con el otro niño antes de pasar página. Se argumenta para ello que, de este modo, el niño aprenderá de qué manera afecta su comportamiento a otras personas, o que le enseñará empatía. Pero si el «chequeo» tiene lugar antes de que el niño se haya regulado lo suficiente como para conectar contigo y con el otro niño, el primero no va a ser capaz de sentir empatía todavía. La empatía no se enseña a través de la vergüenza o la culpabilidad, sino desde la seguridad y la conexión. Profundizaremos en el desarrollo de la empatía en el capítulo 11 (¡abróchate el cinturón!).

Nunca es demasiado tarde para comenzar. Una vez estuve en una reunión de adultos y niños en la que se desató un conflicto entre dos niños de enseñanza elemental. Después de ponerme a su altura y de ofrecerles apoyo para superar el conflicto, uno de los progenitores me comentó:

—Yo le he estado enseñando a decir «Lo siento», pero me gusta lo que hiciste tú. ¿Cómo puedo pasar del «Lo siento» a hacer eso?

Mientras aprendemos cosas nuevas, podemos recurrir a la investigación que Adam Grant hizo sobre las reconsideraciones, investigación que esbozó en su libro *Piénsalo otra vez: El poder de saber lo que no sabes*;7 y también podemos servir de modelo a los niños sobre el poder del crecimiento. La próxima vez que tu hijo y tú tengáis un momento de calma juntos, puedes decir: «Oye, he aprendido algo nuevo acerca de decir "Lo siento". Si no lo sentimos de verdad, a la otra persona no le va a hacer ningún bien que se lo digas. La próxima vez que estés pasando un mal rato voy a intentar ayudarte antes de que podamos decir "Lo siento" o hagamos un "chequeo" con otro niño, ¿vale?».

7. Publicado en castellano por Ediciones Deusto, Barcelona, 2022.

Capítulo 8

Consecuencias, castigos y recompensas

Castigo: pena que se impone a quien ha cometido un delito o falta.[1]

Vivimos en una sociedad orientada al castigo. De hecho, existe una descomunal industria lucrativa centrada exclusivamente en el castigo, denominada complejo industrial de prisiones. Y sabemos que el castigo afecta a la conducta. El castigo corporal se estuvo aplicando hasta bien entrada la década de 1980, y se consideraba un sistema eficaz para «enseñar» a los niños lo que no queríamos que hicieran. A mí, cuando era niña, me dieron algunos azotes, quizás sólo una vez, y creo que mi madre se echó a llorar después. Pero en aquel momento, tomé de inmediato la determinación de evitar que aquello volviera a ocurrir. Lo irónico del caso es que yo no tenía ni idea de qué era aquello que se suponía que no debía repetir. Cuando quedó claro que ésta no era la forma más efectiva de enseñanza, los progenitores intentaron reemplazar un tipo de castigo por otros. Y tiene sentido, sobre todo si tenemos en cuenta que el castigo fue una experiencia habitual para todos nosotros en la infancia.

Disponemos de todo tipo de enfoques curiosos para «enseñar» a través del castigo. ¿Te han puesto alguna vez de pie, cara a la pared, en un rincón? ¿Te has perdido alguna vez una salida con tu grupo de amistades porque te castigaron a no salir aquel día? Recuerdo el día en que los progenitores de mi primo recibieron su boletín de notas del séptimo grado y, decepcionados con sus notas, le sacaron del dormitorio su

1. Diccionario de la Real Academia Española de la Lengua.

amado equipo estéreo. Quedó emocionalmente desolado con aquella decisión, que, sin embargo, no le llevó a mejorar sus notas. De hecho, cada año recibía un castigo diferente por sus malas notas.

El castigo saca a los niños del contexto de la enseñanza-aprendizaje al intentar causar daño, pérdidas y/o aislamiento con la esperanza de que el niño se lo piense dos veces antes de repetir el mismo error en el futuro. Pero hagamos una pausa para recordar por qué los niños hacen cosas que no queremos que hagan y recurramos al triángulo del crecimiento, del cual hablamos en el capítulo 3, y que nos invita a observar la regulación del sistema sensorial, el procesamiento emocional y el lenguaje. El castigo no tiene nada que ver con la regulación del sistema sensorial, el procesamiento emocional y el lenguaje en los procesos de enseñanza-aprendizaje. El castigo no está en la lista de formas en que los seres humanos enseñan y aprenden que tratamos en el capítulo 4: modelar intencionadamente, animar de manera activa, exagerar para que las cualidades de la tarea sean más obvias y desglosar los pasos de una tarea para que resulten más claros. De hecho, cuando castigamos, sólo estamos enseñando conductas de castigo mediante el modelado de una conducta de castigo y/o el miedo a las represalias dentro de nuestras relaciones de apego.

Sasha, de seis años, cuando llegó a casa tras su primer día viajando en el autobús escolar, le dijo a su madre: «Hay un asiento maldito en la parte de delante del autobús. Si no escuchas, tienes que ir allí sentada durante dos semanas, de modo que no voy a poder veros en todo ese tiempo». Si te portas mal en el autobús, tienes que sentarte en el asiento maldito durante dos semanas y, en su mente infantil, aquello significaba que no podría *abandonar* aquel asiento durante dos semanas... que tendría que vivir allí. Ni escuela, ni casa, nada. ¡Eso sería terrible! ¡Y, además, a los seis años!

Cuando nos inventamos castigos con el objetivo de controlar la conducta de un niño, podemos enviar mensajes que no pretendíamos enviar. Los castigos se suelen utilizar para reducir los «malos» comportamientos. Conseguimos lo que deseamos. De verdad que lo conseguimos. Pero si nos quedamos atascados en la conducta que vemos en la superficie, nos perderemos la oportunidad de satisfacer la necesidad que está motivando la conducta del niño. Y hasta que esa necesidad no se satisfaga, seguiremos encontrándonos con «malas» conductas novedosas en otras áreas de su vida, a medida que el niño intente, de manera inconsciente, satisfacer la necesidad de regulación o de conexión. Entre los castigos más utilizados están el tiempo muerto, que te ignoren, las amenazas, que te avergüencen o que te retiren cosas que no guardan relación con la conducta. Los abusos físicos y emocionales son, asimismo, formas de castigo.

Motivación intrínseca frente a motivación extrínseca

Recompensa externa: algo que se da a una persona como reconocimiento a un servicio, un esfuerzo o un logro.

Supón que Sasha llega a casa después de su primer día en el autobús escolar y dice: «Cada día que te portas bien en el autobús te dan una pegatina con tu nombre. Y si te portas bien todos los días del mes, te dan a elegir de la caja de premios al final del mes». Las recompensas externas se suelen utilizar para conseguir «buenas» conductas. Ejemplos de recompensas externas son los elogios verbales, las hojas de pegatinas, juguetes, dulces y atención, que sólo se dan tras realizarse determinadas conductas. Tiene sentido, ¿verdad? Si recompensamos los comportamientos que queremos ver, los veremos con más frecuencia.

El problema estriba en que, de este modo, no ayudamos a los niños a cultivar sus habilidades de comunicación ni a satisfacer sus necesidades subyacentes, además de socavar el sistema de recompensas *intrínseco* del cerebro. ¿Qué ocurre cuando no hay una recompensa externa? ¿Seguirá apareciendo esa conducta «buena»? Las recompensas suelen provocar una secreción de dopamina en el cerebro. El problema con la dopamina es que, cuando conseguimos un poco, el organismo pide más, y, después, para sentirse tan bien como la última vez, el cuerpo va a querer aún más, lo cual va a dar como resultado la necesidad de más recompensas y más variadas para poder seguir teniendo el mismo resultado conductual.

Pero también liberamos dopamina cuando logramos hacer algo difícil y cuando superamos algún riesgo. En estas situaciones, no precisamos una recompensa externa para reforzar el comportamiento porque el cerebro nos ha dado ya la recompensa de la dopamina. Por ejemplo, cuando superamos juntos emociones realmente intensas, logramos algo muy difícil y nuestro sistema recompensará con dopamina tan gran esfuerzo de forma natural, tanto en el niño como en el adulto. El estímulo que desencadenó la secreción de dopamina fue el mero hecho de superar un reto difícil y no una pegatina de recompensa. De este modo, el aprendizaje que queda a nivel inconsciente es «el esfuerzo le hace a uno sentirse bien», en vez de «conseguir pegatinas te hace sentir bien». En resumen, las recompensas externas pueden interferir con la fértil motivación intrínseca.

Las consecuencias

Consecuencia: hecho o acontecimiento que se sigue o resulta de otro.[2]

Supón que Sasha viniera diciendo de su primer día de viaje en el autobús escolar: «La conductora nos dijo que su trabajo consiste en que estemos seguros. Si alguien no está seguro o hace que otra persona no lo esté, hace que se siente en el asiento de delante, con el cinturón abrochado. Así, la conductora está tranquila de que todo el mundo está a salvo mientras ella conduce». La expectativa de la conductora del autobús es la de un comportamiento seguro. La consecuencia por traspasar este límite es sentarse justo detrás de la conductora y ponerse el cinturón de seguridad. En un mundo ideal, habría alguna otra disposición que abordara la *raíz* de la conducta «insegura» del niño si éste se convierte en un tema recurrente en el autobús. Las consecuencias pueden ser naturales o impuestas. Una consecuencia natural es el resultado directo de una acción, como mojarse después de saltar en un charco. Una consecuencia impuesta podría ser cuando un adulto quita del alcance del niño los rotuladores después de que éste haya hecho un dibujo en la pared.

2. Según el Diccionario de la Real Academia Española de la Lengua.

Consecuencia impuesta	Consecuencia natural
Cuando un niño hace daño a su hermano repetidamente, los separas para preservar la integridad de ambos.	Cuando un niño arroja su taza al suelo, la taza queda fuera de su alcance.
Cuando un niño echa a correr en un espacio público, le dices que tiene que ir de tu mano.	Cuando un niño se corta los pantalones con unas tijeras, hay un agujero en los pantalones.
Cuando un niño se sube al banco de la cocina, lo agarras y lo dejas en un lugar seguro, como el sofá.	Si el niño se echa agua en la camisa mientras juega, va a estar húmedo.

Una consecuencia impuesta puede resultar natural para el niño por el mero hecho de haber sucedido fuera de escena. Éste sería un buen enfoque si tuviéramos una expectativa cuyo desarrollo no fuera razonable. Por ejemplo, si el niño que dibuja en las paredes tuviera dieciocho meses, sería cuestionable dejar los rotuladores a su alcance con la expectativa de que el niño no vaya a terminar rayando las paredes. En esta situación, lo único que podemos hacer es poner los rotuladores en la estantería y dedicar más tiempo a modelar y enseñar cómo se usan antes de hacer una prueba para ver qué pasa cuando se dejan al alcance del niño de nuevo. Cuando determines una consecuencia impuesta, asegúrate de que sea algo que te parece bien y/o puedes llevar a término. Por ejemplo, ¿de verdad vas a dejar al niño en casa por impedir que vaya a la reunión familiar (lo cual va a exigir que tú también te la pierdas)? Si no lo vas a hacer, la consecuencia no va a funcionar. Por otra parte, si hay en ti un atisbo de venganza o piensas una consecuencia que tenga el máximo impacto, quizás es que estás planificando un castigo. Si es así, haz un poco de cuidado personal y regula tu sistema nervioso antes de tomar una decisión de este tipo. A la hora de elegir una consecuencia, convendrá que ésta esté directamente relacionada con la situación y que no conlleve ningún tipo de inversión emocional por tu parte.

Escenario: la niña derrama una cantidad excesiva de sirope de arce en su plato durante un desayuno con tortitas.

Castigo: «Ahora te vas a comer a la mesa pequeña tú sola».

Consecuencia impuesta: «La próxima vez te ayudaré yo a poner el sirope en las tortitas».

Escenario: el niño tarda en acostarse, no se pone el pijama ni se lava los dientes, etc.

Castigo: «No te voy a acompañar a la cama a la hora de dormir si no te pones el pijama ya».

Consecuencia impuesta: «Quedan diez minutos para acostarse. Si la alarma suena antes de que te hayas puesto el pijama, no nos quedará tiempo para que te lea algo antes de dormir».

La crianza o la enseñanza emocionalmente sustentadora supone el uso tanto de consecuencias naturales como de consecuencias impuestas/lógicas como forma de ayudar al niño en el momento de una desregulación o en el cultivo de habilidades. Las consecuencias impuestas permiten a los niños la libertad de elegir sus actos, pero eso no significa que el adulto vaya a ser permisivo con los límites. Límites expresados + consecuencias = expectativas conocidas.

Cómo gestionar las consecuencias y la disciplina en un sistema de recompensa-castigo

Vivimos en una cultura de recompensa-castigo: metodologías punitivas para disciplinar en las escuelas, encarcelamientos masivos o sistemas de compensación y promoción en el puesto de trabajo son sólo unos pocos ejemplos. Pero la sociedad, en su conjunto, está despertando a lo que muchos de nosotros ya sabíamos desde hace tiempo: que a las personas se las castiga o recompensa de forma diferente en función de su identidad social. ¿Cómo podemos preparar a los niños para un mundo en el que se van a encontrar habitualmente con sistemas de recompensas y castigos, si nosotros valoramos y enseñamos algo por completo distinto? El autor de *How We Do Family* («Cómo hacemos familia»), Trystan Reese, me dijo una vez las siguientes palabras: «Tenemos que preparar a los niños para el mundo en que vivimos mientras los capacitamos para cambiarlo». Es decir, tenemos la responsabilidad de enseñar a los niños cómo moverse en los sistemas con los que se van a encontrar, y lo que decidamos enseñarles deberá estar arraigado en nuestra propia experiencia con esos sistemas. La forma en la que transmitamos esto puede ser la misma que utilizamos para enseñar habilidades sociales:

- Leer libros juntos y conversar sobre las experiencias de los personajes.
- Preparar a los niños para aquellos espacios en los que entren (si gritas en la sala de cine, el acomodador te echará y no te preguntará si te pasa algo).
- Hacer preguntas a los niños por curiosidad siempre que se encuentren con sistemas de recompensa-castigo.
- Discutir los objetivos del sistema y pedirles ideas sobre de qué otro modo se podrían alcanzar tales objetivos.

Si crees que estos sistemas no son justos, coméntalo también con los niños. La segunda edición del libro *Anti-Bias Education for Ourselves and Our Children*[3] («Educación sin prejuicios para nosotros y nuestros hijos») y *Raising Antiracist Children: A Practical Parenting Guide*[4] («Cómo educar niños antirracistas: Guía práctica para progenitores») son nuestros dos recursos favoritos para aprender cómo hablar de las injusticias y

---

3. Derman-Sparks, L.; Olsen Edwards, J. y Goins, K.: *Anti-Bias Education for Ourselves and Our Children*, 2.ª ed. National Association for the Education of Young Children, Washington D. C., 2020.
4. Hawthorne, B.: *Raising Antiracist Children: A Practical Parenting Guide.* Simon Element, Nueva York, 2022.

cómo cambiar las cosas de un modo que tenga sentido para nuestros humanos diminutos. El primer libro está escrito para docentes, pero los conceptos se pueden aplicar también en la crianza parental.

Podemos acompañar a los niños a través del proceso, haciéndoles saber que, aunque diferentes espacios, personas y entornos pueden tener distintas reglas y expectativas a las que tenemos en casa, nosotros mantendremos un espacio emocional seguro en casa para procesar.

Conectar con los niños para aclarar expectativas

Cuando las personas comienzan a practicar el PCE, se preguntan a veces si no estarán reforzando conductas negativas sin pretenderlo. Pero no tendrás que preocuparte demasiado por averiguar qué conductas *negativas* estás reforzando si te centras, más bien, en conectar con los niños (en hacerles saber que los ves) cuando han hecho algo que encaja con tus valores. Algunas formas de conectar con los niños y de hacerles saber que los ves son las minicelebraciones (con bailes tontos o dando saltos), los «choca esos cinco», los abrazos, grandes sonrisas, mostrar un pulgar hacia arriba o elogios como «¡Lo has hecho!» «¡Guau! ¿No te sientes orgullosa?», etc. «Guides for Enterprise Talk» («Guías para la charla empresarial»), de Tom Drummond (enlazado en www.seedandsew.org/more) es un gran recurso de pensamiento creativo en lo relativo a frases y lenguaje corporal.

Mientras te inventas formas de conectar tras la realización de comportamientos positivos, ten en cuenta lo siguiente:

1. «El gesto de levantar el pulgar es habitual en muchas culturas, y significa el trabajo bien hecho. Sin embargo, si se utiliza en Australia, en Grecia o en Oriente Próximo (sobre todo si se hace empujando hacia arriba, como el típico gesto de autoestop) significa esencialmente «¡Que te den!» o «¡Siéntate aquí arriba!».[5] Si

5. Cotton, G.: «Gestures to Avoid in Cross-Cultural Business: In Other Words, "Keep Your Fingers to Yourself!"» (2013). www.huffingtonpost.com/gayle-cotton/cross-cultural-gestures_b_3437653.html

perteneces a una familia bicultural o interactúas con un niño cuya cultura principal es diferente de la tuya, convendrá que te informes sobre las señales o gestos sociales de la otra cultura.

2. Los estudios demuestran que, si dices «Buen trabajo», es probable que los niños piensen que eso significa que ya han terminado con la tarea encomendada y que la pueden dejar ya. Por otra parte, dado que esa frase no especifica nada en concreto, cabe la posibilidad de que el niño no sepa qué comportamiento estás elogiando. Prueba mejor con algo como «¡Guau, mira cuánto espacio ha quedado para caminar después de que colocaras los libros en orden! Gracias por ordenarlo todo para que no tropecemos».
3. Los estudios demuestran que, si elogias un rasgo de personalidad de un niño después haber resuelto un problema de matemáticas (por ejemplo, «Has resuelto ese problema muy rápido. ¡Eres muy listo!»), es menos probable que el siguiente problema de matemáticas que elija sea más complicado, quizás por temor a no ser tan «listo». Pero si elogias su esfuerzo («Has resuelto ese problema muy rápido. ¡Has trabajado duro!»), el niño estará dispuesto a enfrentarse al siguiente reto y elegirá un problema más complicado. De este modo, se le reconoce lo que puede controlar en ese momento (lo que se esfuerza), en vez de los rasgos que puede tener o no (algo sobre lo que no tiene control en ese instante). Por otra parte, también se realza el valor del proceso más que el resultado final.[6]

He aquí algunas estrategias para que tus expectativas resulten más accesibles a los niños:

- **Reconocer sus gestos prosociales.** Con frecuencia, sorprendemos a los niños cuando están haciendo algo que no es correcto, pero ¿qué pasaría si *los reconociéramos* cuando muestran conductas prosociales? «Gracias por ayudar a Sarah a ordenar esos bloques. Ha

6. Mueller, C. M. y Dweck, C. S.: «Praise for Intelligence Can Undermine Children's Motivation and Performance». *Journal of Personality and Social Psychology*, vol. 75, pp. 33-52 (1998). doi: 10.1037/0022-3514.75.1.33.

sido muy amable por tu parte». Ésta es una magnífica manera de cultivar la confianza con los niños y hacer que se sientan parte de la sociedad, la familia o el aula, y capaces de colaborar. Imagina la sensación si alguien te dice: «Gracias por fregar los platos esta noche. Lo valoro mucho».

- **Fíjate en el modo en que expresas expectativas.** Reflexiona sobre las expectativas que has decidido generar. Expresar de manera positiva tus expectativas supone una gran diferencia. Si no lo has puesto a prueba todavía, comienza ahora. Por ejemplo, si la niña se sube a la mesa, podrías decir: «Por favor, mantén los pies en el suelo», en vez de: «No te subas a la mesa», pues parece que los seres humanos, de cualquier edad, preferimos hacer algo a que alguien nos diga lo que no tenemos que hacer.

Orden negativa	**Replanteamiento positivo**
No te subas a la mesa.	Los pies en el suelo, por favor.
¡Deja de gritar!	¿Puedes igualar tu voz a la mía?
Se acabaron los tentempiés. Hemos terminado de comer.	¡El tiempo de los tentempiés ha terminado! ¿Vamos a fregar los platos juntas?

- Divide la tarea en pasos. «Vamos a prepararnos para marchar» puede que no ofrezca suficiente información. En esta situación ofreceríamos más datos diciendo: «Vamos a guardar los juguetes en la cesta y, luego, ve a la puerta y ponte los zapatos». Quizás necesites ralentizar aún más el proceso y dar más detalles en cada paso. «Por favor, pon el coche en la cesta [*mientras sostienes la cesta*]». O puedes practicar la charla empresarial que hemos citado antes: «Cuando ordeno los coches, los pongo en la cesta [*mientras se demuestra con la acción*]».

- **Presta atención a las pistas no verbales.** El cuerpo está examinando constantemente el entorno en busca de amenazas con el fin de mantenernos a salvo. Alerta para empollones: a esto se le llama neurocepción. Si corriendo por el bosque te topas con un oso, éste quizás gruña y se ponga en pie sobre sus patas traseras para enviarte una señal de «retrocede». Pues bien, al igual que los animales, nosotros enviamos pistas no verbales muy parecidas que transmiten mensajes bien de seguridad o bien de amenaza. Para transmitir mensajes de seguridad: baja la voz, abre el pecho y los hombros, haz las cosas más despacio, respira y ponte al nivel de los ojos del niño. Estas acciones regularán tu sistema nervioso y ayudarán al niño a sentirse a salvo, por lo que será más probable que conecte y colabore.
- **Haz que resulte interesante.** Sabemos que, cuando los niños se involucran emocionalmente, es más probable que se interesen en el material que les presentas. Si la expectativa es que no arrojemos coches de juguete, pero los niños quieren jugar a un juego de autos que chocan y luego salen despedidos por el aire, enséñales a hacer volar los vehículos a cámara lenta, mientras sostienes el automóvil en la mano en todo momento. Averigua también a cuáles de sus ideas puedes responder que sí.
- **¡Canta tus expectativas!** Todavía me acuerdo de la canción de las ecuaciones que nos cantaba mi profesor de matemáticas de octavo grado, el señor Sheridan. Cantar compromete a corazón, mente y memoria. Y no hace falta cantar bien para poner a prueba este enfoque; además, las voces ridículas son bienvenidas, aunque no obligatorias. Busca frases sencillas y fáciles de repetir. Una canción habitual en mi aula cuando los niños volvían del patio era: «Pon mi abrigo en la taquilla y lávame las manos», que funcionaba muy bien para la mayor parte del grupo.
- **Toma nota de si hay alguien que busca atención permanentemente.** ¿Ocurre durante determinadas transiciones todos los días?

¿Es cuando estás prestando atención a algún otro niño o persona? ¿Sucede los días en que hay que despertarlo en vez de despertarse por sí solo? Todos los niños necesitan atención, pero no existe una cantidad de atención mágica ni tipo de atención que necesiten todas las personas. Si te percatas de la existencia de un patrón en el *cuándo,* podrás prepararte para proporcionar esa atención o para incluirla en tus rutinas.

A veces, da la impresión de que gotea la taza conexión-recibir del niño, como cuando os pasáis todo el día juntos y el niño todavía necesita más. A continuación menciono cinco consejos para llenar la taza de la conexión infantil:

1. **Tiempo sin pantallas.** Pantallas fuera. El teléfono celular en silencio y bien lejos, y sin zumbidos que puedan desviar tu atención del niño.
2. **Juego dirigido por el niño.** Deja que el niño lleve la voz cantante. Tiene que decirte cómo quiere que juegues con él (siempre y cuando sea dentro de tus límites), desde qué animal de peluche vas a sostener tú hasta lo que ese animal tenga que decir.
3. **Entregaos a una actividad que tú sepas que le gusta.** A mi pequeño le encanta colaborar en cualquier actividad culinaria que tenga lugar en la cocina. Y, sinceramente, no es fácil incluirlo. Es más fácil sacarlo todo y hacer la comida sin tener por el medio la insaciable curiosidad del pequeño. Sin embargo, el día en que le mostramos durante treinta segundos qué ocurre en una sartén y luego le encomendamos tareas como quitar las pegatinas de la fruta o mezclar algo en un cuenco con una espátula, ese día se sintió incluido y conectado.
4. **Fíjate en las cosas pequeñas.** Márcate el objetivo de reconocer un pequeño momento durante la mañana y un pequeño momento durante la tarde cuando te des cuenta de que está haciendo algo que valoras. «He visto que has ayudado a tu hermana a quitar la tapa de la fiambrera. Gracias, cariño», «Me encanta escucharte cuando tocas tus instrumentos». Estos pequeños reconocimientos tienen un efecto profundo.

5. **Pon un cronómetro.** Haz que el niño sepa lo que cabe esperar utilizando un cronómetro como herramienta de comunicación: «Antes de preparar la cena, me gustaría jugar contigo. Pondré el cronómetro y, cuando suene la alarma, me iré a hacer la cena». Estará bien marcar límites en torno a cómo conectar después de llenar su copa, pues, cuando suene la alarma, es posible que quiera más. En este caso, puedes decirle algo así: «Yo también me he divertido mucho jugando contigo, cariño. ¿Podrías buscar una canción y la escuchamos mientras preparo la cena?».

¿Cuál es el objetivo?

Existe ya mucha investigación disponible y mucha conciencia general sobre el refuerzo conductual en todas partes. ¿Te acuerdas del perro de Pavlov? Mientras que el castigo era clave en la investigación del perro de Pavlov, el refuerzo positivo es el centro en la aplicación contemporánea del enfoque conductual. El Análisis Conductual Aplicado (ABA, por sus siglas en inglés) es un enfoque ampliamente respetado que se emplea en la enseñanza de niños con autismo. Por otra parte, las Intervenciones y Apoyos Conductuales Positivos (PBIS, por sus siglas en inglés) constituyen un enfoque utilizado y reconocido a nivel nacional en Estados Unidos para abordar la conducta en los sistemas escolares.

Nos gustaría dejar claro que entre los objetivos del PCE no se incluye el refuerzo de conducta. También queremos que sepas que el PCE no entra en conflicto con el ABA ni con las PBIS, y que puedes usarlos conjuntamente. Programas como el ABA y los PBIS buscan fomentar las conductas prosociales mediante el refuerzo o la recompensa. Sin embargo, el objetivo del PCE consiste en apoyar el desarrollo de la inteligencia emocional. Gestionar la conducta a base de castigos o de recompensas externas puede fomentar a corto plazo los resultados deseados, como hacer que el niño haga algo para evitar el castigo o para conseguir una recompensa, pero no va a cultivar la caja de herramientas del niño para la inteligencia emocional.

Cuando vemos que los niños no nos hacen pasar un mal rato, sino que son ellos los que están *teniendo* un mal rato, podemos responder de forma compasiva, con curiosidad y conexión.

El método PCE intenta contemplar al niño en su integridad, al tiempo que nos observamos a nosotros mismos, en particular los *motivos* de nuestros impulsos o deseos. Quizás sientas el deseo de controlar la conducta a través del miedo y el castigo. Tal vez te inclines más por un sistema de recompensas, que trata más de *cosas* que de conexiones, para intentar fomentar determinadas conductas de forma positiva. Pero cuando recurrimos a la atención plena, cuando practicamos la conciencia de sí mismo, nos autorregulamos y reconocemos nuestros prejuicios, es más fácil ver al niño íntegro que tenemos delante con la inteligencia emocional.

El método PCE es una vía de conexión y colaboración con el niño, en lugar de una vía de desconexión y control. Crea los cimientos para una relación de respeto y confianza mutuos, donde el adulto ve la conducta como la comunicación de una necesidad que el niño no sabe todavía de qué otro modo expresar. Cuando vemos que los niños no nos hacen pasar un mal rato, sino que son ellos los que están *teniendo* un mal rato, podemos responder de forma compasiva, con curiosidad y conexión.

Capítulo 9

Cómo terminar con las crisis nerviosas antes de que empiecen

Ya hemos hablado de qué hacer cuando tienen lugar emociones intensas y conductas inesperadas, esos momentos a menudo estresantes y espontáneos. Y ahora nos gustaría compartir algunas estrategias que reducen la frecuencia de las «crisis nerviosas»; dicho de otro modo, los momentos de angustia imprevistos y/o desregulación. La palabra clave es «reduce». Por favor, sé amable contigo mismo y despréndete de cualquier imagen que no incluya emociones intensas y desregulación en ocasiones.

La enseñanza previa

Imagina que consigues un empleo nuevo, pero que lo único que sabes de él es que has conseguido un empleo nuevo. Ni siquiera sabes lo que supone tal empleo, con qué personas tendrás que trabajar ni cómo será tu jornada laboral. ¿Tendrás tiempo libre para el almuerzo? ¿Cuánto tiempo tendrás que pasar allí y cuándo podrás volver a casa? ¿Qué tendrás que llevar contigo? ¿Qué cabrá esperar? ¿Será estresante el trabajo?

Ahora imagina cómo se sienten los niños cuando tienen que enfrentarse a una nueva experiencia o actividad sin preparación alguna. Pues bien, la enseñanza previa establece esas expectativas, dado que respeta a los niños al proporcionarles información acerca de lo que va a ocurrir y les deja espacio para que formulen cualquier pregunta que pudieran tener.

Mi prima, embarazada de un millón de semanas, me llamó para decirme que padecía un virus estomacal.

—¿Existe alguna posibilidad de que puedas cuidar de Pierce hoy? En estos momentos, no podría cuidar de un niño de tres años.

—Claro –contesté–. Voy ahora a una concentración de primera infancia, pero me puede acompañar.

Pierce no es un chico de grupos grandes. Es curioso y observador, y, si se siente estimulado en exceso, normalmente tiene emociones intensas para hacernos saber que está abrumado. Nos dirigíamos a la concentración... con muchísimas personas que él no conocía... Lo sé, ¿vale? Fue una decisión audaz. Teníamos media hora de trayecto por delante, y nos pasamos todo el camino charlando acerca de qué se podía esperar en aquella concentración de gente.

—Cariño, en el sitio donde vamos, te encontrarás con un edificio grande con una bola encima que es la Cámara del Estado. Cuando lleguemos, entraremos en el edificio y, antes de que comience la concentración, almorzaremos con algunas de mis amistades. [*Pausa, para darle tiempo a procesar mis palabras*]. Mis amistades no te conocen, por lo que quizás se emocionen y sientan curiosidad al verte. A ver, ¿qué cosas te podría preguntar una persona que no conoces?

—¿Te gusta el chocolate? –respondió él.

—Sí, quizás te pregunten eso. ¿Y tú qué dirías?

—¡Sí, claro! –respondió.

—¿Y qué más te podrían preguntar?

—Mmm... ¿Cuál es tu dinosaurio favorito?

—¿Y tú que les dirías?

—¡El *T. rex*! Tiene los dientes muy afilados, pero tiene los brazos muy chiquititos.

Sonreí.

—Así es. A veces, cuando conocemos gente nueva, te preguntan cuál es tu nombre.

—¡Pierce!

—¡Exacto! También podrían preguntarte cuántos años tienes.

—¡Tengo tres años!

Ahora que ya tenía una idea de qué podía esperar de la interacción social al principio, pensé en darle apoyo sobre qué hacer si su sistema nervioso se sentía sobrecargado, aun estando preparado para la situación.

—Cuando estemos allí, si te sientes abrumado o nervioso, puedes apretarme la mano y yo te escucharé y te ayudaré, ¿vale?

Continué haciéndole saber qué debía esperar después del almuerzo y de qué modo podría pedirme ayuda. Y cuando llegamos al almuerzo, dijo:

—¡Hola! ¡Soy Pierce y tengo tres años! –pronunció estas palabras como si hubiera pensado «¡Ajá! Voy a responder a todas las preguntas antes de que me las hagan».

Fue adorable.

En un momento determinado, a lo largo del día, alguien que estaba hablando conmigo se volvió de pronto para hacerle una pregunta. Pierce comenzó a hacer ruidos extraños y a darme vueltas.

—¿Necesitas apretarme la mano? –le pregunté.

—Mmhmm –dijo mientras me apretaba la mano, y yo me agaché para conectar con él y ayudarle a regularse.

Podemos aplicar la enseñanza previa antes de cualquier transición intensa, como la entrada en una nueva escuela o una nueva clase, la llegada de un nuevo hermanito o hermanita, o una mudanza. Pero la enseñanza previa en el día a día es tan útil como eficaz. Ejemplos de ello serían la rutina matutina, de camino al supermercado, yendo a un restaurante, antes de llegar a casa de la abuela, o qué cabe esperar en una fiesta de cumpleaños... Y se puede comenzar a muy temprana edad. Vale la pena mostrarles respeto y comunicarles lo que viene a continuación, aunque no estemos muy seguros de en qué medida nos van a entender. Hablar a los niños y comunicarse con ellos les ayuda a construir habilidades que les permiten comprendernos y comunicarse con nosotros. Como adultos, a veces nos olvidamos de cuánto sabemos acerca de cómo son y cómo funcionan las cosas, y compartir esta información puede reducir en gran medida la cantidad de pruebas de ensayo-error que los niños necesitan hacer cuando se enfrentan a situaciones novedosas.

Podemos enseñar previamente a un bebé cómo le vamos a vestir, y quizás se muestre más tranquilo a lo largo del proceso. Podemos enseñar antes a un niño pequeño que alguien va a venir a casa hoy, y quizás pueda responder a la pregunta de «¿Quién vendrá a cenar?». «¡Nana!». Podemos enseñar con anterioridad a un niño de preescolar qué puede esperar durante su tiempo en el patio de juegos, y quizás esté más preparado para saber qué hacer si alguien está utilizando la pala que él hubiera deseado emplear. Podemos enseñar previamente a un niño de seis años qué puede esperar en la fiesta de cumpleaños de su amiga, y es posible que pueda gestionar mejor la envidia de no recibir él también regalos. La enseñanza previa es un clásico de esos en el que todos salen ganando, porque los niños se sienten más seguros en la medida en que están más preparados para lo que van a vivir, y esto les permite acceder a más herramientas propias y nos ayuda a discurrir juntos por la vida.

Soluciones proactivas

Una de mis soluciones proactivas favoritas es el juego de «¿Y si...?». Podemos practicar una lluvia de ideas sobre qué podemos esperar en diferentes escenarios sociales para practicar distintas situaciones. «¿Y si llegamos al patio de juego y todos los columpios están ocupados? ¿Qué harías?». A veces el niño tiene una respuesta lista. «Podría decir: "¿Puedo ser el siguiente?"». Y, en ocasiones, el niño va a necesitar orientación. Si no está seguro o no dispone de una respuesta, puedes ofrecerle una solución. «Podrías decir: "¿Puedo ser el siguiente?" Y, mientras esperas tu turno, puedes jugar en el arenero o trepar a la estructura».

- ¿Y si viene Conley y quiere jugar con tu camión de bomberos nuevo?
- ¿Y si estás haciendo una construcción de bloques y viene Quinn a jugar también y lo derriba todo?
- ¿Y si tú quieres algo de la tienda y papá te dice que no?

Las historias sociales son otra solución proactiva, que puedes escribir o, simplemente, contar. Se trata de historias breves que tú te inventas y en las que surge un problema, y los personajes lo gestionan de un modo productivo, sirviendo de modelo a los niños en cuanto a cómo se hace. Si dejar la escuela al final del día es un problema para tu hijo, puedes inventarte la historia de un niño que *deseeeeaba* quedarse en la escuela y seguir jugando cuando, de pronto, llegó a recogerlo la persona que lo cuida. Puedes utilizar en la historia frases de la vida real, pero evita el nombre del niño, para que pueda asimilar la historia sin sentirse avergonzado, culpable o a la defensiva. Puedes contar estas historias a lo largo del día, cuando hay una pausa natural en el juego o la actividad, cuando existe una llamada de atención, durante las comidas, cuando se va a la cama. Puedes contar historias en las que se incluya una forma inadecuada de responder ante una situación, pidiéndole entonces al niño de preescolar que mencione ideas sobre otras maneras de resolver el problema. O puedes comenzar una historia contando cómo el personaje solía reaccionar, para luego contar cómo aprendió a responder de un modo distinto, de una manera que le hizo *sentirse* mejor.

Todos tomamos decisiones sobre la base de cómo nos sentimos, y los niños también lo hacen. No es una sensación agradable enojarse y arrojar un juguete. Uno se siente mejor cuando se enfada y puede procesar esa emoción para intentar resolver el problema. Y no podemos echar mano de una herramienta que no tenemos en la caja de herramientas. De modo que, si practicamos estos posibles escenarios antes de que se presente el momento, podremos dotar de recursos a la caja de herramientas del niño para que pueda encontrar lo que necesita *cuando llegue* ese momento; del mismo modo que, si practicamos la atención plena, la conciencia de sí mismo y el cuidado personal cuando estamos en calma, será más probable que recurramos a nuestra propia caja de herramientas en los momentos más intensos o más tiernos.

Ayudas visuales y tecnología

Los adultos utilizan ayudas visuales a todas horas para no tener que seguir el rastro de todo en su mente. Y, por otra parte, hay personas que emplean la tecnología, además, en lugar de las ayudas visuales o junto con éstas. Calendarios, listas de tareas, alarmas en el reloj, notas adhesivas, listas de empaquetado, listas de compras, correos electrónicos marcados como no leídos, el recordatorio para llevar pañales a la guardería, invitaciones de boda, fiestas de cumpleaños, reuniones... Estamos rodeados de ayudas visuales y de recordatorios en audio, y podemos tratar a los niños con respeto ofreciéndoles el mismo regalo. Las ayudas visuales son en especial útiles en el caso de niños neurodiversos, así como con aquellos niños que están aprendiendo más de un idioma, niños sordos o con problemas de audición, y niños que están recibiendo atención por parte del logopeda o de integración sensorial. Las seis ayudas visuales que puedes incluir en tu vida cotidiana son las siguientes:

1. **Calendarios.** ¿Es día de escuela o de estar en casa? ¿Quién me recoge de la guardería, viene Nana o es el día que viene papá? ¿Cuándo iremos al zoo? ¿Qué día se va mamá a su viaje de trabajo? ¿Y cuándo estará en casa? ¿Cuándo nos vamos de vacaciones? ¿Cuántos días estaremos fuera de casa? Disponer de un lugar donde buscar esta información puede ayudar al niño a sentirse arraigado y seguro. Ítem extra: utiliza imágenes en el calendario para comunicar lo que está ocurriendo. Un avión en los días de despegue y aterrizaje. La imagen de una playa en el primer y último días de vacaciones. Una foto de la escuela o de un profesor en los días de clase y una foto familiar en los días de estar en casa. El calendario no tiene por qué ser sofisticado. Puedes incluso dibujarlo o utilizar uno que ya tenías en casa. No tiene que ser perfecto. Y si eres un padre o madre que comparte la custodia de un hijo, puedes emplear el calendario para que pueda ver dónde estará cada día y cuándo tendrá que cambiar de hogar. Aun en el caso de que la rutina sea la misma cada semana, convendrá ofrecerle un recordatorio visual, para que su cerebro no se pregunte qué viene después o cuándo comienza o termina qué. Para más información sobre el uso del calendario con niños, consulta los ejemplos que ofrecemos en www.seedandsew.org/more
2. **Horario diario.** Imagina que te presentas en el trabajo y que no sabes qué es lo que toca hacer ese día. De repente, te llega el aviso de que hay una reunión dentro de cinco minutos, o bien te dicen que tienes la oportunidad de almorzar en ese momento, pero que dispones sólo de diez minutos. Estás profundamente sumergido en una tarea cuando te percatas de que ya es la hora de salir e ir

de aventura a la biblioteca, pero no tenías ni idea de ello y te has enterado *en este mismo momento.* No tener certeza alguna de lo que se avecina da lugar a cierta desregulación, incluso en el caso de que la rutina no cambie mucho con el transcurso de los días. Para facilitarle la existencia a tu hijo, puedes poner el programa diario en el tablero de corcho o en una hoja de papel. Y, una vez más, no te compliques la vida buscando la perfección. Ítem extra: utiliza una imagen como pista junto a la palabra, sobre todo si los humanos son tan diminutos que aún no leen. Si empleas un horario diario, descomponlo en pedazos más digeribles. En vez de «De acuerdo, Zainab, te levantas, te lavas los dientes, vas al baño, te cambias de ropa, desayunas, juegas un rato, te pones los zapatos y la chaqueta, agarras tu bolsa, vas a la escuela…» y así hasta que se acueste, será mejor comunicarle fragmentos. Por ejemplo, un horario de lo que cabe esperar antes de dirigirse a la puerta para ir a la escuela; un horario para la recogida en la escuela y las rutinas de la tarde y la noche. O un horario matinal previo a la siesta o previo a la comida y un horario de tarde. En el caso de algunos niños, sobre todo de niños neurodiversos, puedes ser más específico y poner una serie de pequeños horarios, como un horario de «despertar», un horario de «prepararse para salir», un horario de dejar en la escuela, un horario de rutinas de recogida, un horario de tarde y noche, y un horario de irse a la cama. Si hay alguna transición o momento del día en particular que resulte problemático, puedes recurrir a un horario específico *sólo* para esa transición.

Una profesora con certificado s.e.e.d. nos explicó que una niña tenía dificultades a la hora de salir de casa para ir al colegio. Después de hacer un horario visual muy detallado para la niña (que incluía «Te pones un calcetín, te pones el otro calcetín, te pones un zapato, te pones el otro zapato, te pones la chaqueta, pides ayuda para ajustar la cremallera de la chaqueta y cierras la cremallera»), la niña consiguió salir de casa más fácilmente. Una buena lista de comprobación me parece fundamental para recordar prioridades en mis tareas. Y, para aquellos niños que adoran las listas de comprobación, considera la posibilidad de convertir tu horario en una lista de comprobación en la que puedan tachar cada elemento a medida que los vayan completando. Podrás comprobar de inmediato si esto es motivador para el niño o si es una pérdida de tiempo, bien porque querrán marcar los elementos de inmediato, o bien porque tendrás que enseñarles a tachar cada cuadrito. Si se da el último caso, entonces será mejor dejarlo.

En ocasiones, hay expresiones emocionales intensas que son el resultado de no haber comprendido las expectativas o el orden de los acontecimientos, por lo que el uso de pistas visuales puede ser de gran ayuda para explicar lo que le pides al niño que haga o cuál es el plan.

3. **Cronómetros, relojes, cuentas atrás.** «Oye, Sebastian, la cena es a las siete en punto, de modo que, por favor, ordena tus juguetes en diez minutos y prepárate para comer». Esto está muy bien, pero si no hay un reloj donde poder mirar la hora, esas instrucciones no van a tener mucho sentido. «Oye, Sebastian, cuando suene la alarma, tendrás que ordenar tus juguetes y prepararte para cenar. Te dejaré el reloj sobre el mueble para que puedas ver cuánto tiempo queda». Puede ser el cronómetro de tu teléfono celular, un reloj de arena, un cronómetro visual que muestre la cuenta atrás, o el temporizador del microondas. Cualquier reloj o temporizador que tengas a mano será estupendo. Estoy segura de que a mis progenitores les hubiera encantado tener un temporizador para nuestro viaje anual a la playa desde el norte del estado de Nueva York hasta los Outer Banks, cuando yo me pasaba las once horas de viaje preguntando cuántos episodios de *Barney* (de quince minutos de duración cada uno) faltaban para llegar. «Siete mil cuatrocientos cincuenta y seis, Alisa, y aquí tienes el mapa para que te entretengas». Nosotras no usamos los temporizadores para amenazar. Lo voy a decir más alto para la gente de las últimas filas: nosotras no usamos los temporizadores para amenazar. Temporizadores y relojes, si el niño es capaz de entenderlos, permiten a los pequeños saber cuándo cabe esperar algo: su turno con un juguete, una transición, cuándo estarás disponible para que te haga preguntas, cuánto tiempo falta para que mamá

llegue del trabajo, cuándo será la siguiente comida, cuánto tiempo de pantallas le queda, o cuándo llegará su amiguito.

Otra manera de comunicar una línea temporal es con una cuenta atrás visual. «¿No es día de playa todavía?», preguntaba yo, anhelando subirme al auto para aquel viaje de once horas. «¿Cuántos aros quedan en tu cuenta atrás? –respondía mi madre o mi padre–. Pues todos esos días quedan hasta que nos vayamos». Los temporizadores nos sitúan a todos en la misma página en lo relativo a líneas temporales, siempre y cuando tú también te responsabilices de ello. Si le dijiste al niño que le leerías el libro dentro de diez minutos, tendrás que leerle el libro al cabo de diez minutos. Si necesitas ajustar el tiempo, entonces comunícaselo. Da ejemplo, haz de modelo, para que tu hijo haga lo mismo cuando necesite algo más de tiempo. He aquí un consejo a la hora de introducir nuevas herramientas como ésta: prográmate cierto tiempo para explorar la herramienta con tu hijo si el niño está motivado para ello. Los niños, con su mente científica, pueden ser muy curiosos: ¿cómo funciona esta herramienta?, ¿de qué está hecha?, ¿cómo es que esa parte se mueve así? Y explícale también y modela las normas de utilización. Estos pasos pueden ayudarle en el uso de la herramienta. De otro modo, te puedes encontrar otra vez con que el reloj de arena se emplea a modo de sable láser en un juego, en vez de para seguir el transcurso del tiempo.

4. **Tarjetas emocionales.** Tras estudiar qué son las emociones, diseñamos una serie de tarjetas emocionales para utilizarlas en nuestra práctica profesional, denominadas mazo PCE (*véase* en las secciones finales del libro). Se pueden utilizar para instruir al niño en las fases del procesamiento emocional, tal como se describe en el capítulo 5, así como de manera proactiva, antes de que tengamos que enfrentarnos a emociones intensas.
5. **Estrategias de respuesta.** Como profesora, empleo notas adhesivas de Post-it en mi aula para recordarme cosas. Estas notas van desde el «No están intentando cabrearte» hasta el «Respira». Cuando llega el momento, cuando tu organismo se desregula y tu cerebro no está del todo en línea, una ayuda visual puede ser-

virte de recordatorio. En cuanto a los niños, estos recordatorios para la regulación son herramientas de su caja de herramientas de estrategias de respuesta.

En una de mis aulas de bebés/niños pequeñitos, tuve una niña, Joey, que sufría con frecuencia rabietas, en las que se tiraba por el suelo llorando y gritando, y a veces incluso dando golpes o mordiendo. La niña podía quedarse atascada en este patrón durante toda la mañana, incapaz de comunicar sus sentimientos o necesidades. Incluso cuando lo que quería era algo que podía comunicar a través de signos o de lenguaje verbal, no siempre podía acceder a esas habilidades.

Después de mucha reflexión en el equipo acerca de cómo podríamos ayudarla, pusimos a prueba un tablero de elección de estrategias de respuesta con el fin de ayudarla a regularse siempre que ella misma no supiera cómo hacerlo. Después, alcanzada la calma, podíamos hablar con ella y cultivar su lenguaje emocional para que aprendiera a comunicar sus sentimientos antes de que fueran demasiado intensos como para gestionarlos. El tablero de elección era un trozo de cartón con imágenes de ella y de cada una de sus elecciones adheridas con Velcro. La niña podía tomar la tarjeta que decía «*lovey*»[1] y en la que había una imagen de ella con su *lovey,* o podía tomar la tarjeta que decía «abrazo» con una imagen de ella siendo abrazada por una profesora. Comenzamos con cuatro posibles elecciones y, más tarde, lo ampliamos a seis.

Una vez que la niña estaba aparentemente cerca de una expresión incontrolable de sentimientos intensos, le dijimos que queríamos ayudarla, pero que no estábamos seguras de lo que necesitaba, y la llevamos hasta el tablero de elección. Ante el tablero, Joey hizo una pausa y comenzó a mirar. Tocó la imagen de su *lovey* y le indicamos que podía sacar la tarjeta y que nosotras iríamos a buscar su *lovey* si así lo quería. Ella afirmó con la cabeza y noso-

1. La expresión inglesa *lovey* hace referencia a un muñeco de peluche, una manta o frazada, que utiliza el niño como un objeto condicionado que le genera sentimientos de seguridad y confort. *(N. del T.).*

tras hicimos lo acordado. Una vez calmada, le dije: «Parecías realmente frustrada. Yo quiero ayudarte. ¿Puedes decirme con una palabra lo que quieres?». Ella hacía una pausa. Yo le decía y le señalaba unas cuantas palabras que ella conocía: «¿Agua? ¿Pañal? ¿Jugar? ¿Comer?». Los ojos se le iluminaron cuando dije «comer» y, a continuación, señaló también la tarjeta. Entonces, comenzó a señalarla y a lloriquear. ¡Tenía hambre! Habíamos averiguado lo que quería y ahora podíamos actuar en consecuencia, darle apoyo.

A lo largo del mes siguiente, observamos una drástica mejoría en su capacidad para regularse y comunicarse. El tablero de elección le proporcionó una ayuda visual que le ayudaba a calmarse, respirar profundamente varias veces y encontrar su voz. Antes de que pudiéramos darnos cuenta, la niña estaba construyendo su propio vocabulario, incluyendo su biblioteca emocional. Mientras que nuestro objetivo no era que dejara de llorar (y no dejaba de hacerlo), lo que estaba claro es que la niña se había quedado atascada ahí. No sabía cómo captar nuestra atención cuando sus necesidades o sus sentimientos resultaban demasiado intensos como para manejarlos, hasta que dispuso de una herramienta que le permitió comunicarse con nosotras.

Las ayudas visuales para las estrategias de respuesta son pequeñas pistas para el cerebro sobre qué hacer para volver a sentirse seguro y en calma. Emplea estrategias que sepas que ayudan proactivamente al niño. ¿Le encanta saltar del sofá? Magnífico. Un salto visual. ¿Se calma acurrucándose? Un abrazo visual. ¿Es leyendo un libro como consigue calmarse? La imagen de un libro. Si tiene la edad suficiente, podéis crear juntos las ayudas visuales. Ítem extra: hablad acerca de las estrategias de respuesta en los momentos regulados. Cuando estéis leyendo un libro y un personaje se asuste: «Hmm, ¿qué estrategia de respuesta podría ayudarle a sentirse seguro?» [*y sacas las ayudas visuales*]. Cuando estéis jugando juntas y tú no consigas averiguar cómo ponerle los zapatos a la muñeca: «¡Uf, no consigo averiguar cómo se le ponen los zapatos!». Recurre a las tarjetas de estrategias de respuesta. «Voy a dar diez saltos». Das diez saltos. Modela esto en los momentos de calma, introduce estrategias en vuestros juegos de «¿Y si…?», y practicad antes de que aparezcan las rabietas, para que puedan usarse fácilmente durante las emociones intensas.

6. **Libros acerca de las emociones.** Cuando ofrecemos libros acerca de la impermanencia de las emociones o de sus rangos, mientras los niños funcionan desde su cerebro racional, les proporcionamos la oportunidad de *analizar* la materia cuando no están en medio de ese sentimiento. Los libros ayudan a los niños a distanciarse de sí mismos y a observar cómo otra persona aprende a gestionar las experiencias que tiene. Puedes encontrar una lista de algunos de nuestros libros favoritos acerca de las emociones en www.seedandsew.org/more

Si quieres las ayudas visuales de las que hemos hablado aquí y no deseas perder el tiempo buscándolas en Internet, consulta la siguiente página web: www.seedandsew.org/more, donde encontrarás nuestras ayudas visuales favoritas.

La prevención de crisis nerviosas innecesarias: sobre la importancia de las cosas

¿Qué es lo que hace que algo resulte importante? Como adultos «sabios» con tanta experiencia vital, creemos tenerlo muy claro. Incluso pensamos que simplemente diciendo que algo no es tan importante vamos a conseguir calmar a la otra persona. Y, ciertamente, de vez en cuando funciona. Hay niños que tienen unas potentes habilidades de autorregulación y/o que comprenden lo que significa esperar su turno, y se aferran a cada una de tus palabras, como «Todo va a ir bien. ¿Podemos arreglarlo? No es para tanto. Vale, cuéntame…».

Sin embargo, la mayor parte de las veces, aunque nosotros, como adultos, nos demos cuenta de que el problema no es para tanto, sigue siendo algo importante para nuestros hijos. Por ejemplo, un niño está jugando con un tren con el que otro niño también quiere jugar. No es para tanto, ¿verdad? Tienes la solución perfecta: ¡el otro niño puede ser *el siguiente!* Pero, ¡ay!, estás tratando con alguien a quien le acaban de explicar el concepto de «espera tu turno», y no quiere ser el siguiente; su plan es jugar con el tren *ahora.* Además, los niños pequeños son los dueños del instante presente. A cada instante, el presente es *todo cuanto existe.* Y simplemente porque «tú eres el siguiente» no es *ahora mismo,* a él le parece que aquello es un *«nunca* será tu turno».

A veces lo importante es pedirle al niño que deje de hacer lo que está haciendo en ese momento para iniciar otra cosa (siguiendo, casi con seguridad, tu propia agenda). Imagina que estuvieras en estado de flujo, trabajando con algo en lo que tienes un interés extraordinario y que todo fuera sobre ruedas, y que, de pronto, viniera alguien a decirte que te detengas y que te vayas a comer. En tu interior gritarías: «¡Pero si no tengo hambre! Quiero acabar esto. Luego comeré». Pues bien, esto puede ser asimismo perturbador para un humano diminuto que está por completo absorto en cualquier material o actividad en la que haya centrado su atención.

Pongamos que tu hija ha quedado para jugar con otra niña y que ambas quieren jugar con ese tren. Tú le dices a Maya que ha llegado el turno de Sarah y que ella será la siguiente, pero Maya comienza a llorar, quizás incluso intenta arrebatarle el tren a Sarah, o puede que llegue al punto de arrojarse al suelo en su desesperación. Entonces, tú dices algo así como: «Soy consciente de que estás triste, pero ahora es el turno de Sarah. No tardará en llegar tu turno». Tú crees que has hecho tu trabajo, pero Maya sigue berreando y pataleando... y tú eres el adulto en esta historia... de modo que, ¿qué oportunidad de enseñanza se presenta en este momento? Empatía auténtica y sincera a la antigua usanza (instrucción a través del procesamiento emocional). Pero justo en este momento, carece de importancia que Maya pueda comprender algún día que esperar es algo normal que sucede a diario. Sabemos que el sentimiento resultante (tal vez ira o frustración) es un sentimiento normal y que los niños forman parte de una familia humana que también experimenta ese sentimiento.

Puedes validar el sentimiento,
***aunque* no lo comprendas.**

Y aquí llega lo sorprendente: que tú puedes validar el sentimiento, *aunque* no lo comprendas del mismo modo que la niña, dentro del contexto de los acontecimientos donde se ha desarrollado (esperar el turno). ¿Te acuerdas de los intensos sentimientos de Amaya con la barrita de cereales del capítulo 5? Yo no habría tenido por qué sentirme del mismo modo respecto a la barrita de cereales para poder validar su frustración. Lo importante es validar la existencia del sentimiento en sí.

Sin embargo, antes de seguir adelante, vamos a dedicar un instante a la palabra «pero». Se trata de un término que se utiliza para denotar un contraste. Eso significa que el vocablo «pero», después de nombrar una emoción, está en conflicto directo con la validación (fase 2 del procesamiento emocional). Las palabras que siguen a las emociones son más productivas si ayudan al niño a pasar por todas las fases del proceso, en lugar de detenerlo tras reconocer un intento de salto a la fase de pasar página. Las siguientes fases, seguridad y estrategias de respuesta, son importantes en el proceso. Quizás necesites transmitir un mensaje de contraste con el tiempo, como «No pasa nada porque estés enfadada, *pero* no está bien pegar», y puedes hacerlo más tarde. Pero, por ahora, intenta reemplazar el «pero» con una de estas frases de validación:

- «Es un sentimiento duro».
- «Lo comprendo».
- «Estás teniendo un sentimiento muy intenso».
- «Parece como si lo sintieras en los brazos».
- «Veo cómo arrugas el entrecejo».

El hecho de que analices y expliques lo que ves le devuelve al niño una imagen de su propio lenguaje corporal. Será bueno también que recurras a *tu* cerebro de pensamiento racional en lugar de usar el cerebro de supervivencia. Y, una vez valides la emoción, diciéndole al niño que está bien sentirse como se siente, podrás pasar a la siguiente fase.

Hemos descubierto que, cuando un niño está teniendo una reacción en su sistema nervioso, como Joey (*véase* la sección anterior), es probable que *nuestro* sistema nervioso reaccione como el suyo. El tablero de elección de estrategias de respuesta que hicimos funcionó gracias a las imágenes que preparamos cuando todas estábamos en calma (antes de encontrarnos en presencia de una niña angustiada). Las ayudas visuales no tienen sistema límbico, de manera que están siempre a nuestra disposición para ofrecer información visual estática para el análisis, para despertar al cerebro del pensamiento racional. Prepara herramientas que puedan ser útiles en el momento, así como estrategias para recordar que existen esas herramientas, dado que es menos probable que te acuerdes de ellas en medio del estrés. Y para elaborarlas no tienes por qué esperar hasta que dispongas de un momento sin niños, pues para el niño puede resultarle beneficioso participar en la elaboración de la herramienta, dado que la va a utilizar también. Esta actividad es una forma de validación en sí misma.

¿Y qué tal terminar con *tus* crisis de nervios antes de que empiecen? No dejes de regresar a tus estrategias de cuidado personal proactivas suplementarias (*véase* capítulo 4). Cada vez que te percates de que tus rutinas de cuidado personal han desaparecido, comienza con la atención plena. De acuerdo, ocurrió. Sea bueno o malo, simplemente sucedió. Y empieza de nuevo. Tu propio cuidado personal te ayudará a cuidar de los niños. Y esto conviene repetirlo: por favor, sé amable contigo mismo y olvídate de cualquier imaginación futura en la que no existan emociones intensas y desregulación de vez en cuando.

Capítulo 10

Cuando hay más de un niño

Quizás te sientas ya más confiado con el método PCE. Es posible que incluso lo hayas comenzado a utilizar aquí y allí, recargando baterías, tomando conciencia de tus prejuicios implícitos y recorriendo las cinco fases del procesamiento emocional con tu pequeño. Pero ¿qué ocurre cuando hay otro niño, u otros niños, por medio? Vamos a analizar el uso de este método cuando hay también hermanitos o pares (amiguitos o compañeros de clase).

Ven a ver

¿Te has dado cuenta alguna vez de que los seres humanos están intrínseca y profundamente preocupados por el sufrimiento? Por ejemplo, cuando nos encontramos con un accidente en la carretera, todo el mundo alarga el cuello para ver hasta qué punto fue grave el accidente. ¿Hay policía? ¿Hay una ambulancia? ¿Fuego? ¿Se pondrán bien esas personas?

Y lo mismo ocurre en los grupos de niños pequeños. Una vez trabajé con un par de profesoras de niños pequeños que eran conscientes de esto, y lo demostraron diciendo «¡Ooooh noooo!» para conseguir la atención de los niños antes de enseñarles cómo podían ayudar a poner orden, a recoger las piezas del rompecabezas o a consultar la página siguiente de un libro. Era sumamente eficaz. Cuando hay más de un niño, puede resultar complicado instruir a través de las fases. ¿Cómo regular y satisfacer las necesidades de procesamiento emocional de todos al mismo tiempo? Ciertamente, es mucho más complejo, pero disponemos de algunas estrategias que te pueden ayudar a desenvolverte bien en el mundo social de los niños y sus emociones, y actúan a través de la curiosidad intrínseca de los niños por las emociones intensas de otros niños y por las conductas que las acompañan.

Antes de pasar a las interacciones adulto-niño con múltiples niños, practiquemos la conciencia de sí mismo con los prejuicios implícitos. ¿Te acuerdas de cuando te pedimos que reflexionaras sobre tus prejuicios implícitos en lo relativo al apego? ¿Y de lo que aprendiste sobre los conceptos emocionales dentro de tu cultura? Dependiendo de tu experiencia, es posible que asocies la expresión de la tristeza o de la ira con un sentimiento de vergüenza, y que intentes «proteger» al niño de la vergüenza presionando para que reprima la expresión de tales sentimientos. Cuando hay otros niños alrededor, este impulso puede ser incluso más fuerte que cuando estáis a solas. Quizás temas que los otros niños se abrumen o se asusten ante las intensas emociones de uno de sus compañeros. O tal vez aprendieras que lo cortés es ocuparte de tus propios asuntos y no cargar a nadie más con tus propias preocupaciones.

Con independencia de dónde se hallen las raíces de tu incomodidad, puede que sientas el impulso de alejar al resto de los niños cuando uno de ellos está experimentando una emoción intensa, ¡y no es que eso esté mal! Comienza por tomar nota de cómo emergen esas partes de ti que te impulsan a ello, y déjate llevar por la curiosidad. ¿Qué quiere que sepas esa parte de ti? *Si el niño se muestra triste, se van a reír de él.* ¿Qué es lo que esa parte de ti teme que ocurra entonces? *Que no se sienta conectado con la gente que le rodea y que pueda sentirse solo.* Intenta sentir compasión por esa parte tuya. *Te sentiste sola cuando estabas triste y llorabas. Da miedo sentirse sola y no tener un espacio seguro al cual recurrir. Crearé un espacio seguro para este niño, para que su experiencia sea diferente.* Invita a esas partes de ti a que participen del proceso, pues es la única manera en que podemos trabajar con ellas o a través de ellas.

Si obedecemos al impulso de alejar al resto de niños del niño que está teniendo unas emociones intensas, sobre todo si es nuestro cerebro de supervivencia el que está sentado en el asiento del conductor, estaremos enviando el mensaje de que las emociones deben ser gestionadas en soledad. Enviaremos el mensaje de que no hay que ser curiosos con las emociones de la gente. Enviaremos el mensaje de que la expresión intensa de las emociones es vergonzante y/o temible, y que hay que separarla de «lo que estamos haciendo». Si, en cambio, decimos al niño curioso o preocupado: «Sí, también eres bienvenido aquí», estaremos enviando el mensaje de que es normal expresar emociones, que podemos optar por ser testigos serenos de las emociones, que podemos hacerlo juntos, que podemos dejarnos espacio y consolarnos los unos a los otros en momentos de emociones intensas. Les mostraremos que las emociones se pueden procesar de forma colaborativa. Podemos incluso capitalizar la preocupación y la curiosidad intrínsecas de los niños que presencian la situación como un trampolín para desarrollar la compasión y las relaciones familiares o comunitarias. A estas oportunidades las denominamos «Ven a ver».

Ven a ver es algo que aprendí en mi primer curso de formación como profesora de yoga. La idea consistía en centrarse en un aspecto de alineamiento mientras impartes una clase; y, en un momento determinado, llamas a los alumnos a una colchoneta para que vean a uno de sus compañeros haciendo una postura con ese mismo principio de alineamiento. Vendría a ser una demostración de lo que *no* hacer y, a continuación, de lo que *sí* hay que hacer, de tal modo que los estudiantes puedan observar las diferencias y sean capaces de practicar en su propia colchoneta con las ideas más claras. Con la ayuda de la profesora, el estudiante profundiza normalmente mucho más en la postura de lo que por lo general lo haría, mientras recibe unas instrucciones muy específicas, así como apoyo y atención por parte de la profesora y el resto de la clase.

Ven a ver emplea los cuatro tipos de enseñanza de los que hablábamos en el capítulo 4: modelar intencionadamente, animar activamente, exagerar para que las cualidades de la tarea sean más obvias y desglosar los pasos de una tarea para que resulten más claros. Ven a ver encaja a la perfección con el PCE con más de un niño. E incluso me atrevería a decir que ha hecho de momentos en especial duros (como cuando he tenido la sensación de no saber lo que estaba haciendo) los instantes más hermosos.

Recuerdo la primera vez que intenté un procesamiento emocional Ven a ver. Estaba de pie junto a un niño de preescolar que estaba pataleando en el suelo y que no me dejaba acercarme. Yo había respirado profundamente y le había dicho:

—Voy a estar aquí y voy a proteger tu espacio. No voy a dejar que nadie se acerque a ti hasta que estés preparado.

Le pedí a una de las auxiliares de enseñanza que me trajera las tarjetas emocionales. (Si yo hubiera sido la única persona adulta en el aula aquel día, me habría saltado las tarjetas porque proteger el espacio de este humano diminuto era más importante que disponer de las tarjetas en aquel momento). Me agaché y le ofrecí la tarjeta de la ira mientras le preguntaba:

—¿Estás enfadado?

—*¡No estoy enfadado!* –gritó él y arrojó la tarjeta.

Para entonces, unos cuantos niños se nos habían acercado y observaban con atención. Cuando los vi, me preocupó que su atención pudiera exacerbar la intensidad de la pataleta del niño. Pero me percaté de que estaban dispuestos a aprender. Habían dejado de jugar porque tenían la motivación intrínseca de aprender lo que le estaba ocurriendo a otro, y querían saber cómo iba a gestionar yo la situación.

En medio de mi pausa, Sylvie, una de las niñas que estaba observando, preguntó lo siguiente:

—¿Qué le pasa a Sonnie?

Le dije que creía que Sonnie estaba disgustado porque alguien estaba jugando con el juguete con el cual él quería jugar, y que el otro niño no había terminado aún con el juguete, de modo que tenía que esperar. Mientras yo narraba lo sucedido, la rabieta de Sonnie se redujo en intensidad, pero seguí dando explicaciones a Sylvie, diciéndole que me había preguntado qué sentiría Sonnie, que le había ofrecido la tarjeta de la ira, pero que él la había arrojado, de modo que quizás no estuviera enojado. Para entonces, Sonnie ya no pataleaba y estaba escuchando mi conversación con Sylvie. Invité a Sylvie a que adivinara qué podría estar sintiendo Sonnie, y ella dijo que quizás estaba decepcionado. Sonnie no dijo nada para confirmar o negar su posible sentimiento de decepción, y yo tampoco le pregunté al respecto. Simplemente comenté:

—La decepción es un sentimiento duro.

Sylvie asintió con la cabeza. Mientras tanto, otros dos niños se habían unido a Sylvie para observar lo que sucedía. Y de pronto se hizo el silencio en la sala, de tal modo que todos los niños que podían escucharnos desde donde se encontraban jugando ahora prestaban atención. Después de esa experiencia, me quedó claro que el procesamiento grupal es muy poderoso, lo mismo que las posibilidades de aprendizaje que ofrece una situación como ésta.

Esta situación, en la que uno está con más de un niño en un momento en que se ha desatado una emoción intensa, suele ser dar buenos resultados, aunque no siempre. ¿Qué es lo que determina la calidad de un Ven a ver?

1. Que la cultura de ese niño en particular no inste a abordar las emociones tan sólo en privado.
2. Que la conducta de ese niño en particular no aumente en intensidad a medida que se acercan otros niños.
3. Que la expresión emocional de ese niño no «desaparezca» en el momento en que otros niños se acercan.
5. Que se den las condiciones de seguridad física adecuadas tanto para el niño que se expresa emocionalmente como para los que se acercan.
5. Que tu cerebro de pensamiento racional (en contraposición al cerebro de supervivencia) se encuentre en el asiento del conductor.

Los conflictos entre niños

En ocasiones, el motivo de que haya más de un niño es porque existe algún tipo de problema entre ellos, como un conflicto por los juguetes o por quién dirige el juego. Quizás sientas el impulso de intentar resolver el problema de inmediato, lo cual forma parte de la quinta fase. Es natural que sientas ese impulso, pero si practicas la atención plena, comenzarás a reconocerlo como tal, como un impulso. Con la conciencia de sí mismo, quizás incluso puedas hacer algo más. Ese algo más consiste en dirigir al niño a través de las fases del procesamiento.

Esto es lo que no cambia en la enseñanza uno a uno:

- Calmarte.
- Determinar si se trata de angustia o desregulación.
- Recorrer en orden las distintas fases del procesamiento emocional.

Pero vas a tener que tomar algunas decisiones más, como: ¿a quién debo ayudar primero?, ¿debería hablar sólo con un niño o con más de uno a la vez?, ¿es éste un buen momento para averiguar qué ha pasado? A continuación se muestran algunas preguntas que podrían ayudarte a tomar decisiones a lo largo del proceso:

- ¿Está angustiado alguno de los niños? Si la respuesta es «sí», lo primero que tendrás que hacer es calmar a ese niño.
- ¿Existe alguna estrategia que nos permita calmarnos a *todos* (por ejemplo, respirando juntos profundamente, bajando la intensidad de la luz, tomándonos un respiro para beber agua)? Si la respuesta es «sí», ¡hazlo!
- Cuando pregunto a los niños qué ocurrió, ¿se intensifican las emociones, se mitigan o se mantienen igual? Si se intensifican, no es momento para hablar de lo sucedido. Sigue ascendiendo en el triángulo del crecimiento y da las instrucciones pertinentes en cada fase. No conviene hablar de lo que ha ocurrido hasta que todo el mundo esté listo para hacerlo. Pista: quizás mañana sea mejor.

Estábamos en la playa cuando Nell llegó corriendo con los ojos bañados en lágrimas y gritando:

—¡Julian ha dicho que soy una estúpida!

Julian llegó corriendo justo detrás de Nell, diciendo:

—¡Te he dicho que no se lo dijeras a un adulto!

Me agaché hasta ponerme a la altura de Nell, la abracé y le comenté:

—¡Oh! Es triste escuchar palabras como ésas de alguien a quien quieres. Voy a hablar con él y vuelvo enseguida contigo.

A veces resulta difícil encararse con quien ha causado el conflicto debido a las cosas que podríamos estar contándonos interiormente en ese mismo momento, como que no deberías prestarle atención, que el niño tiene saber que no está bien lo que ha hecho, que el pequeño que llora me necesita más, etc. Pero yo sabía que si Julian había dicho algo tan agresivo era porque se encontraba en su cerebro reactivo y necesitaba apoyo.

Julian se encendió cuando me volví hacia él y comenzó a gritar diciendo que Nell era muy injusta, y que él no le había dicho aquello. Evidentemente, aquél no era el momento de preguntarse si alguien mentía, ni tampoco de ir al fondo del asunto para averiguar cuál era la verdad. Aquél era un momento para la conexión y la corregulación.

—Cariño, no estoy enfadada contigo ni estás en apuros, ¿de acuerdo? Estoy aquí para ayudaros. [*Pausa*]. ¿Quieres contarme lo que ha sucedido?

—Sí, yo estaba haciendo un túnel que iría por debajo del océano como un submarino, y ella llegó y me quitó la pala, pero yo estaba utilizándola todavía. Yo la necesitaba otra vez, después de haber estado cavando con la otra pala, y ella ni siquiera me preguntó, y se la llevó de todos modos.

—¡*No!* Él ya no la estaba usando –intervino Nell.

Me volví a Nell y le dije:

—Tu relato es muy importante para mí. Pero voy a escuchar a Julian primero y luego te escucharé a ti.

Me volví de nuevo a Julian y le comenté:

—¡Vaya! Entiendo que te resulte frustrante tener un plan y que venga alguien a trastocarlo. No habías terminado aún con la pala cuando vino ella y se la llevó. Lo entiendo perfectamente.

Julian bajó los hombros mientras su cuerpo comenzaba a relajarse, y dijo:

—Sí. Yo no había terminado.

—De acuerdo, cariño. Voy a hablar con Nell y luego vamos a resolver esto juntos, ¿vale? Nell, quizás pensaste que Julian había terminado porque viste la pala en el suelo y la necesitabas, ¿no?

—Sí, y él no me dejó que le ayudara cuando estaba cavando. Y siempre se queda con las palas.

—Entiendo. ¿Te sentías aparte y te hubiera gustado participar en su plan?

—Mmhmm –respondió ella.

—De acuerdo, Nell, Julian, el corazón me late muy rápido y mi cuerpo dice que necesita moverse. ¿Queréis hacer una carrera conmigo y resolvemos esto después juntos? Vamos a correr hasta la bandera que hay allí y volvemos. Preparados, listos, ¡ya!

Fuimos corriendo y volvimos. Y, cuando lo hicimos, ambos estaban riendo de manera cómplice por haber sido más rápidos que yo.

—Así pues, Julian, tú tenías un plan, querías cavar un túnel, y Nell pensó que ya habías terminado con la pala y quería participar y que contaras con ella. ¿Qué crees que deberíamos hacer?

—Bueno, ella podría tener la pala durante tres minutos y podría cavar otro túnel junto al mío, pero sin tocarlo.

—Nell, ¿te parece bien lo que propone Julian?

—No, yo quiero un turno de cinco minutos.

—Julian, ¿te parece bien que tenga la pala cinco minutos?

—Sí.

—De acuerdo, ¿queréis que ponga yo el cronómetro y os avise cuando suene la alarma?

—Sí, entonces sabremos que han pasado los cinco minutos –dijo Julian.

Alrededor de diez minutos después, cuando estaban inmersos en su juego, me acerqué a Julian y le dije en voz baja:

—Estoy orgullosa de ti por haber conseguido calmarte y por haber resuelto el problema. Sé que eres bueno, y nadie se siente bien por dentro cuando dice algo que le resulta doloroso a otra persona. La próxima vez que te sientas frustrado, puedes gritar pidiendo ayuda y yo os ayudaré.

Julian asintió con la cabeza y siguió jugando.

He aquí algunas notas adicionales acerca del proceso de instrucción a través de las fases con más de un niño:

Fase 1: deja que cada niño tenga sus propios sentimientos y recuerda que los sentimientos de un niño no tienen por qué negar los sentimientos de otro.

Fases 2 y 3: en lo relativo al reconocimiento y la seguridad, podríamos averiguar lo sucedido *siempre y cuando* nos permita proporcionar cierta validación, como «¡Oh! ¡Tu torre se desmoronó, con lo mucho que te había costado levantarla! ¡Qué decepción!». Dos niños pueden tener historias muy diferentes acerca de lo sucedido, pero lo importante es *escuchar* todas ellas, aunque pienses que alguna no es cierta. Pero eso no significa que tengas que estar de acuerdo con tales relatos. Quizás tengas incluso la oportunidad de validar lo frustrante que resulta que alguien diga que lo que dices no es verdad. En el reconocimiento puedes incluir a niños que no estaban implicados en el conflicto. Y, aunque el niño con los sentimientos intensos no esté en condiciones de aprender, como ocurría con el niño que pataleaba al principio de este capítulo, es bastante más probable que los niños que observan sean capaces de recurrir a su cerebro de pensamiento racional. Quizás disciernan a través de las señales observables cómo se siente el niño que está teniendo la emoción intensa. Por otra parte, el niño que tiene la emoción puede sentir que esto le resulta tranquilizante debido a que otros niños se han tomado la molestia de *verlos* de verdad sin introducirse en su espacio personal. Y éstos se pueden beneficiar de observar y escuchar cómo otros realizan el proceso.

Fase 4: los niños que ayudan tienen la oportunidad de ejercitar su empatía ofreciendo sugerencias sobre cómo se podría calmar al niño que está expresando la emoción. Disponen de la posibilidad de practicar la conciencia de sí mismos al llevarles a reflexionar sobre qué podría ayudarlos a ellos a calmarse cuando tienen una emoción intensa. En la situación inversa, los niños que forcejean con la fase 1 aprenderán mucho observando o ayudando a otro niño a procesar la emoción mientras ellos están regulados y *no* tienen una emoción intensa.

Fase 5: si aún no has podido averiguar qué ha sucedido entre ellos, ahora es un buen momento. Una vez validados los relatos y las perspectivas de cada uno de los niños, dispondrás de un equipo con el cual resolver el problema.

El efecto dominó

En la época en la que tuve una guardería en casa, me pasaba el día con seis niños de entre seis meses y cinco años. Cuando estaba empezando, tuve muchas dificultades para gestionar la hora de la siesta del más pequeño, mientras los otros jugaban sin que yo les prestara atención directamente. El hecho de que no estuviera tan presente con ellos hacía que sus juegos resultaran cada vez más ruidosos, con más risas, y aquello me obligaba a dejar de prestar atención al pequeño, mientras intentaba que los más mayores guardaran un poco de silencio. Los sistemas nerviosos de las personas hablan entre ellos, y los sistemas nerviosos de los niños son aún más sensibles a esto. Ése es el motivo por el cual, cuando un niño expresa con intensidad sus emociones, los demás puede que le acompañen de forma inmediata.

La sala de bebés de una guardería al comienzo del curso es una versión amplificada de esta situación cuando un niño comienza a llorar. Es exactamente como un dominó cuando las fichas se derriban unas a otras, pero aquí son los niños los que, uno tras otro, se unen al coro de lágrimas hasta que el sistema límbico de todos, incluidos los profesores, se activa. Otra manera de verlo es como cuando una pequeña riña entre hermanos se convierte en una bola de nieve que da lugar a una pelea generalizada. Los hermanos parecen saber qué palabra o qué comportamiento exacto va a sacar de sus casillas al otro. Me acuerdo de ir en la parte trasera de la furgoneta con mis primos, siendo la mayor de todos, repitiendo el mismo insulto con el añadido de «Sí, lo eres», mientras mi prima más pequeña repetía también, sólo que con más intensidad, «¡No, no lo soy!». Como era la prima mayor (e hija única), intentaba convencer a mi prima pequeña de que debía ignorar a su hermano del mismo modo que Alyssa había sido entrenada a hacer con sus hermanos. El problema estriba en que un consejo verbal no suele tener demasiado efecto con un sistema nervioso activado.

Cuando te encuentras en medio de un efecto dominó, lo primero que hay que hacer es calmarse. Hay una frase en una canción de Brandi Carlile que me resulta muy inspiradora, pues dice *«Puedes bailar en un huracán, pero sólo si te encuentras en su ojo».* La situación podría parecer caótica, como un huracán, pero siempre se puede encontrar el camino hacia la calma que existe en el centro de la tormenta. Y, por lo general, una respiración profunda te permitirá iniciar ese camino. Una vez encuentres ese lugar de calma, elige a uno de los niños para comenzar con el PCE. Si alguno de los pequeños está angustiado, trabaja primero con él. De lo contrario, puedes centrarte en el niño que es más probable que responda bien a tu corregulación, o bien en el que comenzó el efecto dominó.

Aun en el caso de que los pequeños estén desregulados por estar excesivamente excitados, podremos permitir ese sentimiento de excitación para luego recorrer las fases, incluidas las estrategias de respuesta. La excitación se suele percibir como una emoción «buena», algo que *quieres* sentir; pero, para algunas personas, este sentimiento es desregulador o abrumador en cierto modo, y necesitan ayuda para experimentarlo. Puedes leer la temperatura de la habitación, como hace un termómetro, o puedes determinarla como hace un termostato. El termostato comenzará a la temperatura de la habitación y luego regulará el espacio hasta alcanzar la temperatura deseada. Cuando todo el mundo se comporta de manera ruidosa, una voz potente, sonora, para que te presten atención, puede funcionar bien, y luego puedes marcar la temperatura bajando el tono de tu voz, quizás incluso susurrando. En voz alta puedes decir: «¡Guau, demasiadas emociones intensas a la vez!», para luego añadir en un susurro: «Me pregunto quién será el que hable más bajito». [*Pausa*]. Y todavía en un susurro: «Hm, escucho a Maya hablando bajito. ¡Uuuh! Alma está susurrando en silencio, sólo puedo ver cómo mueve los labios, pero no puedo escuchar sus palabras».

Sobre los objetos en disputa

Siempre que sea posible, retira cualquier objeto en disputa para que las partes implicadas se vean una a otra, y con esto quiero decir para que se escuchen y para que oigan el relato de la otra parte. Uno de los niños podría no querer formar parte de la conversación y puede que se vaya, con o sin el objeto. A veces se van corriendo porque se sienten avergonzados por haber cometido un error. Por otra parte, no le quites un juguete a nadie de las manos. Créeme, cada vez que lo hice en el pasado terminé sintiéndome muy poco orgullosa de mí misma. Es mejor esperar hasta que el sistema nervioso de todos esté regulado, hasta que se hayan identificado y validado las emociones y te encuentres en la fase de resolución del problema.

Si un niño se está expresando a lo grande emocionalmente *porque* el otro niño tiene el objeto en disputa, podrías preguntar algo así como: «¿Te preocupa que no vayas a tener tu turno?», o bien «¿Estás enojado porque quieres tener tú ese juguete?». Si el niño muestra señales de reconocimiento, valídalo: «¡Oooh, eso es duro! ¿Qué podría hacer yo para tranquilizarte mientras resolvemos el problema?», y sigue las distintas fases.

Supón que, con un sistema nervioso tranquilo, has intentado de diferentes maneras que los niños te presten atención, pero te ignoran mientras arremeten uno contra otro intentando arrebatarse o retener el juguete. Como último recurso, quizás sea conveniente que les quites el juguete de las manos. Pero esto como último recurso. Si se hace esto como último recurso, los niños emiten a veces un suspiro de alivio en el momento en que el juguete queda fuera de su alcance. Es como cuando un jugador de fútbol americano placa al que llevaba el balón, pero entonces otros diez jugadores se amontonan sobre ellos de todos modos. Todo el mundo tiene el ojo puesto en el objetivo y es difícil cambiar de marchas. Y cuando el árbitro hace sonar el silbato, todo el mundo puede relajarse de nuevo.

Cuando los niños te arrastran de aquí para allá

Hace poco tiempo, recibí este mensaje de una madre abrumada:

> Valentina tiene cuatro años y ha estado preparándose la merienda, que para ella es una habilidad novedosa. Yo la estaba ayudando a prepararlo todo y estaba a punto de cortarle una manzana mientras ella sostenía el plato y la mantequilla de cacahuete, cuando me llamaron desde el baño: «¡Mamá! ¡He hecho caca! ¡Ven a limpiarme!». Era mi hijo Marcos, de dos años, el que me llamaba pidiendo ayuda. Pero, para incrementar aún más el caos, mi hija recién nacida, Liliana, comenzó a llorar al escuchar a Marcos, recordándome que había llegado la hora de comer. Todo el mundo me necesita al mismo tiempo y no sé cómo se puede estar en tres sitios distintos a la vez. ¡Socorro!

Cuando leí este mensaje, empaticé de inmediato con esta mujer. El sentimiento de *«¿acaso puedo atenderlo todo?»* y estar una y otra vez decidiendo *quién me necesita más* es realmente agobiante. Pero no pasa nada por no disponer de la capacidad para responder a cada niño de forma personalizada a todas horas.

Si no hay nadie en peligro inmediato, haz una pausa y respira, y, a continuación, evalúa la situación. «Valentina se quedaría sola con el cuchillo. Marcos está solo con su caca. Liliana tiene hambre». La seguridad es lo primero. «Valentina, vuelvo enseguida y te corto la manzana, después de limpiar a Marcos. Mientras tanto, ¿puedes llevar a la mesa el plato, la cuchara y la mantequilla de cacahuete?». Después, deja el cuchillo fuera del alcance de la niña. «¡Voy enseguida, Marcos!». Mientras te diriges hacia Marcos, si es posible, haz una pausa para decirle a Liliana: «Ya sé que tienes hambre, cariño. En dos minutos vengo y te doy de comer». Una vez has limpiado a Marcos, vuelves a la cocina y cortas la manzana. No pasa nada si Liliana está llorando durante esos minutos. Si fuera mayor, estaría diciendo: «¡Tengo hambreeeeeee! Quiero un tentempié». No pasa nada si pasa hambre un par de minutos más mientras ayudas a los niños mayores. Y, una vez hayas cortado la manzana, pon en marcha un temporizador visual y di a los niños mayores: «Voy a dar de comer a Liliana. Cuando suene la alarma, estaré aquí de nuevo para ayudaros en lo que necesitéis».

A veces, momentos como éstos se recuerdan a aquellas en las que dabas de mamar a un recién nacido, leías cuentos a un niño pequeño o se entretenía viendo *El vecindario de Daniel Tigre,* mientras ayudabas al hermano mayor con las tareas del colegio. Los niños se acostumbrarán al aburrimiento, aprenderán a ser pacientes, desarrollarán sus habilidades de independencia y tendrán la certeza de que regresarás para echarles una mano. No pasará nada si no vuelves de inmediato o si no lo haces en el momento en que ellos lo esperan. No estarás haciéndolo mal, aunque no resulte agradable. La crianza de los hijos *es* difícil. Toma nota de los sentimientos que emergen en ti y reconoce cualquier parte de ti que quiera que seas perfecto o piense que deberías ser capaz de hacerlo todo. A esas partes de ti puedes recordarles esto: «Yo merezco cariño y hago cuanto puedo», aunque cometas errores, pierdas la calma, dejes caer la pelota o sientas que tu vida es una serie interminable de juegos malabares. Tú haces lo que puedes.

Cuándo debes intervenir

A lo largo de mis diez años como maestra, me he dado cuenta de que año tras año se repite un patrón entre las niñas. Hay niñas que aparecen como líderes natas al proporcionar estructura y poder delegar en ellas durante el juego dramático. Son niñas optimistas que parecen resolver fácilmente los problemas y rara vez se muestran disgustadas. No son pocas las veces en que he elogiado el comportamiento de estas niñas, una o dos por curso, y que he contado con ellas en cierto modo para mantener el flujo del juego. Desde cierta distancia, parecía que su liderazgo era bien merecido, y que el resto de niños las respetaban por su madurez y su predictibilidad, pero con el transcurso del tiempo he comenzado a cuestionarme todo esto.

Durante el año en que empezamos a trabajar con el PCE, mientras observaba a los niños en el área de bloques (justo al lado de la zona de juego dramático), escuché una conversación entre Allison, la niña que yo consideraba que tenía esas cualidades de liderazgo, y una de sus amigas, Penny. Allison le explicaba a Penny con todo lujo de detalles por qué no le prestaba sus queridas zapatillas de ballet, mientras Penny respondía diciendo que llevaba «mucho tiempo» esperando su turno. No me podía creer que Penny, que había estado esperando, se hubiera enfurruñado y, al mismo tiempo, hubiera terminado aceptando que Allison estaba al mando de las zapatillas de ballet. Esto me llevó a prestar más atención a las conversaciones que se daban en el juego dramático, hasta que descubrí que Allison estaba dirigiendo completamente el espectáculo, y que lo hacía a diario. Y, para mi sorpresa, no lo hacía a base de diplomacia, ¡sino a base de amenazas! Unas amenazas que hacía de manera regular y sólo en ausencia de adultos que pudieran escucharla.

Así que terminé preguntándome: ¿habría dado yo a los otros niños la impresión de que esta niña estaba al mando debido a los elogios y a la atención que le solía prestar de manera regular? ¿Acaso cualquier comportamiento que presentara era deseable? ¿Acaso yo les había dado la impresión de que esa niña debería ser popular? ¿Hasta qué punto mis prejuicios estaban interfiriendo en las relaciones entre los niños? Comencé a considerar en qué medida había yo facilitado que esta niña se saliera con la suya en todo momento. Como es evidente, aquéllas no eran las habilidades sociales con las que yo esperaba que mis alumnos salieran del jardín de infancia. Y, en última instancia, ninguno de aquellos niños estaba mostrando un concepto sano de la amistad.

De modo que decidí que tenía que intervenir. Una mañana, durante el juego dramático, Allison estaba utilizando las zapatillas de ballet cuando Penny dijo que quería tener su turno con ellas. Allison respondió:

—Bueno, es mi juego, y yo soy la mamá, de modo que soy yo quien tiene que llevar las zapatillas.

Entonces, comencé a preguntarme si aquel deseo de control podría proceder de una emoción subyacente. ¿Es posible que Allison tuviera miedo de sentir malestar, un malestar como el que provoca la decepción, y el hecho de evitar el malestar fuera lo que la llevaba a buscar una «buena» razón por la que no debía compartir las zapatillas?

Dado que Allison estaba en posesión de las zapatillas, Penny echó mano de sus habilidades de autorregulación y no pugnó más por ellas, obedeciendo finalmente por el supuesto privilegio de seguir jugando con Allison. No obstante, Penny siguió mostrándose molesta y triste, a solas con sus sentimientos, mientras que el cuerpo de Allison, que se había puesto tenso, se relajó. Nadie lloró, nadie se quejó y el juego continuó sin la intervención de ningún adulto. Pero ¿acaso todo el mundo estaba bien? ¿Estaría Allison perdiéndose una oportunidad para experimentar emociones? ¿Se pasaría el resto de su vida evitando el malestar si no abordábamos el problema ahora? ¿Y qué pasaría con Penny, que no sabía que disponía de otra opción? ¿Qué pasaría si descubría que, con un poco de ayuda, ella podía tener su turno con las zapatillas de ballet y, a pesar de todo, seguir jugando con su amiga?

Interrumpí el juego con el fin de generar una oportunidad para compartir. Allison comenzó a llorar de manera descontrolada, aferrándose a las zapatillas, y a mí me sorprendió, pues no me esperaba una respuesta emocional tan intensa. Allison estaba tan disgustada que el juego se detuvo durante unos minutos, y sus amigos y amigas se detuvieron también para presenciar la situación. Por último, me acordé de las tarjetas emocionales y comenzamos a mirarlas juntas por ver si ella podía identificarse con la de la tristeza, la preocupación o la decepción en lo relativo a tener que compartir. Allison eligió la tarjeta de la preocupación. Establecimos un plan para que Penny pudiera tener su turno de zapatillas de ballet al cabo de dos minutos, y Penny estuvo encantada de poder calzarse las zapatillas finalmente. El acontecimiento fue tan relevante para Penny que comenzó a reivindicarse con regularidad y siguió desarrollando estas habilidades durante el resto del curso. Y Allison logró aprender a procesar emociones intensas.

¿Te has percatado alguna vez de dinámicas como ésta? ¿Das prioridad a las emociones de los niños más expresivos sobre las de aquellos otros que se conforman y ceden ante sus pares? Ya hemos dicho que la regulación emocional no es lo mismo que el procesamiento emocional, que sólo porque alguien pueda regularse no significa que pueda procesar esa emoción. Por ejemplo, si un niño está jugando con un juguete y viene otro niño y se lo arrebata de las manos, es muy probable que tenga una experiencia emocional intensa.

Recuerda que en el capítulo 7 comenté que otro progenitor consideraba a Sage como «bueno», cuando en realidad quería decir «obediente». Esto ocurre con muchos niños. Incluso me ocurrió a mí siendo niña. Mis profesoras decían que era una buena estudiante (aunque todo lo académico me resultara un misterio) y mis padres decían que era una niña fácil. Yo no me quejaba y era «buena» con el resto de niños, pero la mayor parte del tiempo lo era porque no comprendía lo que estaba sintiendo o no disponía de las habilidades necesarias para manifestarlo. Muy de vez en cuando, si mis sentimientos se me hacían grandes y se volvían visibles, yo me desmoronaba. Así es como mi madre tomaba conciencia de que yo la necesitaba.

No fue hasta después de diez años de trabajo en la enseñanza, y después de descubrir la terapia, cuando empecé a tomar conciencia de los niños que eran como yo (como la Penny del relato anterior, por ejemplo). El sistema nervioso de algunos niños reacciona entrando en modo lucha (pegando, dando patadas, gritando, mordiendo), mientras que el de otros opta por la huida (echando a correr), la sumisión (pidiendo disculpas o siendo complaciente de inmediato) o entrando en parálisis (desconectando, callándose o, incluso, pareciendo regulado, cuando no lo está). Si un niño que se paraliza no está seguro de sus derechos sobre un juguete o sobre cómo recibir ayuda, puede distraerse rápidamente con el fin de evitar un sentimiento de malestar. Puede parecer que está muy bien, no quejarse o sumergirse en cualquier otra actividad.

Se supone que un niño regulado va a tener un buen funcionamiento y que no va a necesitar apoyo ni va a tener que trabajar sobre habilidades relativas al desarrollo socio-emocional. Puede parecer un niño fácil de llevar, cuando, de hecho, no sabe defenderse ni reivindicar sus derechos. Las iniciativas de defensa propia suelen comenzar con un sentimiento de malestar, a veces incluso de desesperación o cólera en relación con las circunstancias presentes, sean cuales sean. Así, el procesamiento emocional es importante para transformar un patrón de renuncia en otro de reivindicación personal.

Cuando eras niño, ¿gritaste alguna vez «¡Eso no es justo!» ante las personas que te cuidaban en el momento en que te impusieron un límite? Quizás escucharas como respuesta «La vida no es justa». ¿Debería ser justa la vida? ¿Es eso lo que queremos? Y, en cualquier caso, ¿qué es la justicia? El diccionario inglés *Merriam-Webster* dice: «Marcado por la imparcialidad y la honestidad: libre de interés propio, prejuicio o favoritismo». Suena bastante bien, pero a veces se interpreta como que todo el mundo *tenga lo mismo.* Yuko Munakata, una psicóloga y neurocientífica que estudia los efectos de la crianza, señala lo siguiente: «El mismo progenitor podría dar forma a niños distintos de diversos modos. A un niño podría resultarle útil que la madre proporcione estructura, mientras que para su hermana esto podría resultar asfixiante. Un niño podría pensar que sus progenitores se preocupan por él cuando le hacen preguntas acerca de sus amigos, mientras que su hermano podría pensar que son unos entrometidos. Una niña podría ver un divorcio como una tragedia, en tanto que su hermana podría considerarlo un alivio».[1]

---

1. Munakata, Y.: *Why Most Parenting Advice Is Wrong.* YouTube [vídeo] (2021). www.youtube.com/watch?v=5g8tHEXtCXE

El procesamiento emocional es importante para transformar un patrón de renuncia en un patrón de reivindicación personal.

Así pues, la justicia (o, como mínimo, la justicia exclusivamente) podría no ser el camino a seguir después de todo. ¿Y si fuera la equidad? Respecto al desarrollo infantil, equidad significa que todo el mundo tiene *lo que necesita.* ¿Cómo serían las cosas si todo el mundo tuviera lo que precisa? Hay niños que necesitan más energía por nuestra parte o apoyos o herramientas concretos que otros no precisan, y está bien que sea así. Si James necesita unas gafas para ver mejor y Pilar no necesita las gafas, no le vamos a dar unas gafas a Pilar para hacer justicia. James tendría sus gafas para poder ver, mientras que Pilar podría ver bien sin gafas. Y lo mismo ocurre con la atención, la energía, los apoyos sensoriales y las estrategias tranquilizadoras. Lo que hacemos es observar con curiosidad qué necesidades puede tener un niño en concreto, en la medida en que difiere de otro niño en su singularidad humana.

Lo que tienes que escuchar cuando intentas averiguar qué necesita un niño y cuánto precisa de eso es a tus propios sentimientos de culpabilidad o de preocupación. ¿Te preocupa pasar demasiado tiempo en relación personal, uno a uno, con uno de tus hijos? ¿O te sientes culpable de un tiempo a esta parte por poner más energía en uno de los niños más que en los otros? Convendrá que no tomes decisiones acerca de lo que necesita un niño mientras estos sentimientos son vulnerables. Tómate un minuto para recordarte lo siguiente: «Lo que necesita es la cantidad adecuada». Si tienes un niño que necesita más de ti durante una temporada, tus atenciones con él no sólo van a ser beneficiosas para ese niño, sino también para el resto, siempre y cuando sus necesidades queden satisfechas. Si las necesidades de ese niño no se satisfacen, la energía de tal necesidad la van a sentir todos los demás. Digámoslo una vez más: no tenemos por qué ser perfectos en esto. Si te sientes culpable o te preocupas mucho, toma nota, practica el cuidado personal y, a continuación, recupera el asiento del conductor.

¿Cómo saber si el niño recibe lo que necesita?

Las profesoras de Flynn vinieron en busca de ayuda porque el niño arañaba y pegaba a los demás niños en clase. Intentaron explicarle que hacía daño a los demás y mostrarle cómo ser más amable, pero no lograron cambio de comportamiento alguno. Con frecuencia, se comportaba con agresividad sin ninguna provocación alguna previa y sin que se pudiera vislumbrar un patrón claro, pues no siempre ocurría cuando otro niño le arrebataba un juguete ni cuando estaba excesivamente estimulado por alguna actividad. A simple vista, la conducta parecía ser aleatoria.

Las profesoras pusieron en marcha un seguimiento más explícito que anecdótico de la conducta y, de este modo, observaron y descubrieron que en aquellas ocasiones en las que aparecían las conductas agresivas era justo después de que otro niño o una profesora rechazara sus intentos de conexión. A veces se debía a que la profesora con la que quería conectar estaba cambiando el pañal de otro niño y él tenía que esperar hasta que terminara. Y, aunque no existiera un rechazo explícito, sí se producía una demora en la afirmación física. El rechazo por parte de sus pares, de los otros niños, ante sus ofertas de juego o de abrazos fue aumentando a medida que iba haciendo daño a otros pequeños. Las profesoras permitían que los niños dijeran que se negaban a jugar con otro niño si el primero quería jugar solo y los niños habían aprendido a utilizar esta estrategia para decirle que no a Flynn de manera regular.

Estas observaciones nos permitieron centrarnos en los sentimientos del pequeño. Nos preguntamos si Flynn podría sentirse enojado, decepcionado o avergonzado cuando se daban estos rechazos de conexión en las relaciones uno a uno. Enseñamos a toda la clase algunas tarjetas emocionales, incluyendo las de esas tres emociones. Al principio, Flynn arrojó la tarjeta del enojo cuando las profesoras se la mostraron, pero ellas se armaron de paciencia y no se rindieron. Al cabo de unos días, Flynn aceptó la tarjeta del enojo. Ahora era capaz de identificar su emoción y las profesoras pudieron enseñarle qué podía hacer cuando se sintiera furioso en vez de arañar o pegar. En el hogar, la familia diseñó un plan para hablar también de las emociones, y creó un libro con algunas historias personalizadas acerca de ellas. Al cabo de dos semanas de apoyo constante siguiendo estas líneas, Flynn pudo identificar sus emociones y practicar algunas estrategias de respuesta sencillas. Los beneficios comunitarios adicionales fueron que los otros niños estaban desarrollando también estas habilidades y comenzaron a ver a Flynn como un compañero de juegos seguro de nuevo.

Las profesoras y yo, en este caso, empleamos un recurso al que denominé herramienta para gestionar conductas problemáticas. En su origen, yo había diseñado esta herramienta porque mis amistades con hijos habían comenzado a enviarme a sus amistades con hijos cuando los progenitores no estaban seguros de si el profesor del niño hacía lo suficiente por su pequeño. En algunos casos, se especulaba incluso que pudiera haber algún prejuicio implícito de tipo racista. La herramienta estaba diseñada para que el docente se responsabilizara de la planificación del currículo socio-emocional, así como para ayudarlo a articular lo que les ocurría a sus alumnos. Comencé a compartir esta herramienta también con los progenitores, para que pudieran ver lo que los docentes podían hacer para gestionar las conductas problemáticas de un modo colaborativo.

A un nivel básico, el profesorado debería ser capaz de explicar cómo enseñan habilidades sociales y de procesamiento emocional. Si existe una conducta problemática crónica, los docentes tendrán que ser muy específicos a la hora de describirla: «La niña da patadas a otros niños cuando se acercan a ella durante el tiempo de juego libre», en vez de «La niña se comporta mal con otros niños». El profesorado tiene que especificar el efecto que tiene la conducta de un niño en sus relaciones, acceder al currículo y a la satisfacción de las necesidades básicas. Y también debe poder decir lo que ha puesto en práctica hasta el momento. Si eres profesor o profesora, esta herramienta te ayudará a hacer todas estas cosas; y, si todavía no eres capaz de hacerlo, entonces te ofrecerá información sobre qué realizar a continuación. Si quieres echar un vistazo a la herramienta para gestionar conductas problemáticas, la puedes encontrar en www.seedandsew.org/more

En plena naturaleza

Una amiga mía había traído a su hija de tres años para jugar con mi hijo cuando, de repente, me percaté de que la pequeña le arrebataba a mi hijo todos los juguetes que él tomaba, le obligaba a situarse donde ella quería que se pusiera en sus juegos, e intentaba controlar incluso el juego de mi hijo. En un principio me dediqué a observar, sorprendidas las dos y sintiendo curiosidad por ver cómo respondería mi hijo. Puede resultar incómodo cuando el otro niño no es tuyo y la relación entre los adultos puede deteriorarse por ello. Cuando una se imagina que se junta con una amiga para que los hijos jueguen, no se plantea la posibilidad de tener que mantener una conversación acerca de lo agresiva y controladora que puede ser una niña de tres años.

En primer lugar, lo que hice fue tomar conciencia de mis desencadenantes:

1. **La libertad para jugar y crear.** Yo soy la cuarta de cinco hermanos. Crecí teniendo que compartir todas mis cosas y sintiendo que rara vez tenía el control de a qué iba a jugar y cómo. En vez de ver los dibujos animados y los programas infantiles que veían mis amigas, yo veía *Dawson's Creek* y *El ala oeste de la Casa Blanca* porque no podía conseguir el mando a distancia de la televisión. De modo que ver a alguien dictando cómo y dónde debería jugar mi hijo me remontó a aquellos sentimientos de no tener control sobre mis propias diversiones siendo niña.
2. **Contacto consentido.** Como superviviente de una agresión sexual, sé que estas heridas son profundas. Hay partes de mí que son hipervigilantes en lo relativo al contacto consentido. Y no sólo deseo que mi hijo sea respetado en este sentido, sino también que sea la expectativa de cómo se muestra en las relaciones con los demás.

Mientras tomaba conciencia de estos desencadenantes, pude encontrar finalmente una pausa. Dije a aquellas partes de mí que valoraba mucho su preocupación por mi pequeño y que le ayudaría con algunas herramientas para que su experiencia fuera diferente a la mía. Después, me volví a mi amiga y le dije:

—Me encanta lo confiada que es tu hija y no quiero interferir en su asertividad. Pero me gustaría intervenir para ayudarlos a descubrir cómo pueden jugar juntos mientras él está todavía aprendiendo a reivindicarse a sí mismo.

—Oh, lo sé. Mi hija puede ser muy mandona. Lo siento, es muy fogosa –respondió mi amiga.

—No, sabe lo que quiere y su determinación a la hora de conseguirlo es una habilidad que yo hubiera querido tener a su edad. Lo único que deseo es orientarlos mientras él todavía está construyendo ese tipo de habilidad.

De modo que me agaché y le dije a la hija de mi amiga:

—Parece que sabes bien cómo quieres jugar con él. ¿Puedes contarme tu plan?

La niña de tres años compartió conmigo su visión, incluyendo el papel que mi hijo tendría que interpretar en el juego.

—¡Guau! Eso es muy creativo. Pero él quizás quiera hacer lo que tú deseas que haga o tal vez no. Antes de tocarlo o de quitarle algo, podrías preguntarle: «¿Puedes ponerte allí?», o bien «¿Has terminado con eso?».

La niña asintió y volvió al juego.

Alrededor de quince minutos después, la niña le quitó una espátula de las manos a mi hijo, quien comenzó a gimotear de inmediato, de modo que volví a intervenir en el juego.

—¿Quieres tener tu turno con la espátula cuando él haya terminado? –le pregunté.

—Es que la necesito para mi pasta –respondió la niña, haciendo como que mezclaba algo en un cuenco vacío.

—¡Ah, estás haciendo pasta! ¡Me encanta la pasta! Él estaba usando la espátula y tú quieres tener tu turno. Me la voy a quedar yo mientras resolvemos esto juntos –le dije.

La niña no estaba muy feliz de tener que entregarme la espátula, pero me la dio.

—Siguiente, siguiente, siguiente –afirmó mi hijo alargando la mano para tomar la espátula.

—La estabas usando tú. ¿La quieres de nuevo?

—Mmhmm, la quiero.

—Puedes quedártela, y yo la ayudaré a ella a solucionar su plan.

Sin embargo, la niña comenzó a gritar:

—¡La quiero yo! ¡La quiero yo! ¡No es justo! ¡La quiero yo!

— ¡Claro, tú la quieres para mezclar la pasta! Lo entiendo. Me quedaré aquí contigo para ver cómo podemos resolverlo.

—¡Pero la está utilizando él! –protestó la niña, e intentó arrebatársela.

Yo me deslicé de tal modo que me situé entre ellos dos, con la idea de ayudarla mientras protegía el espacio físico de mi hijo.

—No te puedo dejar que se la quites. Tú quieres emplearla, pero el turno es suyo. Cuando estés preparada, respiraremos profundamente varias veces y daremos diez saltos juntas para calmar nuestro cuerpo antes de decidir qué podemos hacer ahora.

—¡Ugh! ¡No! –gritó la niña.

Me senté con ella mientras daba vía libre a sus sentimientos. «No es mi trabajo que se apresure en esto –me recordé a mí misma–. Está en su derecho de enfurecerse». Al cabo de tres minutos de pataleo y de decirnos lo furiosa que estaba, se levantó y se dirigió a un cubo, agarró un cucharón y regresó para continuar mezclando la pasta. Me mantuve allí durante otro minuto y, después, me volví a mi hijo y le dije:

—Cuando hayas acabado, puedes preguntarle si quiere su turno.

—La siguiente –respondió él.

—Sí, ella puede ser la siguiente –validé yo, mientras pasaba página.

Cuando regresé con mi amiga, ella dijo:

—¡Oh, Dios mío! Pensé que mi hija iba a perder los papeles.

Empaticé con ella.

—Sí, a veces da miedo estar en ese espacio en el que no estás segura de cuál va a ser su reacción cuando estás marcando el límite y empatizando al mismo tiempo.

Y ella respondió:

—Así es. Sin embargo, he estado observándote y creo que lo que voy a intentar la próxima vez es estar simplemente ahí sin darle algo nuevo con lo cual remover. Me llamó la atención que lo resolviera por su cuenta.

Ya sabes, es un lío ser madre o padre cuando te encuentras con otros humanos que también son progenitores. No siempre sale tan bien, y todos tenemos partes de nuestra infancia que entran en juego. Pero las dos cosas más beneficiosas que he aprendido en el viaje de la crianza con los demás son:

1. **Ver lo bueno.** Mi amiga quiere ser la mejor madre posible. Su hija tiene una confianza en sí misma y una asertividad increíbles, que pueden convertirse en grandes cualidades para el liderazgo si se sustentan sobre las habilidades sociales adecuadas, como pueden ser las de ver las fortalezas, la individualidad y las capacidades de los demás. Si vislumbramos lo bueno, podremos ver más allá de nuestros desencadenantes para tomar conciencia del otro y conectar con él.
2. **La perfección no es real.** La gente me ve como una madre imperfecta, con la casa hecha un lío, metiendo prisa a mi hijo en sus emociones algunas veces o reaccionando en lugar de responder. Ven cómo me desahogo con los problemas, y nos apoyamos unos a otros sabiendo que merecemos cariño a pesar de nuestros errores. Ser vulnerable puede resultar temible. Dejar que la gente vea que no tenemos todas las respuestas y que no nos sentimos confiados en todas las decisiones que tomamos en la crianza les permite saber que no están solos y sentirse conectados, y puede que incluso comiencen a sentir compasión por aquellas partes de ellos mismos en las que tampoco confían. Quizás debería buscar un felpudo para la puerta de casa que dijera: «Tu caos es bienvenido a esta casa».

Tercera parte

PCEando en el siguiente nivel

Capítulo 11

El desarrollo de la empatía

Uno de los cinco componentes de la inteligencia emocional es la empatía y, de hecho, es un componente sumamente importante. En este capítulo analizaremos qué es la empatía y qué no es. Conviene comprender las diferencias entre la empatía, la simpatía, la compasión y la codependencia, y charlaremos acerca de cómo podemos fomentar la empatía y crear una cultura de empatía en nuestro entorno sin alimentar la codependencia.

Las cuatro características de la empatía

La experta en crianza Teresa Wiseman identifica cuatro cualidades de la empatía en sus investigaciones: tomar perspectiva, no juzgar, reconocer las emociones de los demás y, finalmente, comunicarse al respecto. Vamos a estudiar estas cualidades dentro del contexto del PCE:

1. **Tomar perspectiva** estriba en ser curioso acerca de lo que la otra persona está experimentando y qué significa para ella esa experiencia. No significa tener la misma experiencia, estar de acuerdo con lo que siente, justificar el comportamiento relacionado con su experiencia o decidir si su experiencia es real o no. La toma de perspectiva implica apartarte durante un tiempo del escenario

con el fin de observar la experiencia y confiar en que es auténtica para la otra persona.

Cuando un niño se estira de la camisa y dice «Rasca. No me gusta. Quiero otra camisa», podemos practicar la toma de perspectiva creyendo que su experiencia es auténtica. «Esa camisa te resulta incómoda, y quieres cambiártela». No es mi trabajo intentar convencerle de que la camisa es perfectamente cómoda y recordarle que se la puso ya en otra ocasión. Mi trabajo es salirme de mí misma y ser testigo de su experiencia.

2. **No juzgar consiste** en practicar la atención plena de nuestros prejuicios y autorregularnos de tal modo que podamos ver la experiencia del niño sin una lente sesgada. En vez de responder con «No hay por qué ponerse así. Sólo es una camisa. Podemos arreglarlo», no juzgar es tomar conciencia de *lo que hay:* «Estás verdaderamente molesto porque te resulta incómoda».
3. **Reconocer las emociones** es conectar con *lo que* la persona está sintiendo, no con por qué lo está sintiendo. ¿Te acuerdas de la inmensa decepción de Simon cuando su torre de bloques se desmoronó? En aquel momento, yo me acordé de cuando el bebé echó abajo la pila de ropa. Si sabes lo que es la decepción, puedes optar por empatizar con ese sentimiento, con independencia de por qué la otra persona lo siente. Aquí es donde quizás recuerdes un momento en el que sintieras lo que siente el niño, de manera que puedes establecer una conexión con *cómo* se siente eso.
4. **Comunicar** que comprendemos la emoción es cuando tiene lugar la conexión, cuando tenemos la oportunidad de decir «Me doy cuenta. Lo entiendo. Es duro. Sí, es duro. Lo comprendo. ¡Maldita sea, qué mal!». El otro día mandé un mensaje de texto a mi mejor amiga: «**He estado tan cansada las dos últimas noches que sólo de pensar que nos tenemos que reunir mañana para cenar me resulta agotador. Pero también siento que deberíamos hacerlo porque mi suegra está libre para ver S y no hemos salido a cenar en mucho tiempo**». Y ella respondió: «**Entiendo lo que me dices, sobre todo si lo miras de hoy a mañana**». Ella no intentó convencerme ni minimizar mi experiencia. Estuvo presente en mi malestar porque reconoció en su interior lo que se

siente cuando se llega a tal estado de agotamiento y escuchó de verdad lo que yo le estaba comunicando. Comunicar emociones que otros disfrutan experimentando es también empatía. Una invitación a la conciencia de sí mismo es tomar conciencia de si te resulta más fácil comunicarte cuando otra persona está sufriendo sentimientos difíciles en contraposición a si los sentimientos son agradables, o viceversa.

Enseñar empatía modelando empatía

La forma más poderosa de enseñar empatía es a través del modelado. Pero esto puede ser difícil con los humanos diminutos. Uno de los motivos es porque es muy fácil centrarse en el *porqué* en lugar de en el *qué.* El *qué* es la emoción y el *porqué* es la experiencia. Y los *porqués* de los niños son muy diferentes de los de los adultos. Podríamos desestimar una emoción si la experiencia no parece justificar esa emoción desde el punto de vista de un adulto, si no lo vemos como algo importante.

Centrarse en la experiencia puede parecer...	**Centrarse en el sentimiento puede parecer...**
«¡No es más que una torre de bloques! Puedes construirla de nuevo».	«La torre se ha caído. ¡Guau, qué decepción!».
«No tienes por qué asustarte».	«¡Vaya estampido! ¿Te has asustado?».
«No es tan importante».	«Parece que es importante. Lo entiendo».

La forma más poderosa de enseñar empatía es a través del modelado.

En ocasiones, «simpatía» y «empatía» se toman por sinónimos, pero se trata de conceptos muy diferentes. El diccionario *Merriam-Webster* los define como sigue: la *simpatía* implica compartir (o tener la capacidad de compartir) el sentimiento de otra persona, mientras que la *empatía* se suele utilizar como imaginar (o tener la capacidad de imaginar) sentimientos que uno no tiene en realidad. La simpatía desconecta, en la medida en que separa a una persona de la otra. Suele venir con un «pero» o «al menos», y se puede encontrar en frases como «Soy consciente de que estás furioso, pero…». Las respuestas simpáticas pueden intentar encontrar el lado positivo de las cosas, en lugar de mantener el espacio para que se dé la emoción y la experiencia presente. A veces, cuando damos una respuesta de simpatía, es como si imagináramos que nosotros hubiéramos gestionado esa situación de un modo diferente. La simpatía es autoprotectora en la medida en que nos permite pensar que no nos sentiríamos de la misma manera o racionalizar que no tenemos por qué sentir esa emoción por diversos motivos.

¿Te acuerdas de cuando el bebé echó abajo la pila de ropa limpia y recién doblada? La simpatía sonaría a «Se te ve frustrada. Pero no te preocupes, puedes doblarla de nuevo». La empatía suena a «¡Oh, vaya! ¡Qué fastidio terminar ese trabajo y tener que hacerlo de nuevo ahora!».

La simpatía sonaría a…	La empatía sonaría a…
«Siento que no quieras dejar el parque infantil ahora, pero es hora de comer».	«No es fácil dejar de jugar cuando te estás divirtiendo tanto. Pero estaré contigo mientras te sientas triste».
«Veo que estás enfadada porque tu hermana ha coloreado tu dibujo. Pero puedes hacer otro dibujo en otra página».	«¡Uf! Con lo mucho que te has esforzado con ese dibujo y tu hermana lo ha coloreado. Es frustrante».
«Veo que estás llorando. Siento que no quieras irte a la cama. Pero no te preocupes. Volveremos a jugar mañana».	«Tu hermano y tú estabais haciendo un fuerte muy chulo, y entiendo que es difícil tener que dejarlo para acostarse. Cuando trabajo con algo que me gusta, también me resulta difícil tener que dejarlo».

En estos ejemplos de comunicación empática no es importante si el adulto está de acuerdo o no en que la experiencia es importante para el niño. Aquí es donde entra la toma de perspectiva. Imagina cómo siente el niño la experiencia (no cómo la siente un adulto) para validar lo que te dice, su verdad.

Del hecho de optar por la empatía y conectar con alguien se deriva siempre cierta vulnerabilidad; y, a veces, la vulnerabilidad es realmente difícil de encajar. Pero no tenemos por qué sentir lo mismo en ese momento para poder llamarlo empatía (sería, de hecho, sorprendente si nos sintiéramos tan devastados como nuestro amigo con el que acabamos de romper). Para ser empáticos, sólo tenemos que imaginar, ver y respetar lo que alguien está sintiendo. Puede ser útil recordar lo que sabes acerca de ese sentimiento y cómo lo has sentido en el pasado, pues ésos son tus conceptos emocionales.

Cuando los sentimientos de una persona cambian en función de los sentimientos de otra persona y con la misma profundidad, eso no es empatía, es codependencia. En este libro, cada vez que hablemos de codependencia nos estaremos refiriendo a si una persona depende de que otra persona esté regulada para poder estarlo ella. Si Tasha comparte sus sentimientos más intensos y difíciles y se encuentra con la codependencia de Winnie, Tasha tendría que regularse para que Winnie pudiera regularse.

Para responder con empatía, tienes que hacerte cargo de tu experiencia emocional y de tus herramientas de autorregulación. Si alguien se está ahogando y tú saltas al agua y te ahogas con él, no va servir de nada. El objetivo último es fomentar la empatía, ese conjunto de habilidades que te permite sentir *con* alguien mientras enseñas a los niños a actuar de forma compasiva. Convendrá trabajar la empatía, pero con la vista puesta en la *acción*. La empatía dice: «Entiendo cómo se siente eso». La compasión se construye sobre la empatía, pero en tanto que acción que una persona emprende para ayudar a otra persona a tolerar los momentos difíciles de la vida. A veces, supone simplemente mantener el espacio y permitir los sentimientos más difíciles, aunque esto pueda dar la impresión de que no se está haciendo nada.

Esto es en especial difícil para progenitores y cuidadores, y es comprensible que así sea. Para mí no hay nada más difícil como madre que la compasión cuando podría resolver la dificultad y hacerla desaparecer. Por ejemplo, me resulta muy difícil ver a Sage intentando gestionar su frustración cuando trata de tapar un recipiente, cuando yo podría hacerlo en un momento y disolver de un plumazo su frustración. No es fácil cuando lo único que puedes hacer es dar un abrazo y escuchar cuando tu hijo llega derrotado en una competición, no mete gol o no puede participar en los juegos escolares; es difícil no intentar resolverlo para evitarle un mal trago. Si existiera un mundo en el que nuestros hijos no tuvieran que sentir esas cosas jamás, yo firmaría, pero la verdad es que todos los seres humanos experimentan momentos duros. Es por este motivo por el que construimos juntas estas herramientas, en vez de intentar evitarles todos esos malos tragos mientras están bajo nuestro cuidado para luego enviarlos al mundo sin herramientas para la resiliencia. Las habilidades que nos permiten soportar y abrirnos paso colaborativamente a través de los desafíos de la vida son algo que nuestros hijos tienen que desarrollar, y eso comienza por nosotros, ofreciéndonos como modelos para y con ellos.

¿Qué ocurrió con mi empatía?

Cuando estás criando hijos o cuidando de niños, es probable que haya juguetes esparcidos por toda la casa, que los ruidos sean incesantes y que los niños tengan necesidades inagotables. La carga mental que genera seguir el rastro de lo que cada uno hace, necesita y tiene, mientras se previene lo que está por venir, puede ser abrumadora.

Un entorno así puede reducir tu capacidad para pensar de forma creativa. Te sientes menos flexible y estás menos abierto a sucesos inesperados. ¡Y las emociones intensas no parecen lo más conveniente! Si tu pequeño se enrabieta y piensas «Esto no debería estar ocurriendo ahora», entonces es que estás juzgando en vez de practicando la atención plena. Y tampoco es necesario que te juzgues por ello; simplemente, toma nota de ello. ¿Por qué te apresuras en juzgar? Quizás sea porque andas escaso de recursos y necesitas recargar las baterías, aunque sólo sea por un minuto. Éste puede ser uno de los motivos por los cuales perdemos el rastro de nuestras habilidades empáticas de vez en cuando. Podríamos actuar con rapidez en un intento por hacer que se detengan cuanto antes las expresiones no planificadas de sentimientos intensos, porque pensamos que el niño no debería estar sintiendo eso, que debería ser capaz de gestionarlo sin tu ayuda o que no es el momento oportuno porque llegamos tarde a una reunión o estamos a punto de salir en dirección a la escuela; dicho de otro modo, todo lo contrario de la fase 1 del procesamiento emocional: permitir. Frente a un labio trémulo o un cuerpo tenso, algunos ejemplos de intentar detener los sentimientos frente a permitirlos podrían ser los siguientes:

- «Estás bien».
- «Siento que no quieras ponerte el abrigo, pero tenemos que irnos ya».
- «¿Quién se ha quedado tu nariz?» (dicho de manera lúdica, para distraer en ausencia del PCE).

Sí, las emociones intensas *son* ciertamente inconvenientes, pero merece la pena aprender a procesarlas. Tienes permiso para sentirte contrariado. Y, si exploras un poco, quizás encuentres un sentimiento por debajo de esa experiencia, como la decepción o la frustración. Después de procesar esos sentimientos, quizás descubras que la empatía está de nuevo a tu alcance. Dicho esto, no es realista imaginar que vas a ser capaz de permitir y procesar cualquier emoción que surja de los niños o de ti mismo. Ésta es una práctica que exige «inclinarse». Siempre que nos acordemos de permitir, siempre que dispongamos de un poco de energía para compartir, permitiremos las emociones y las procesaremos juntos. Crecer es a veces incómodo, de modo que presta atención a tus expectativas con respecto a ti mismo. Esto debería sentirse como un buen estiramiento.

Otro motivo por el cual tu empatía podría haber desaparecido en ti es porque quizás el sufrimiento de la otra persona sea muy duro de asumir para ti. Si, durante la infancia, te sentías como una carga para los demás cuando expresabas tus necesidades, puede que algo se dispare en ti cuando tu propio hijo manifiesta las suyas propias. Quizás sientas que no es merecedor de cariño o que atenderlo es muy costoso. Tal vez sientas lo mismo acerca de ti mismo. Pero, recuerda, tanto tú como tu hijo estáis en vuestro derecho de tener necesidades.

Personalmente, a mí me resulta difícil sentir empatía cuando alguien está enfermo. Y es que, cuando era niña, nunca me ofrecieron compasión y cariño cuando estaba enferma. De hecho, ocurría todo lo contrario. Se me educó con una mentalidad de «superación»: había que ir a la escuela, jugar el partido o ir a trabajar de la forma que fuera, salvo que hubiera que hospitalizarte, y aun así... ¿De verdad lo necesitas? Ahora, cuando alguien está enfermo, esa parte de mí emerge y se pregunta hasta qué punto está el otro enfermo y espera que haga un ejercicio de superación. No puedo darle el regalo de la compasión que no he sido capaz de concederme primero a mí misma.

En tu infancia, si se te hubiera hecho responsable de los sentimientos de otra persona avergonzándote por ello, quizás hubieras tenido dificultades para sentir empatía. Tal vez te dijeran: «No digas eso. Vas a hacer que mamá se ponga triste», «Papá se va a enfadar si haces eso», «¡Oh, estupendo! Has hecho que tu hermana se asuste». Aunque la vergüenza puede cambiar la conducta, incluso a corto plazo, se va a convertir en parte de la cháchara mental del niño y puede dar como resultado la mentira, la racionalización o una autodefensa a ultranza cuando se cometen errores o se entra en conflicto. Si no nos sentimos seguros teniendo un sentimiento intenso o tras cometer un error, desarrollaremos medidas autoprotectoras, que pueden dificultar la experiencia de la empatía. Si nunca has recibido respuestas empáticas y compasivas ante tus emociones en la infancia, comienza por practicar la compasión por ti mismo. Pues cuando aprendemos a darnos compasión, resulta más fácil extenderla sobre los demás. Kristin Neff, profesora asociada del Departamento de Psicología Educativa de la Universidad de Texas en Austin y autora de varios libros, entre los cuales se encuentra *Self-Compassion* («Autocompasión»), dispone de herramientas para poner en práctica la compasión por uno mismo. Puedes encontrarlas en www.seedandsew.org/more

Yo solía tener problemas para permanecer presente cuando otra persona manifestaba alguna emoción con intensidad. Pero mediante la atención plena y la conciencia de sí mismo, me he dado cuenta de mi tendencia a intentar que las emociones intensas desaparezcan lo antes posible. Y ahora empiezo a ser capaz de permanecer presente cuando una persona querida está sufriendo, si bien me resulta muy complicado cuando percibo o sé que sus emociones son una respuesta directa a algo que he hecho. De pronto estoy en «modo resolución de problemas» o racionalizando mi propia conducta antes de comprender plenamente la situación, en concreto la verdad de la otra persona. Y, aunque es complicado y me siento como una principiante la mayor parte de las veces, a medida que practico me parece cada vez más valioso. Cuando estamos presentes, disponemos de la oportunidad de poder conocer mejor las emociones, tanto las nuestras como las de los demás. Y cuando las conocemos mejor, también podemos comunicarlas mejor.

Convendrá darse cuenta de en qué momentos te sientes molesto con las emociones de los demás o sientes resistencia ante ellas, para así poder hacer una pausa, practicar el cuidado personal y optar por la empatía a la hora de responder, en vez de por la negatividad o por actitudes defensivas.

Los demás no son responsables de tus sentimientos

Los niños hacen una y otra vez cosas que nos provocan. Hacen cosas molestas y frustrantes. Dicen cosas como: «Te odio», «Eres la peor madre del mundo», «Eres estúpido» o bien, la última en el equipo de Seed, «Nunca será tu cumpleaños». El objetivo no es conservar la calma y la serenidad cuando todo esto ocurre; el objetivo es hacerse consciente de la reacción interna que nos provoca y esforzarse por desarrollar las herramientas que nos permitan regular y traducir esa conducta en lo que el niño en realidad está queriendo decir: necesito ayuda o quiero sentirme conectado contigo.

Los niños saben que nosotros también tenemos sentimientos, pero ¿te imaginas si supieran que también disponemos de nuestra propia caja de herramientas para nuestros sentimientos? Imagina un mundo en el que todos los niños tuvieran al menos una persona a la cual recurrir que pudiera manejar sus emociones más intensas. Suceda lo que suceda en sus vidas, queremos que los niños tengan al menos una persona con la que puedan derrumbarse, una persona de cuyos sentimientos no se sientan responsables. Tu relación con ellos es diferente de una relación de pares. Es el fundamento sobre el cual se van a sentir seguros y a salvo en el mundo.

No es lo mismo comunicarle a un niño que él *ha causado* tus sentimientos que manifestarle tus sentimientos. Y ésta es también una magnífica manera de enseñar por modelado. Si tú te permites a ti mismo sentir todo un rango de emociones y demuestras cómo procesarlas, los niños aprenden que todos los sentimientos son bienvenidos y son gestionables. La clave estriba en reconocer cómo procesas los sentimientos. «Llego a casa con el vehículo cargado de alimentos y me tengo que poner a hacer la comida. Me siento agobiado. Voy a calmarme un poco y a leer un libro durante sólo cinco minutos para relajarme», «Me siento decepcionada por todos los garabatos con rotulador en las paredes, de modo que necesito un poco de espacio y mover mi cuerpo durante un minuto. Vuelvo enseguida», «Has sido muy considerada al hacerme este dibujo en la escuela. Me siento querida».

Comunicar tus sentimientos es distinto a hacer que tu hijo sienta que es él o ella quien *causó* tus sentimientos. Toma en consideración estas afirmaciones: «Cuando pones orden en tus juguetes me siento feliz»; «Me pone triste que pegues». Frases como éstas les dan poder a los humanos diminutos sobre nuestros sentimientos, y eso es una gran responsabilidad. ¿Cuál es tu objetivo aquí? ¿Que ordene los juguetes? Prueba con esto: «Gracias por ordenar tus juguetes. Es muy agradable caminar por la casa sin tropezar con ellos». ¿Es el objetivo que deje de pegar? Estupendo, pues ayudémosle a sentirse seguro y regulado en su cuerpo de nuevo, para que podamos mantener una conversación acerca de lo que necesitaba en ese momento para que opte por una respuesta diferente en la siguiente ocasión.

En vez de…	**Prueba con…**
«¡No corras por el aparcamiento! ¡Me da miedo!».	«Mi cometido es mantenerte a salvo. Vamos a ir de la mano por el aparcamiento».
«Me pone triste cuando me hablas así».	«Te apetecía mucho seguir jugando fuera. Lo entiendo, cariño».
«¡Has utilizado el orinal! ¡Muy bien! ¡Estoy tan feliz!».	«¡Has utilizado el orinal! ¿Cómo te sientes ahora?».

En el capítulo 9 hay muchos más ejemplos de cómo orientar el comportamiento sin ceder la responsabilidad por tus sentimientos. No es que estés fracasando si utilizas frases como las de la columna de la izquierda. No olvides que este viaje no va de perfección, sino de crecimiento. La próxima vez, puedes permitir que tu pequeño vea que tienes emociones mientras reclamas tu responsabilidad por ellas y modelas el uso de una estrategia de respuesta. El modelado de estrategias de respuesta puede tener uno de estos aspectos:

- «Estoy teniendo un sentimiento intenso. Creo que es frustración. Voy a tomarme un respiro para calmar mi cuerpo y luego vuelvo y seguimos hablando».
- «Me siento preocupada en estos momentos, de modo que voy a respirar profundamente diez veces para calmarme antes de que sigamos hablando. ¿Quieres respirar conmigo?».
- «Quiero calmarme para que podamos resolver el problema, pero todavía estoy enfadada. Mirar al cielo me ayuda a calmarme. Me voy a mirar al cielo durante un minuto. Pondré el temporizador. ¿Quieres mirar al cielo también tú?».

De este modo, estarás demostrando que puedes utilizar una estrategia de respuesta para calmarte cuando las emociones se intensifican mucho, en vez de exigirle al niño determinada conducta para calmarte.

Esto puede parecer bastante sensato y suficientemente sencillo, pero en realidad no es fácil. No es fácil ser la persona ante la cual otra persona puede derrumbarse, sobre todo cuando tenemos la sensación de que *no podemos* gestionar emociones tan intensas. Cada uno de nosotros porta sus propias creencias acerca de las emociones, con sus propios patrones sobre qué emociones se nos permitía expresar siendo niños y cuáles no. Y cada uno tiene una idea distinta de lo que le parece asumible experimentar, así como de qué herramientas no disponemos para determinadas experiencias.

Si cada vez que expresabas una emoción siendo niño te decían que te controlaras, que te comportaras como una niña grande o como un «hombretón», o te decían que estabas bien, cuando te sientes de todo *menos* bien, es muy difícil que, de la noche a la mañana, dejes espacio para que los pequeños tengan sus sentimientos. Podría parecerte injusto que nadie te permitiera sentir o que alguien te hiciera el regalo de enseñarte qué podías hacer con esas emociones. Quizás resolver el problema sea el modo en que te sientes seguro. Tal vez crecieras sufriendo abusos, o padeciendo los efectos del alcoholismo, las adicciones, la falta de un hogar, la pobreza u otros estreses tóxicos. Quizás aprendieras a hacerte pequeño y silencioso para no añadir más estrés. Pero, ahora, este humano minúsculo está llorando porque ése no es el zapato que quería, y su problema se te antoja demasiado pequeño al compararlo con lo que tú tuviste que superar.

Concédete un instante de gracia. Sé consciente de que este trabajo es difícil y que precisa tiempo e intención. No olvides que aquí no se busca la perfección. Padres, madres, ¿se os ha escapado algún grito hoy? ¿Habéis llorado? ¿Ignorasteis a vuestro hijo y desconectasteis el teléfono porque se os hizo todo excesivo? Está bien. Nadie es perfecto en esto, y ser la persona sobre la que alguien lo pone todo, sobre todo las cosas más difíciles, puede ser agotador. Tú tienes patrones, hábitos y comportamientos aprendidos que se estaban construyendo desde mucho antes de que ese humano minúsculo estuviera en el mundo.

Docentes y cuidadores no parentales, ¿cedisteis u os distrajisteis porque no estabais de humor para soportar grandes emociones? ¿Le dijiste a un niño que lo que había hecho te había puesto triste? ¿Te pasaste el tiempo corrigiendo en lugar de enseñando? Aprender a reconocer tus patrones, tomar conciencia de ellos sin enjuiciarte (simplemente siendo consciente de ellos) es el primer paso para la regulación y el procesamiento de las emociones con el fin de optar por una respuesta diferente con el transcurso del tiempo.

Si no digo a los niños cómo me hacen sentir sus actos, ¿cómo aprenderán que sus actos o sus palabras tienen consecuencias y efectos?

Esta pregunta me la formulo yo también con frecuencia y, cada vez que surge, hago un alto para preguntarme de qué tengo miedo. Si tomo decisiones acerca de la crianza desde el miedo, éste emergerá entonces de otras maneras, creando una cascada de decisiones de crianza basadas en el miedo. Pero cuando hago una pausa y me pregunto qué tengo miedo que ocurra si no les digo a los niños que sus actos provocan mis sentimientos, soy consciente de que me estoy aferrando al miedo de que los niños crezcan y tengas problemas en sus relaciones sociales porque no son conocedores de los efectos que tienen en las personas que les rodean. Las habilidades sociales son uno de los cinco componentes de la inteligencia emocional y son un componente esencial para moverse por el mundo. Si soy capaz de reconocer ese miedo, podré reformular la pregunta original sin grandes complicaciones: «¿Cómo puedo enseñar empatía a los niños?». Y la respuesta adopta un gran número de maneras distintas, pero no aquella que les hace sentir que tienen que controlar sus emociones por miedo a cómo vayas a sentirte tú, la persona que les proporciona un espacio seguro. Echemos una ojeada a los seis modos en los que puedes incrementar la conciencia empática:

1. **Modela en voz alta la compasión por ti mismo.** Como perfeccionista en fase de recuperación, he tenido que reconocer mi miedo a cometer errores, sobre todo a aquellos que pueden dañar a los demás. Es aquí donde he podido practicar la compasión con uno mismo frente a los niños. En el ajetreo de la mañana, puede ocurrir que me olvide de haber dicho a uno de los niños que sacaría el material que estaba pidiendo o que empezaría el círculo antes para disponer de más tiempo para el recreo. Se trata de situaciones de bajo riesgo en las que puedo pedir disculpas por haber cometido un error. «¡Oh, no! He cometido un error. Lo siento. Me he olvidado de sacar la cartulina rosa del armario». Después, mirando hacia arriba, en vez de establecer contacto visual para sugerir que estoy hablando conmigo misma, añado: «Supongo que todo el mundo comete errores de vez en cuando». La última frase es la de la compasión por uno mismo, porque en ella reconozco que soy parte del inmenso colectivo de personas a las que les suceden estas cosas: todo el mundo. Después, puedo pasar página, si es necesario, para dar apoyo al niño decepcionado o con cualquier otro sentimiento que puede tener, o puedo hacer un nuevo plan a seguir a partir de su petición.
2. **Practica mantener el espacio sin resolver.** Si los niños aprenden que no pasa nada por tener una emoción, sabrán mantener también ese espacio para los demás. Ésta es la primera fase del procesamiento emocional: permitir. *Véase* el capítulo 5 para recordar. Sólo podremos sentir empatía si comprendemos cómo se sienten las emociones en primera persona. Si dejamos que los niños experimenten emociones, que tomen conciencia de cómo se sienten y recorremos el PCE, los niños aprenderán a reconocer las emocio-

nes en los demás y a conectar con esas personas sin intentar resolver la situación.

3. **Enseña empatía exhibiéndola.** Del mismo modo que desarrollamos las habilidades de autorregulación corregulándonos con un niño en primer lugar, la empatía se enseña respondiendo a los niños con empatía. Conecta con el niño e intenta discernir cuál puede ser el mensaje subyacente a su conducta. Confía en que es un ser humano bueno y permítele cometer errores sin transmitirle la idea de que tu cariño por él es condicional. Realiza una pausa para decir te quiero; es imposible malcriar a un niño con amor. Nunca podrás decir demasiado esas dos palabras, créeme. Conocí un niño de seis años que había ido pasando de una familia de acogida a otra hasta un total de cuatro familias en su breve vida en la Tierra. Estaba en la clase de primer grado, en el tiempo del círculo, con un bebé como centro de la reunión matinal. Al cabo de un rato preguntó si podía sostener a la bebé. Con dudas, la profesora le pasó a su preciosa bebé a este muchacho. La bebé empezó a llorar y la profesora se tensó nerviosa, insegura de qué podría hacer el niño. Pero éste comenzó a mecerla de forma natural en sus brazos mientras la pequeña se calmaba. Levantó los ojos, miró a la profesora y preguntó: «Si nunca nadie te ha querido, ¿crees que se puede ser un buen papá cuando te hagas mayor?». Damos por supuesto que estos niños saben que se les quiere porque les damos amor, pero, por favor, no dejes nunca de decírselo.
4. **Modela la toma de perspectiva.** Estábamos jugando en la playa cuando mi hijo destrozó el castillo de arena que mi hija tanto se había esforzado por construir. Cuando vi que movía la pierna, lo detuve e impedí que destrozara la creación de su hermana. «No te voy a dejar que le destroces el castillo. Se ha esforzado mucho para hacerlo». Mi hijo me miró en silencio, sorprendido. Entonces, lo intentó de nuevo, yo se lo impedí y le dije: «Ponte en su lugar. ¿Cómo te sentirías si te esforzaras mucho por construir algo y ella viniera y te lo destrozara?». «Triste», respondió él. Entonces, le comenté: «Entiendo que derribar castillos de arena es divertido. ¿Quieres que construyamos uno juntos, uno que sí

puedas derribar? *«¡Sí!»*, exclamó mientras echaba a correr para traer su pala. Podemos animar a los niños a que se pongan en la piel de los demás desde muy pequeños, sí, ¡incluso con sólo un año de edad! «¿Cómo se sentirá eso?». «Sí, yo también oigo llorar a ese niño. Me pregunto qué estará sintiendo». Modela también en tu vida de adulto y dilo en voz alta. «La vi llegar con ese cochecito grande, de modo que le sostuve la puerta abierta. Si hubiera sido ella, también me habría gustado que alguien me ayudara». Cuando alguien se te cruce por delante en medio del tráfico de la ciudad, en vez de todas las maldiciones que te puedan venir a la mente, prueba con esto: «¿Por qué tendrá tanta prisa esa persona? Espero que no sea nada grave». Los humanos diminutos van a aprender muchísimo más de lo que tú realmente hagas, o modeles, que de lo que les puedas decir. Enseña con el ejemplo.

5. **Lee libros sobre desarrollo emocional** y destaca las emociones y las pistas sociales relacionadas con los personajes en todos tus libros. Puedes detenerte en la lectura de una página y decir: «Veo lágrimas en las mejillas de esa persona. ¿Cómo crees que se sentirá?», «Yo me sentiría avergonzado si eso me pasara a mí. ¿Hay algo que te alivie cuando te sientes avergonzado?». Hablad de lo que sería tener ese sentimiento y discutid cómo ayudaríais a esa persona si estuvierais allí. Es decir, entrena al cerebro infantil para que piense de manera empática. Y, si deseas profundizar en la empatía, echa un vistazo a las investigaciones y los recursos que ofrece Michele Borba en su libro *UnSelfie: Why Empathetic Kids Succeed in Our All-About-Me World* («InEgoísta: Por qué los niños empáticos tienen éxito en este mundo del todo-acerca-de-mí»).[1]
6. **Deja de enjuiciar** merced a actividades de atención plena como respirar y/o el yoga con los niños. *Juegos yoga: 50 divertidas actividades de yoga para niños y adultos,* de Tara Guber y Leah Kalish, es una valiosa herramienta. En estas tarjetas, los dibujos ofrecen los movimientos paso a paso para lograr cada una de las posicio-

1. Borba, M.: *UnSelfie: Why Empathetic Kids Succeed in Our All-About-Me World.* Touchstone, Nueva York, 2016.

nes, y hay también tarjetas con cinco tipos de respiración diferentes.[2] Otra opción es *Little Yogi Deck: Simple Yoga Practices to Help Kids Move Through Big Emotions* («El mazo del pequeño yogui: Prácticas de yoga sencillas para hacer que los niños gestionen emociones intensas»), de Crystal McCreary.[3] El adulto puede leer las instrucciones de cada tarjeta, por lo que este libro es muy adecuado para niños capaces de seguir instrucciones verbales. Lee las instrucciones poco a poco, haciendo una pausa entre una y otra. En uno de mis cursos, los niños me pedían practicar estos ejercicios todos los días después de la comida, de modo que establecí secuencias con las tarjetas mientras iban familiarizándose con las posturas. Moverse con la intención es una forma de soltar la mente enjuiciadora y de sentir lo que estás haciendo mientras lo estás haciendo. La lectura juntos del libro *Finding Om* («Encontrando el Om»), de Rashmi Bismark es también una buena forma de practicar la atención plena con los niños.

¿Qué tal si cada uno de nosotros tomamos la determinación de *adentrarnos* en cada interacción con empatía? Imagina lo que sería que te *recibieran* empáticamente en cada interacción que establecieras con los demás.

Los cazafalacias sobre el desarrollo de la empatía

En torno a la época en la cual puse en marcha mi negocio, Engage: feel. think.connect, comencé a darme cuenta de que existía un malentendido sobre qué es la empatía y cómo se desarrolla. Fue entonces cuando me inventé estos cazafalacias sobre el desarrollo de la empatía, que ahora utilizo en cada taller para aclarar las cosas:

---

2. Gruber, T. y Kalish, L.: *Yoga Pretzels: 50 Fun Yoga Activities for Kids and Grownups.* Barefoot Books, Concord, MA, 2005. (Trad. cast.: *Juegos yoga: 50 divertidas actividades de yoga para niños y adultos.* Gaia, Móstoles, Madrid, 2017).
3. McCreary, C.: *Little Yogi Deck: Simple Yoga Practices to Help Kids Move Through Big Emotions.* Bala Kids, Boulder, CO, 2021.

Falacia 1: Los niños hacen daño a otros niños debido a la falta de empatía

En realidad, no es la falta de empatía el motivo por el cual un niño puede hacer daño a otro niño, sino el escaso desarrollo de unas habilidades específicas: las habilidades de función ejecutiva, las de procesamiento emocional y/o las de comunicación. El desarrollo de estas habilidades llevará a la empatía, pues no vamos a conectar con el sentimiento de otra persona si no somos capaces de conectar con ese sentimiento en nosotros mismos.

Falacia 2: Enseñar a los niños a decir «Lo siento» les mostrará que lo que hicieron está mal

En realidad, se logrará mediante la identificación del sentimiento que tú crees que tenía el niño cuando tuvo la conducta antisocial. ¿Se sentía apartado? ¿Avergonzado? ¿Solo? ¿Enojado? Tú puedes ayudarlo a identificar ese sentimiento y, cuando todo el mundo se haya calmado, hacerle saber que está bien tener sentimientos así, pero que no está bien [*insertar aquí la conducta indeseable*]. Ofrécele sugerencias acerca de qué hacer en la próxima ocasión que se le presente. Puedes incluso hacer juego de roles. Consulta el capítulo 7 para profundizar sobre este tema.

Falacia 3: Hacer que el niño que cometió el error pida disculpas hará que el otro niño se sienta mejor

Más bien sé *tú* quien ayude al otro niño a sentirse mejor (con independencia de dónde se encuentre el niño que cometió el error) identificando su emoción y proporcionándole validación.

En el mundo real, la gente no siempre se disculpa justo después de haber cometido un error. De hecho, puede que no vengan jamás a pedirte disculpas. Enseñemos a los niños que el procesamiento emocional y pasar página no tienen por qué depender de que venga alguien a disculparse. Ellos pueden aprender estrategias que les funcionen bien.

Falacia 4: Cuando el niño que cometió el error tiene que ponerse cara a cara con el niño que resultó perjudicado y pedir disculpas es cuando aprende empatía

Más bien, invita al niño que cometió el error a que forme parte de las emociones de sus pares que él *no* causó y lo ayudarás a comprender la empatía. Y modela de forma consistente la empatía en tus interacciones con cada niño a diario.

Si existe la posibilidad de que el niño se avergüence de haber cometido ese error, puede que le resulte más difícil desarrollar la empatía. Con el tiempo, convendrá ocuparse del daño causado a los demás. Pero los niños que hacen daño a los demás de forma reiterada tendrán que llevar a cabo un aprendizaje emocional y tendrán que aprender a relacionarse comprendiendo la vulnerabilidad antes de que puedan sentir empatía. Exigir una disculpa antes de que el niño lo lamente realmente no hará más que enseñarle a mentir en vez de sentir empatía.

La enseñanza de la empatía comienza con el ejercicio de la empatía, del mismo modo que los otros cuatro componentes de la inteligencia emocional. Comienza por cultivar la empatía en tus propias experiencias emocionales y practica la compasión por ti mismo mientras aprendes a permanecer en el instante en vez de huir de él. Entonces, quizás descubras que asumir la responsabilidad por tus emociones se vuelve cada vez más natural. ¿Qué frases podrías poner a prueba cuando te embargan las emociones en presencia de los niños? Toma nota de ellas y déjalas en un lugar a la vista, para ponerlas a prueba en la próxima ocasión que surja la oportunidad.

Capítulo 12

Cambios y transiciones

Las transiciones pueden resultar abrumadoras para el sistema nervioso; situaciones como mudarse, empezar un nuevo curso, comenzar con una nueva cuidadora, pasar por un divorcio o una separación, presentarle a un nuevo compañero o un nuevo hermanito o prepararlo para la separación prolongada de uno de sus cuidadores son transiciones que pueden resultar estresantes para los pequeños. Cuando el cambio tiene lugar, el cerebro dice: «¡Ahh! ¡Que suene la alarma! Las cosas son ahora diferentes, ¡y lo diferente se me antoja impredecible, desconocido y temible!».

Es normal que tu hijo sienta un amplio rango de emociones durante los momentos de transición, y asimismo es normal que *tú* sientas también un gran número de emociones. Excitación, tristeza, alivio, pesar, entusiasmo, preocupación y orgullo son sólo algunos de los sentimientos que emergen en las personas en momentos como éstos. Asegúrate de tener a punto tus propias estrategias de respuesta proactivas para poder ayudar a tu hijo. Quizás sea ésta una de las primeras transiciones de alcance para ti y para tu hijo, pero claro está que no va a ser la última. Abórdala como una oportunidad para practicar el arte de transitar juntos.

Mi mantra cuando estoy pasando por una transición es una cita de William Bridges: «Cuando estamos en transición es cuando estamos completamente vivos».[1] El hecho de que el cerebro intente dar sentido

1. Bridges, W.: (2020). https://wmbridges.com/about/what-is-transition/

a lo novedoso nos lleva a operar con más frecuencia de lo habitual desde el cerebro consciente porque en el subconsciente todavía no existen expectativas antiguas a las cuales uno pueda recurrir. Solemos estar más alerta, nuestras emociones están más cerca de la superficie y tenemos la oportunidad de recurrir realmente a la intención. En los tiempos de transición, el mundo puede parecer caótico para los niños mientras desarrollan nuevas rutinas y expectativas, mientras conocen el nuevo entorno y descubren nuevos límites, etc.

Así pues, vamos a ver qué podemos hacer con ese caos y cómo podemos superarlo. Las transiciones y los cambios pueden ser duros, por lo que, si las cosas no van bien, eso no significa que estés fracasando. La resiliencia se cultiva en tiempos de gran esfuerzo. A medida que los niños se adentran en los cambios y las transiciones, fortalecen los músculos de su inteligencia emocional. Y cuando tú pases por esos cambios y transiciones, harás bien en seguir estas cinco directrices:

1. Normaliza, reconoce y acepta los sentimientos mediante palabras y actos.
2. Recurre a ayudas visuales para hablar de la transición o cambio.
3. Estimula la curiosidad y acepta preguntas, incluso las más incómodas.
4. Cuando planifiques, piensa que todo va a llevar más tiempo del habitual.
5. Preeduca y cuenta historias y da ejemplos antes de que se inicie la transición o el cambio.

Cuándo hablar de la transición

Cada persona es distinta. Hay quienes preferimos anticiparnos y queremos que nos den toda la información y todos los detalles lo antes posible. Sin embargo, existen personas para las cuales un exceso de información en una etapa preliminar puede generarles ansiedad, o puede llevarlas a dejarlo todo de lado. Cuando mi pequeño iba a empezar la guardería, me puse en contacto con ella para conseguir de inmediato todos los formularios, saber la fecha de inicio, los días que cerraban para el siguiente curso escolar, etc. A mí me calmaba tenerlo todo controlado de antemano. Sin embargo, cuando le proporcionaron los formularios a mi mejor amiga, los puso en una pila de papeles hasta alrededor de una semana antes, que es cuando los rellenó. No se podría decir que una lo hiciera mejor que la otra; simplemente funcionamos de forma distinta. Así, para apoyar del mejor modo a cada niño en concreto, conviene que te preguntes cómo es el pequeño. ¿Precisará más tiempo para hacer todas las preguntas para las cuales necesite una respuesta? O, si se le avisa con demasiada antelación, ¿se levantará nervioso a las tres de la mañana, preocupado por lo que se avecina? ¿Estará ansioso por tantas cosas desconocidas y tanto tiempo de espera, o el hecho de disponer de un poco de información tendrá un efecto calmante en su sistema nervioso? Por tanto, responder a «¿Cómo es el niño?» y «¿Qué funciona mejor *en su caso*?» será clave para lo que hagamos a continuación.

La transición comienza oficialmente cuando el horario del niño y/o su entorno *empiezan* a cambiar. Hay niños que detectan hasta los cambios más pequeños en su horario diario; por ejemplo, cuando el desayuno viene como alimento preparado o envasado en vez cocinarlo cada día. Los niños pueden ser conscientes de cambios como éste, pero también pueden sentirse inquietos sin saber por qué.

Busca pistas que indiquen cómo entiende el tiempo tu hijo y básate en estos indicadores para decidir con cuánto tiempo de antelación vas a hablarle de la transición. Empezar antes no significa necesariamente que la transición vaya a ser más fácil. Dos o tres semanas de antelación es tiempo suficiente para que muchos niños de edad preescolar puedan procesar las noticias y los detalles de una transición inminente; para otros niños, puede ser mejor una semana. En función de su nivel cognitivo, el niño puede ser capaz o no de entender el concepto de planificación en cuanto al número de días o la secuencia. Si el niño ya cuenta historias acerca de sucesos acaecidos en el pasado, entonces es probable que pueda comprender la idea de que la vida va a ser diferente en el plazo de unas semanas. Estará interesado por los detalles y puede que haga preguntas concretas, y tú podrás responder mejor a esas preguntas en las tres semanas previas al inicio de la transición que tres meses antes de ella. Sin embargo, existe una transición que es probable que suscite preguntas mucho antes de las dos o tres semanas: la llegada de un nuevo hermano o hermana, sobre todo si la madre muestra las señales del embarazo. Profundizaremos en formas concretas de apoyar esta transición más adelante.

Bebés y niños pequeños son maestros del instante presente, y no deberíamos esperar de ellos que comprendan lo que es una transición a gran escala hasta que hayan pasado por una (además de la primera gran transición de la vida de todo ser humano: el nacimiento). Estos niños son capaces de comprender transiciones predecibles cotidianas como ir de casa a la escuela. En estos casos, puedes y debes hablarles del gran cambio que se avecina hasta con dos semanas de antelación, pero no olvides que el hecho de hablar de ello, a pesar de ayudar al bebé o al niño pequeño a comprender la transición, no implica que os lo vaya a poner más fácil a cualquiera de vosotros cuando ésta tenga lugar.

Cómo hablar de la transición

A todos los niños les viene bien saber qué va a continuar igual y que se cuente con ellos en el proceso, siempre que eso sea posible. También existen algunas preguntas que puedes responder y que los niños pueden formularse de manera consciente o inconsciente. He aquí algunas de ellas en distintos tipos de transición:

Mudanza

¿Qué cosas seguirán igual? ¿Qué cambiará?

Para mudanzas locales:
Será bueno que el niño visite el nuevo lugar antes de iniciar la mudanza. Si el camino hasta la escuela o hasta el supermercado va a ser diferente, podríais hacer juntos esos recorridos para «probar», sobre todo si el transporte cambia del vehículo privado al transporte público, o viceversa.
Para mudanzas de larga distancia:
Si el niño no puede ver el nuevo lugar donde vivirá con antelación, muéstrale fotografías. Y, si le gusta dibujar, puedes imprimir las fotografías y pedirle que te ayude a decidir dónde irán los muebles dibujándolos sobre la imagen, sobre todo en aquellas habitaciones donde vaya a permanecer durante más tiempo. Si el modo principal de transporte cambia, convendrá dedicar algún tiempo a explorarlo. Por ejemplo, si vais a utilizar vuestro propio vehículo en vez de ir en transporte público, intenta que alguien te preste un asiento de coche para que tu hijo pueda jugar con él. A los niños más mayores y a los de edad preescolar les encanta ponerle el cinturón de seguridad a su peluche. Si lo que vais a utilizar es el transporte público, busca en la biblioteca algún libro sobre autobuses y suburbanos que podáis leer juntos. Y si vais a empezar a hacer videollamadas para mantener el contacto con el abuelo y la abuela, convendría que hicierais alguna antes de partir, en alguna visita que hagáis a los abuelos, para que el niño vea cómo utilizan su dispositivo para hablar con vosotros.

Piensa si le gustaría que respondieras a preguntas como éstas:	• ¿Todos los que viven en la casa van a vivir en el nuevo lugar? • ¿Dónde dormiré yo en ese nuevo lugar? • ¿Y dónde dormirás tú? • ¿Nos llevaremos a mi muñeco de peluche? • ¿Y mis juguetes? • ¿Nos llevaremos a [*poner aquí el nombre de la mascota*]? Si no es así, ¿quién cuidará de él o ella? • ¿Seguiré viendo a mis amigos y a mi familia?
Involúcralo en el proceso.	Las cajas de cartón son mágicas para los niños pequeños. Las cajas grandes proporcionan lugares donde esconderse, que tienen la ventaja de mitigar el sonido y la estimulación visual. Destina al menos una caja para que el niño juegue con ella. También puedes animarlo a que te ayude a empaquetar si muestra interés por lo que estás haciendo. Te llevará más tiempo que si llenas la caja tú solo, pero le dará al niño cierta sensación de control si en algún momento pudiera sentir que lo pierde. Hablarle del cuidado que hay que poner para envolver o empaquetar las cosas le proporcionará también un contexto para que entienda cómo va a ser la mudanza. También vendrá bien algo como: «La tía Kim y el tío Adhi van a venir a ayudarnos en unas pocas semanas para cargar las cajas. Las llevaremos al ascensor y, luego, bajaremos y las cargaremos en un camión. Vamos a envolver bien estas copas con toallas para que no se rompan en la caja con el traslado».

Nueva escuela y/o nueva clase

¿Qué cosas seguirán igual? ¿Qué cambiará?	Libros o cuadernos de confección casera, con fotografías del nuevo lugar y/o la nueva gente, serán muy útiles para que el niño construya una narrativa acerca de la transición. El profesorado puede hacer estos libros para que tu hijo los tenga en su clase a la vista todo el día. Y si lo comparten contigo electrónicamente uno de esos libros, puedes imprimirlo para leerlo en casa juntos, o bien para ver juntos las fotografías en un dispositivo. Ayudas visuales como éstas constituyen magníficas herramientas para dar sentido a la transición antes, durante y después de que tenga lugar. Aquí se puede incluir información acerca de lo que seguirá siendo igual y lo que cambiará con la transición. Por ejemplo, «Mamá seguirá dejándote en la escuela los lunes y los miércoles, y papá seguirá dejándote el resto de días; eso seguirá igual. Antes de las vacaciones, cuando necesites un pañal en la escuela, [*nombres de las maestras actuales*] te ayudarán; y, después de las vacaciones, cuando llegue el momento de cambiarte los pañales, [*nombres de las nuevas maestras*] te ayudarán; esto será diferente». Las rutinas relacionadas con las necesidades básicas que los niños siguen a diario son cruciales para el niño, con independencia de quién se ocupe de su cuidado en el entorno que sea. Convendrá que, durante el fin de semana, hagáis una visita al nuevo centro, escuela o guardería, si es posible. Comprueba si os conceden permiso para que el niño juegue en el recreo mientras está vacío. Si tu hijo va a ir a un centro donde se sirve la comida casera, practica en casa un par de veces. Ayúdale a que se sirva por sí solo del cuenco de la ensalada o de la jarra de leche o agua.

Piensa si le gustaría que respondieras a preguntas como éstas:	• ¿Dónde está mi nueva aula? (comprueba con el administrador, el proveedor de atención infantil y/o el profesorado si puedes visitar con antelación la nueva aula con tu hijo, y si el pequeño puede ir a verla durante su jornada normal). • ¿Cómo nos despediremos por la mañana? • ¿Quién cuidará de mí en la escuela? • ¿Qué debo de hacer si necesito ayuda con algo? • ¿Con quién jugaré? • ¿Con quién podré jugar? • ¿Dónde me cambiarán el pañal / deberé ir para hacer caca? • ¿Dónde dormiré? • ¿Quién me recogerá cuando acabe el día?
Involúcralo en el proceso.	¿Hay que entregar la documentación en el nuevo centro/escuela? Si es posible, lleva a tu hijo contigo para que pueda observar las nuevas imágenes, sonidos y olores, aunque sea durante unos minutos. ¿Te piden ropa de cama para la siesta, una fiambrera, pañales extra, etc.? Muéstrale a tu hijo imágenes de los nuevos elementos y, si culturalmente es aceptable, quizás puedas ayudarle a elegir entre distintas opciones. Cuando dispongas de los nuevos objetos, puedes utilizarlos en una simulación o en la vida real para que tu hijo pueda ver y sentir cómo se emplean. Si tienes que inmunizar a tu hijo para que pueda entrar en las clases del nuevo centro/escuela, intenta que no vincule en su mente las vacunas y el nuevo emplazamiento. Es preferible que tus explicaciones sean sencillas y que guarden relación con el mantenimiento de la salud.

Un nuevo hermano o hermana

¿Qué cosas seguirán igual? ¿Qué cambiará?

Tanto si el nuevo hermano se une a la familia por nacimiento como si lo hace por adopción, un libro siempre será una herramienta útil para explicar el acontecimiento. Puedes hacer saber a tu hijo que su nuevo hermano va a gritar como el bebé del libro. O que puede que sea tímido como el personaje del libro, aunque también es posible que no. Si tienes una fotografía o una ecografía del nuevo hermano, muéstrasela y adivinad juntos qué cosas le gustará hacer y qué cosas puede necesitar. Explícale que habrá veces en que él o ella, como hijo mayor, tendrá que esperar mientras ayudas al pequeño. Podéis hacer un libro juntos, si está interesado, con algunas ideas de lo que él puede hacer si tiene que esperar. Insiste en que tú lo quieres igualmente, aunque no puedas ayudarlo de inmediato. Si el nuevo hermanito es un bebé y tu hijo o hija no tiene una muñeca que represente a un bebé, podría estar bien conseguirle una para que pueda practicar jugando (entonces podrás ver cuánto sabe del cuidado de bebés) o después de que llegue el bebé, para dar sentido a todo cuanto observe.

Piensa si le gustaría que respondieras a preguntas como éstas:	• ¿Todavía me querrás? • ¿Jugará conmigo mi hermanito? • ¿Qué cosas necesitan los bebés? • ¿Dónde dormirá?
Involúcralo en el proceso.	Mientras preparas el entorno para el nuevo hermano, deja que el hijo mayor te ayude, pero no lo fuerces. Si estás revisando sus viejas prendas de ropa de cuando era un bebé, pregúntale si alguna de ellas es especial para él y prefiere reservarla en vez de pasársela al nuevo hermano. Quizás quiera ponérsela a su muñeco de peluche o a alguna de sus muñecas. A medida que vayas disponiendo de muebles y utensilios, como la cuna, biberones u otros objetos, el lugar para cambiar los pañales o el orinal, etc., habla con tu hijo sobre todas las novedades que supone la llegada de su hermano. ¿Estará acostado o habrá que llevarlo en brazos la mayor parte del tiempo? ¿Irá a gatas o caminará? ¿Cómo comerá? Puedes comparar esto con lo que hizo tu hijo mayor cuando se unió a la familia.

Divorcio / Separación

¿Qué cosas seguirán igual? ¿Qué cambiará?	Habla con el niño sobre dónde vivirá cada uno de la actual familia una vez dispongas de esa información. Las sugerencias que se dan en la sección de «*Mudanza*» también se pueden aplicar aquí, aunque sea para explorar un espacio en el que no va a vivir, pero en el que vivirá uno de los progenitores. Si utilizas calendarios y ayudas visuales, como detallábamos en el capítulo 9, prepara otros nuevos con tiempo para compararlos con los actuales y especificar las diferencias que se van a dar en las rutinas. Si el niño va a vivir en dos lugares distintos, convendrá considerar ambos como casa del niño, y no como casa del papá y de la mamá. Por ejemplo, «Esta noche dormirás en tu casa de la Calle Martin. Mañana dormirás en tu apartamento de la Avenida Comercial». De este modo, el niño aprende que ambos lugares son su hogar.

Piensa si le gustaría que respondieras a preguntas como éstas:	• ¿Me seguirás queriendo? • ¿He sido «malo»? ¿Es ése el motivo por el que está pasando esto? • ¿Dónde vivirá cada uno? • ¿Quién me ayudará con [*anota aquí todas las rutinas que hace cada progenitor, como dar de comer, prepararse para acostarse, lavarse los dientes, pañales/baño*]? • ¿Cuándo te veré una vez te hayas trasladado al nuevo sitio?
Involúcralo en el proceso.	Si se trata de una mudanza, puedes usar las mismas sugerencias que se han mencionado en la sección de «*Mudanza*». Implicar a los niños en el proceso de separación/divorcio no es necesariamente útil, aparte de los cambios de entorno y de rutinas. Más allá de eso, recomendamos que te inscribas en un curso de progenitores que están pasando por un divorcio o separación. Una rápida búsqueda en Internet te puede ofrecer múltiples opciones.

Nueva pareja

¿Qué cosas seguirán igual? ¿Qué cambiará?	Las relaciones nuevas cambian en su nivel de intimidad con el tiempo y, para el niño, esto puede significar: él o ella se une a nosotros en rutinas habituales, nos unimos a él o ella en cosas nuevas, se queda a dormir, vamos al colegio en el mismo vehículo, viajamos juntos, él o ella se traslada a vivir con nosotros o nosotros nos vamos a vivir con él o ella. Piensa en cada nuevo nivel de intimidad como en una minitransición. Utiliza ayudas visuales y libros para hablar proactivamente acerca de cómo puede ser cada paso antes de que tenga lugar. Y procesa las emociones a medida que surjan a lo largo de la transición. Tu hijo puede reaccionar de forma diferente ante cada nuevo nivel de intimidad.
Piensa si le gustaría que respondieras a preguntas como éstas:	¿Me seguirás queriendo? ¿Es la nueva persona más importante para ti de lo que soy yo? ¿Es mi padre (o madre) esta nueva persona? ¿Qué expectativas y límites son más importantes, los tuyos o los de la nueva pareja?

Involúcralo en el proceso.	El «proceso» en este contexto se aplica a los niveles de intimidad que tu hijo experimenta, ya mencionados, como: viene con nosotros siguiendo una rutina regular, vamos con él o ella para cosas nuevas, se queda a dormir, etc. Involucra a tu hijo en el proceso de planificación de cualquiera o de todas estas actividades. Por ejemplo, si estás planeando una salida con tu hijo y tu nueva pareja, considera la posibilidad de que el pequeño pueda tomar algunas decisiones sencillas. Quizás puedas indicarle que elija uno de los dos senderos para caminatas que se ofrecen. Si cocinas en tu casa, invita al niño a elegir qué verduras vas a preparar.

Separación durante un tiempo prolongado (por ejemplo, por emigración, movilización militar, deportación, encarcelamiento, rehabilitación)

¿Qué cosas seguirán igual? ¿Qué cambiará?	Una separación prolongada puede darse por diversos motivos, y qué seguirá igual o qué cambiará es algo que deberá abordarse del mismo modo que en otras transiciones. Aférrate a los cambios tangibles que el niño experimente en su entorno y en sus rutinas. Ejemplos de ellos son situaciones de vida, rutinas de cuidados y formas de conectar con el progenitor que parte o ha partido.

Piensa si le gustaría que respondieras a preguntas como éstas:	• ¿Me seguirá queriendo? • ¿Volverá? ¿Cuándo lo veremos de nuevo? • ¿Es mi padre/madre una persona «mala»? (Si es relevante, consulta el capítulo 8 para hablar de lo injusto que puede resultar para los niños un sistema de castigos y recompensas). • ¿Estará seguro mi padre/madre? • ¿Quién me ayudará con [*introduce aquí todas las rutinas que este progenitor normalmente hace o hacía, como dar de comer, preparar al niño para la cama, lavado de dientes, pañales/baño*]?
Involúcralo en el proceso.	El «proceso» en este contexto hace referencia a aquellos cambios tangibles que experimenta el niño y que se han descrito. En el caso de una separación prolongada, quizás tengas tiempo para preparar al niño, y puedes utilizar muchas de las estrategias que se han mencionado a lo largo de esta sección respecto a todas las demás categorías (excepto la de *«Nueva pareja»).* Sin embargo, la transición podría suceder de forma drástica y sin advertencia previa. Entonces, tu atención plena y tu práctica de la conciencia de sí mismo se convertirán en amortiguadores esenciales para ti, y te sugerimos que busques apoyo extra si te sientes abrumado con frecuencia. Busca a alguien en quien puedas apoyarte y con quien puedas desmoronarte. Durante las interacciones con el niño, el PCE es tu herramienta más poderosa. Considera buscar apoyo extra, como terapia y/o servicios sociales para el niño, dado que las separaciones inesperadas y prolongadas pueden ser traumáticas para ambos.

Cuando hables de una transición con un niño, no hace falta que le muestres la imagen de que todo va a ser perfecto, o que finjas que no van a surgir problemas. Permítete tus sentimientos, modela el uso de las estrategias de respuesta y anticípate practicando el PCE con tu hijo más de lo que sería habitual. Por otra parte, deja espacio para que el pequeño hable de la transición si se resiste a tus estrategias. Es muy beneficioso que procese a su propio ritmo.

Qué cabe esperar de tu hijo durante la transición

No esperes que, en el período de transición, las cosas vayan a ser como tú imaginabas. Lo que se menciona a continuación son algunos detalles:

- Piensa que *todo* va a llevar más tiempo del que normalmente precisa.
- Piensa que va a haber emociones intensas con más frecuencia de lo habitual.
- Comer, dormir e ir al baño son las tres cosas que el niño puede controlar. Espera que, al menos, una de esas rutinas sea diferente. Es normal sentirse frustrado cuando esto ocurre, de modo que permítete la frustración y valídala en ti. Y, para que no descargues tu frustración con el niño, mantén tus estrategias proactivas de cuidado personal, aunque tengas que modificarlas. Quizás sientas la tentación de dejar de lado una estrategia que te lleva diez minutos porque dispones de menos tiempo. Pero en vez de abandonarla, intenta hacer algo para que te lleve sólo cinco minutos. Por ejemplo, si normalmente te hidratas las manos a conciencia y luego te pintas las uñas como cuidado personal, puedes al menos hidratártelas a conciencia y dejar de momento la parte del pintado de uñas. Al cabo de unas semanas de realizada la transición (aunque, en ocasiones, pueda llevar más tiempo), volverán el sueño regular, la comida y las rutinas del baño, o bien se adoptará y establecerá una nueva.

- Los niños pueden poner a prueba los límites si se preguntan si tus expectativas siguen siendo las mismas, considerando que algo es ciertamente diferente. Después de practicar el PCE como sueles hacer, y probablemente con más frecuencia, mantén tus expectativas, al tiempo que ofreces apoyo extra a tu hijo para que cumpla con las suyas (*véase* el capítulo 9 para conocer más ideas). Cuando la vida es impredecible, siempre resulta reconfortante que alguien te ayude en algo, aunque sea algo que ya dominas, como a ponerte los zapatos, si eres un niño, o que te hagan un recado, si eres adulto. El hecho de que prestes tu ayuda por una vez no significa que tengas que ayudar siempre.
- Una vez que la transición se ha iniciado, a veces aparece una demora en la respuesta del niño. Hay un breve período de tiempo de gracia debido a la novedad de la experiencia. Si tu hijo gestiona bien la transición inicial y, más tarde, una semana o varias semanas después, se incrementan las conductas inesperadas, no te alarmes ni pienses que tu hijo no es feliz en la nueva situación. Es más probable que se deba a que está asumiendo la transición. Esto es una parte natural del proceso, y vendrá bien establecer rutinas que sean tan predecibles como posibles durante este período. Confía en el proceso.

La guardería y la escuela

En esta sección, utilizaremos la palabra «escuela» para cualquier experiencia, no sólo escolar, sino también de cuidados infantiles y guardería.

Dejar y recoger al niño

Diseña en este aspecto una rutina o ritual para ti y para tu hijo, e incluye al pequeño en el proceso de diseño si es factible. Profesorado y profesionales de la atención infantil pueden aportarte ideas y estarán encantados de realizar el diseño contigo. Incluye colaboración o cooperación con otras personas si es posible. A continuación, se muestran algunos consejos:

- Si es posible, dedica la primera semana de escuela a incrementar gradualmente el tiempo que el niño pasa allí. Por otra parte, alargar el proceso de dejarle en la escuela permite también que el niño pase cierto tiempo en la escuela contigo, que se habitúe al espacio en pequeñas dosis y construya confort y seguridad allí, mientras tú, su persona de seguridad, estás allí también. Esto no es esencial, pero puede ir bien si es factible. Durante la primera semana o los primeros días, si es posible, dedica unos veinte minutos al proceso de dejarle en la escuela, a fin de que el niño disponga de tiempo para acostumbrarse antes de que te vayas. Siempre existen excepciones, pues los niños que esperan ansiosos el momento de la despedida es posible que no se acostumbren hasta que el progenitor se vaya. Acorta el primer día que tu hijo pase lejos de ti, si es posible, yendo a recogerlo pronto. Si no es un inconveniente para las profesoras, llega entre cinco y diez minutos antes de la hora de recogida y pídele a tu hijo que te muestre con qué ha jugado o dónde ha estado jugando antes de que os vayáis.
- En cuanto a ejemplos de rutinas para dejar al niño en la escuela está el uso de un reloj de arena para que el pequeño vea cuánto tiempo jugarás con él antes de deciros adiós, entregar el niño a una profesora (lo cual envía al niño el mensaje de que confías en que la profesora cuidara de él en tu ausencia), o bien leer un libro juntos antes de despedirse. El profesorado puede realizar, sin duda, sugerencias adicionales.

Dejar a un bebé puede ser algo parecido a...	Dejar a un niño pequeño puede ser algo parecido a...	Dejar a un niño en edad preescolar puede ser algo parecido a...
«Ya hemos guardado tu bolsa. Ahora me tengo que ir. Te llevo a la señorita Mara. Aquí se te va a dar cariño y cuidados. Estaré de vuelta después de la siesta. ¡Te quiero!». Le das un beso o le acaricias. «¡Adiós!».	«¡Vamos a despedirnos! Tengo que darte tres besos. ¿Dónde quieres el primero? [*Pausa*]. ¿El segundo? [*Pausa*]. ¿El tercero? [*Pausa*]. ¡Estoy deseando verte otra vez después de la escuela! Te diré adiós con la mano desde el coche. ¡Te quiero! ¡Adiós!».	«Tengo que irme a trabajar. Pero antes de irme, vamos a hacer nuestro saludo especial. Te quiero mucho. La abuela vendrá a recogerte después de la merienda».

- *No te vayas a hurtadillas* en vez de despedirte. Esto resulta tentador porque te evitas las lágrimas que a veces tienen lugar con la despedida, pero así no vas a impedir las lágrimas y vas a generarle ansiedad a tu hijo cada vez que lo dejes en la escuela, porque estará esperando con temor que te vayas en cualquier momento. Muchos maestros y cuidadores saben cómo tratar a los niños que lloran al dejarlos en la escuela, y es mejor que los niños sepan cuándo se va el padre o la madre para disponerse a procesar sus sentimientos. Si tu hijo es de los que llora mucho en las despedidas, no estará de más que llames cuando llegues al vehículo, al trabajo, etc. para averiguar cómo está. Normalmente los niños lloran más cuando les dejan, y con rapidez pasan a otra cosa en cuanto ha terminado la despedida. Anticipar la despedida suele resultarles más difícil que pasar página después.

- Dile a tu hijo que te vas a ir y despídete sólo cuando estés a punto de marcharte. Si tienes dudas acerca del momento de partir, tu hijo lo va a sentir, dado que vuestros sistemas nerviosos están hablando constantemente entre sí. Hasta es posible que tu hijo ponga a prueba alguna estrategia para ver si permaneces más tiempo del que tenías planeado.

Qué cabe esperar después de la escuela

La vuelta a casa después de la escuela puede ser una locura, pues el niño puede estar desregulado por la estimulación de todo el día en la escuela o por emociones no procesadas, y puede necesitar un espacio seguro donde dejar que salga todo. Los niños pasan por un gran número de experiencias durante la jornada escolar. Normalmente, no nos damos cuenta de la multitud de experiencias sensoriales que agotan su batería a lo largo del día: la interacción con sus compañeros, transiciones extra, luces brillantes, el aprendizaje de conceptos nuevos, las manifestaciones emocionales de otros niños, etc. Aunque a los niños se les ofrezcan momentos para recargar la batería a lo largo del día, puede que lleguen a casa con la sensación de haberse vaciado, sobre todo si ha existido una transición a una escuela, un aula o una cuidadora nuevos. Los niños suelen «soltar» todo lo que estaban aguantando una vez llegan a casa, en lo que se ha denominado el «colapso de la contención». Es como si tú tuvieras que llevarte la peor parte de su frustración. Pero aunque puede ser duro, debes saber que es un indicio de la relación y del apego seguro que compartís. Sigue estos cuatro pasos para dar apoyo a tu hijo después de la escuela:

1. **Comprueba.** Haz una rápida comprobación de sus necesidades fisiológicas. ¿Está el niño cansado o hambriento? ¿Necesita cambiarse de ropa? ¿Está buscando estimulación o deprivación sensorial? Consulta el capítulo 4 o la página web www.seedandsew.org/more, donde encontrarás una lista de maneras de recargar su batería.
2. **Conecta.** Tómate unos instantes para conectar sin distracciones. Cada niño busca conectarse de diferentes maneras, y rara vez dicen: «Me gustaría conectar». En vez de esto, quizás digan:

«Mira esto» o «Juega conmigo». Es probable que tiren la pelota, que se te suban encima, que busquen acurrucarse contigo, que le peguen a un hermano, que gimoteen o que lloren. Los niños recurren a muchas conductas para decir: «¿Conectas conmigo?». Entre las cosas que puedes hacer para conectar están:

- Leer libros juntos. (Añade un foco de luz a un espacio oscuro para darle un toque extra).
- Pídele que te cuente tres cosas buenas. (¡Cualquier cosa es válida!).
- Finge que le haces una llamada al salir de la habitación. («¡Ring, ring! Hola, te quiero»).
- Inventaos un saludo especial.
- Dile que elija un animal y que finja que es ese animal.

Cuando no dispongas de tiempo para una relación personal uno a uno, siempre puedes utilizar frases como:

- «Me encanta ser tu madre/padre».
- «Disfruto estando contigo».
- «Eres una parte importante de nosotros».
- «Siento orgullo por ti».
- «Me importas».
- «Nada cambiará el amor que siento por ti».
- «Aprecio tu ayuda».
- «Me encanta reírme contigo».
- «Estoy muy agradecido por ti».
- «Me gusta que me cuentes tus ideas».

Esto le ayudará a sentirse visto, conectado y querido.

3. **Procesa.** Si es posible, tómate un instante para procesar con tu hijo y, cuando estéis en calma, dile que te cuente cómo se ha sentido mientras estaba en la escuela. Reconoce y valida sus sentimientos. Hay niños a los que les viene muy bien esto cuando llevan ya un tiempo en casa (a la hora de la cena o de acostarse), mien-

tras que otros prefieren procesar más pronto. Llevar un diario, dibujar/colorear o charlar son buenas maneras de procesar.

4. **Juega.** Dale tiempo para que se relaje jugando. Tener una rutina de juego ininterrumpido permite al niño recargarse de una jornada complicada, al tiempo que le proporciona cierta autonomía. Quizás incluso te percates de que está procesando experiencias vividas durante el día a través del juego. Si en la rutina de última hora de la tarde se incluye un tiempo para el juego, el niño llegará a esperar ese momento y lo disfrutará mucho.

¿Cuánto tiempo durará la transición?

Cuando estaba embarazada, y aunque sabía que muchas mujeres llevan al bebé en su vientre durante más de cuarenta semanas (mi madre llevó a cuatro de sus cinco hijos durante 42-43 semanas), no dejaba de darle vueltas en la cabeza a esa línea temporal de las cuarenta semanas. Cada día durante los doce largos días que sobrepasé la marca de las cuarenta semanas estuve llorando. Estaba convencida de que iba a ser la primera mujer en no dar a luz y estar embarazada para siempre. Los límites temporales o plazos pueden ser problemáticos porque marcan expectativas; y, cuando la línea va más allá de la expectativa, puede hacer que solloces cada día, como me pasó a mí.

Una transición es un proceso, no un día exacto en el calendario. A medida que los niños construyen apegos con sus nuevas maestras y llegan a comprender las rutinas y los ritmos de la jornada escolar, su sistema nervioso descubre qué cabe esperar y adquiere una sensación creciente de seguridad. Y, si el sistema nervioso no está ya en estado de alerta, la batería no se agota tan rápido a lo largo del día y el período de transición se desvanece. En el caso de los niños que están en la escuela cinco días a la semana, el período de transición suele durar unas dos semanas. En el caso de los niños que asisten con menos frecuencia a la escuela, el período de transición puede prolongarse hasta las tres o cuatro semanas. Yo he tenido niños que se han ajustado y han comenzado a fluir en clase y a sentirse seguros al cabo de una semana, mientras que a otros les ha llevado seis semanas. Todo depende del niño, de la frecuencia y de la duración de la escuela, así como de la seguridad emocional en el nuevo entorno. Durante el período de transición, si te es posible, reduce las actividades extraescolares y ajusta las expectativas de tu hijo. Confía en que esas habilidades que ya dominó anteriormente, y que parecen haber desaparecido, regresarán en cuanto se sienta arraigado en su nueva rutina.

Un nuevo hermano o hermana

Son muchas las cosas que los adultos sabemos y esperamos en lo relativo a la llegada de un nuevo hijo a la familia, y que, sin embargo, los humanos diminutos en la familia no son capaces de entender por el hecho de que no disponen de experiencia vital ni de comprensión cognitiva para ello. Para dar la bienvenida a una nueva hermana o hermano, existen cuatro enfoques útiles:

1. **La enseñanza previa preparativa.** En el capítulo 9, introdujimos la idea de la enseñanza previa con el fin de dar al niño una idea de lo que cabe esperar cuando experimenta algo con lo que no está familiarizado. Te remitimos a la sección «La enseñanza previa», en el capítulo 9, y a la sección «¿Qué cosas seguirán igual? ¿Qué cosas cambiarán?» de la tabla «Un nuevo hermano o hermana».
2. **No olvides que la aflicción está bien.** Llevaba a casa en mi automóvil desde la escuela a un pequeño de cuatro años de edad, e iba hablando con él de su hermanita de un mes, a la cual adoraba. Intenté iniciar la conversación diciendo que, a veces, los bebés lloran, y que eso puede llegar a cansar o ser molesto. En ocasiones los escuchas por la noche, cuando intentas dormir, o pueden copar parte del tiempo que tu madre te dedicaba antes exclusivamente a ti. El pequeño sólo reconoció las cosas fáciles y «buenas», diciendo cosas como «No, mi hermana no me despierta» y «A mí no me importa que mamá le dé de comer».

   —¡Ah, muy bien! Pero también hay cosas más difíciles. Si quieres hablar de ello, ya sabes que estoy aquí.

Unos cinco minutos más tarde, dijo:

—Quiero mucho a Tiana, pero ¿cuándo se va?

—¿Qué quieres decir con «cuándo se va»? –pregunté.

—¿Cuándo volveremos a ser sólo mamá, mami y yo?

—Las cosas son diferentes ahora, ¿verdad? –respondí, y guardé silencio durante unos instantes, para luego añadir–: Antes de que nacieras, tu familia eran sólo mamá y mami. Entonces llegaste tú y la familia creció para incluiros a los tres.

—¡Sí, y luego llegó Henry, el perro!

—Sí, entonces se sumó Henry a la familia, y ahora se ha llegado Tiana. Ahora hay cuatro personas y un perro en tu familia.

No hacía falta entrar en el «Abróchate el cinturón, amigo. Esto es para siempre. El tiempo es un concepto difícil, incluso para los adultos». Lo que el niño me estaba diciendo realmente era «Lamento la pérdida de mi antigua rutina familiar a medida que entramos en la nueva rutina. La aflicción no es lineal y no sucede toda de golpe».

Es normal que los hermanos mayores pasen por períodos de aflicción, del mismo modo que tú puedes lamentarte por cosas que ya no forman parte de tu realidad (como dormir toda la noche, viajar sin niños, tener una conversación de adultos durante una comida, etc.). La aflicción puede ser parte natural del proceso de transición, tanto para los niños como para los adultos. Deja espacio para una conversación difícil y para los lamentos sin saltar de inmediato buscando lo bueno de todo, como con «Pero ahora, siendo cuatro, nos divertimos más». O incluso para ti mismo: «Pero yo he querido esto durante mucho tiempo y, ahora que lo tengo, he de sentir agradecimiento». La aflicción y la gratitud no se excluyen de manera mutua.

Puedes instruir emocionalmente al niño utilizando las fases del procesamiento emocional del capítulo 5 para ayudarlo a procesar sus emociones. Y hazle saber que lo que él puede hacer es crucial: «Si el bebé llora y necesitas un respiro, ponte los auriculares o llévate los juguetes a la cocina y juega allí». Sinceramente, como adultos, también podríamos seguir estas recomendaciones. A veces, integrar a un nuevo miembro en la familia puede ser insoportable, agobiante, ruidoso, caótico y frustrante, de modo que es normal un poco de ayuda a lo largo del proceso.

3. **Espera cambios de conducta, pues es normal que existan cambios.** Cualquier niño querría saber cuáles son las expectativas en la casa ahora que la estructura familiar es diferente. Los límites que había antes ¿seguirán estando donde estaban? Puede que el niño te pregunte (a través de su comportamiento) si todavía le tienes en cuenta y le quieres. Tienes una buena oportunidad para mostrarle y decirle que, haga lo que haga, le vas a seguir queriendo igual, que lo amas por quién es, aunque la familia crezca. A veces, estos cambios de conducta llegan de inmediato, aunque, en ocasiones, aparecen cuando el niño se percata de que el hermano o la hermana ha llegado para quedarse, o cuando comienza a invadir su espacio o a quitarle los juguetes. Pero no pienses que lo estás haciendo mal si hay algún repunte en los cambios de conducta al mismo tiempo que se da un nuevo desarrollo con el hermanito. Reconoce los cambios y mantén firmes los límites. Cuando todo lo demás cambia, el hecho de saber que mantienes los límites ayuda a que el niño se sienta seguro. Pero también estará bien cambiar de expectativas y de límites si no dispones ya de la capacidad para mantenerlos. Mi prima, de cuatro años, tenía una rutina para acostarse antes de que nacieran sus hermanas gemelas. Mis tíos tuvieron que ajustar sus expectativas con respecto a ella en lo relativo a irse a la cama porque, con las dos recién nacidas, no podían garantizar que cualquiera de ellos pudiera ocuparse de mantener la rutina regular. De modo que tuvieron que dejar pasar aquel asunto hasta que pudieron diseñar una nueva rutina que funcionara bien para toda la familia durante aquella transición.
4. **Incluye a los hermanos mayores.** Cuando un hermano o hermana nueva se une a la familia, el resto de hijos puede preguntarse cuál será su papel a partir de entonces. Pero puedes ayudarlos a sentirse incluidos y queridos haciendo que forman parte de las nuevas rutinas diarias. Entre las formas de incluir a los hermanos mayores puede estar leer un libro a un hermano más pequeño, darle el biberón al bebé, traer un pañal y toallitas cuando hay que

cambiar al pequeño, tararear o cantar una canción de cuna a un hermano menor o contar al progenitor lo que está haciendo el hermano más pequeño. Puedes modelar estos comportamientos y contarle al mayor por qué lo haces. «Ohhh, tu hermana está aprendiendo a rodar con el cuerpo para alcanzar el juguete. Mira, estira los brazos y patalea. Podemos decirle: "¡Bien, Lydia! Estás a punto de rodar. ¡Estás practicando!«». También puedes invitar al hermano mayor a que elucubre contigo qué querrá el bebé cuando llora. Sus suposiciones te proporcionarán alguna información acerca de lo que entiende de bebés hasta el momento. Hay niños a los que les encanta escuchar qué hacían cuando eran bebés o ver fotografías y vídeos de ellos mismos a la edad que tiene ahora su hermanito. Si es el caso de tu hijo, comparte con él tus recuerdos y dile qué cosas le gustaban y qué no le gustaba, pues es otra manera de que se sienta integrado. A medida que incluyas a los hermanos mayores, puedes establecer límites de seguridad y hacerles saber qué puede el pequeño y qué no puede hacer todavía. Tú sabes perfectamente que un recién nacido no puede caminar, pero eso puede que sea toda una noticia para un hermano mayor.

En última instancia, puedes confiar en que los hermanos mayores quieren conectar y sentirse integrados, y que son cariñosos. Si su conducta superficial no refleja eso, no será por quiénes son, sino por lo que están experimentando y lo que saben o no saben todavía, o por las habilidades que tengan o no tengan aún.

Divorcio/separación

Las relaciones armoniosas no son sólo aquellas en las que dos personas siguen siendo pareja. A través de la separación y el divorcio, los niños pueden aprender que está permitido defender sus necesidades en las relaciones, colaborar desde el desacuerdo y que las familias pueden existir de muchas y diferentes formas. Es normal que el niño pase por un proceso de duelo en la medida en que la vida que conoció va a transformarse en una nueva rutina. Si las cosas se ponen difíciles no es que hayas fracasado. Puedes hacer cosas difíciles y los niños también pueden hacerlas. Y nadie tiene por qué actuar solo. La terapia puede ser una gran ayuda para niños y familias que pasan por una transición de divorcio y separación. Un terapeuta puede proporcionar al niño una válvula de escape en la expresión de sus emociones mientras el niño intenta dar sentido y comprender el cambiante mundo al que se enfrenta.

De muerte y moribundos

Si has tenido una experiencia con la muerte, el mero hecho de mencionar este tema es probable que te evoque recuerdos y/o emociones. Tu sistema nervioso podría incluso activarse ahora por el simple hecho de leer estas palabras. Tómate unos instantes para ver qué sientes en tu organismo. Si sientes algo, ¿dónde lo sientes? ¿Cómo lo sientes? O quizás te hayas visto inundado de recuerdos. Tómate unos instantes para tomar conciencia de lo que está ocurriendo en tu interior. Y, antes de seguir leyendo, respira profundamente, desde el vientre... Inspira... y espira.

En tanto que adultos, disponemos de una perspectiva experiencial sobre la muerte y los moribundos. Desde nuestra experiencia, disponemos de mensajes sutiles o explícitos, que recabamos a través de los medios de comunicación y la publicidad, que fomentan el miedo y/o la resistencia a envejecer, a la muerte y al hecho de morir y no nos permiten verlos como lo que son, como aspectos naturales de la vida. Cuando los niños se encuentran ante la muerte y los moribundos, probablemente sea la primera vez que se enfrentan al tema, y lo experimentan en el momento presente; no están familiarizados con el prolongado dolor de la pérdida que cualquier adulto puede asociar a la muerte. Convendrá recordarlo a la hora de abordar este tema con los niños de una forma más sencilla y más centrada en el niño.

Cómo hablar de la muerte y de los moribundos

Utiliza información precisa y un vocabulario meticuloso cuando le expliques a un niño los motivos por los cuales una persona está muriendo o ha muerto. En el Dougy Center puedes encontrar sugerencias respecto a situaciones específicas (por ejemplo, cáncer, accidente, suicidio) sobre la terminología precisa a utilizar y el tipo de información que conviene compartir con un niño. En cualquier caso, y en términos generales, evita decir que una persona murió porque estaba «enferma», pues no es lo bastante específico y puede hacer que el niño se preocupe ante la idea de que la próxima vez que esté «enfermo» por una bacteria intestinal, por ejemplo, pueda morir también. Y lo mismo podemos decir de la frase «Se quedó dormido» como sinónimo de morir, pues puede hacer que el niño piense que la próxima vez que se vaya a dormir pueda morir también.

A veces, abordamos este tema con los niños cuando alguien está enfermo y está muriendo, mientras que en otras ocasiones le hablamos al niño de alguien que murió o está muerto. Si alguien resulta herido o está enfermo, puedes comenzar por definir en términos claros qué es «herido» y «enfermo». «Nana tiene una enfermedad llamada cáncer». «El cuerpo de papá resultó herido en un accidente de tráfico». «Spot tiene una parte en el interior de su cuerpo que se llama riñón y que lo mantiene con vida, pero no le funciona bien». Después, haz una pausa para que el niño pregunte, y responde sólo a las preguntas formuladas. A continuación, dile qué cabe esperar después. Quizás no lo sepas, y no pasa nada por no saberlo. Puedes decir: «No sabemos lo que va a ocurrir. Esperamos que Nana mejore, pero nos han dicho que puede morir». Si una persona querida ha muerto ya, ayuda al niño a comprender qué sucede después; lo más importante para ellos es quién va a cuidar de ellos ahora y cómo. Si un ser querido o una mascota va a morir, sé sincero con la información de la que dispones y ajústate a los hechos.

Lo que se busca es crear un entorno seguro en el cual mantener estas duras conversaciones, más que centrarse en qué decir exactamente.

La psicóloga clínica y especialista en vida infantil Ali Waltien afirma que no existe una manera correcta de hablar de la muerte y de los moribundos. Puede que se haga de forma torpe y, con todo, ¡estaría bien! Ella sugiere frases como: «Tengo algo doloroso que contarte, y ésta puede ser una conversación dura o incómoda». Utiliza palabras como «muerte», «muerto» y «morir», porque los niños necesitan términos concretos. «Cuando papá iba al trabajo hoy, su vehículo resbaló con el hielo en la carretera, se estrelló contra un poste y ha muerto». Esto podría parecer muy brusco para nosotros como adultos. Ciertamente, lo *es*. Pero permite al niño escuchar la información de lo que ocurrió sin detalles que puedan enturbiar la información o hacerla confusa. Comienza con lo que el niño sabe, con aquello que comprende acerca de la muerte y los moribundos. «¿Sabes lo que ocurre cuando alguien muere?». [*Pausa*]. Puede que responda o puede que no. «Cuando alguien muere, su cuerpo deja de funcionar». [*Pon tu mano en su corazón*]. «Ya no respira. Ya no come ni duerme, ni juega ni va al baño. Pero lo verdaderamente duro es que, cuando alguien muere, dejas de verlo. Ése es el motivo por el cual quizás veas gente llorando o gente triste». Escucha más de lo que hablas. Normalmente sentimos el impulso de llenar los silencios incómodos y asegurarnos de que se dan todos los detalles, pero es mejor dejar tiempo al niño para que asuma lo que has dicho y, a continuación, seguir su hilo de reflexiones, pues el niño te llevará a aquello que está intentando comprender.

Ésta no es una conversación que se pueda tener de una sola vez. Deben ser una serie de conversaciones y un proceso en marcha. Tendrás otras ocasiones de volver atrás e intentarlo de nuevo, para explicarlo de otra manera y darle apoyo. No necesitas tener todas las respuestas para empezar. Lo que se busca es crear un entorno seguro en el cual mantener estas duras conversaciones, más que centrarse en qué decir exactamente. Para más recursos sobre la muerte y los moribundos, consulta www.seedandsew.org/more

¿Y cuándo volverá?

Aun después de haber explicado lo que crees que ocurre cuando alguien muere y adónde va, el niño puede preguntarte cuándo volverá o cuándo despertará la persona fallecida. Éste es un buen momento para practicar el PCE. Ayuda al niño a identificar el sentimiento que podría estar sintiendo: ¿tristeza?, ¿soledad?, ¿confusión?, ¿aflicción? Mientras validas la emoción, puedes decirle que tú también vas a echar de menos a esa persona o a esa mascota. Cuando llegues a las estrategias de respuesta, incluye tus propias estrategias, para que el niño no interprete que tu dolor es responsabilidad suya. En la fase de pasar página, asume que nos encontramos aquí ante una minifase de pasar página, pues el dolor es un proceso y no una casilla que marcar en una lista. El dolor irá y vendrá a medida que emerjan los recuerdos. Es probable que el niño necesite pasar por un abanico de emociones en múltiples ocasiones en relación con la pérdida de alguien. Durante una minifase de pasar página, puedes hacerle saber al niño que la persona no va a volver, y podrías contarle lo que vas a hacer para sentirte conectado con la persona que habéis perdido. Invita al niño a participar, si lo consideras apropiado. En mi familia, cuando alguien ve un pájaro cardenal rojo, creemos que es mi abuelo que ha venido a visitarnos. La costumbre de mi familia de enseñar a los niños a recordar a su abuelo/bisabuelo cuando ve un cardenal rojo es un buen ejemplo. Otra idea puede ser visitar el lugar favorito de la persona querida, poner en la pared una fotografía especial de ella, encender una vela, participar en prácticas asociadas con vuestra religión, etc.

¿Qué ocurre cuando mueres? ¿Adónde se ha ido?

El día que falleció mi abuelo, un cardenal rojo se posó al otro lado de la ventana durante un buen rato, trayendo a mi familia un poco de consuelo durante unos instantes atroces. Nuestras creencias sobre lo que ocurre tras la muerte son herramientas poderosas para dar significado a esa misteriosa transición que todos recorreremos algún día.

Cuando una persona de tu vida o de la vida de tu hijo se halla en el umbral de esta transición o acaba de pasar por ella, puedes basarte en tus creencias para explicarle a tu hijo lo que está ocurriendo o lo que ha ocurrido. Como maestra, prefiero no compartir mis creencias porque quiero que los niños descubran la espiritualidad de su familia. En cambio, sí que les digo: «Cada familia tiene unas creencias acerca de lo que ocurre tras la muerte. ¿Qué creéis en tu familia?». Si quieres que tu hijo sepa que las creencias de otras personas pueden ser diferentes, también puedes dejar que conozcan las creencias de otros respecto a la muerte.

Si tu familia es agnóstica acerca de la muerte, podrías invitar de todos modos a tu hijo a que imagine lo que sucede. Cuando mi prima de cuatro años me preguntó: «¿De dónde viene la gente?», y comencé a explicarle que los bebés crecen en el vientre de las mujeres, ella me interrumpió y me dijo:

—No, ¿de dónde vino la *primera* persona?

Decidí preguntarle a ella qué pensaba, y respondió:

—Pienso que vino del océano –y comenzó a jugar de nuevo.

A veces, no tienes por qué saber la respuesta. Los niños se pasan el tiempo construyendo sus propias teorías, y esto se puede aplicar también a la muerte y a los moribundos si se acepta en el seno de la familia. Puedes encontrar algunos libros sobre la muerte y los moribundos para leerlos con los niños en www.seedandsew.org/more.

Los consejos que hemos compartido se aplican a cualquier situación en la que el niño esté experimentando la muerte de un ser querido. Además, la muerte de uno de los cuidadores principales del niño se debería tratar con especial cuidado, y contar con la guía y el apoyo de profesionales cualificados, como un terapeuta o un especialista en vida infantil.

Las transiciones son parte de la vida, y son momentos muy ricos para practicar el PCE. Pero recuerda que no buscamos la perfección. Respeta la humanidad de cada niño y cada niña (y también la tuya propia) mientras haces las cosas lo mejor que puedes. Hemos ofrecido un buen número de estrategias, pero sin la expectativa de que las utilices todas. Comienza eligiendo una que te resulte manejable, al tiempo que útil para el niño.

Capítulo 13

El futuro es emocionalmente inteligente

Cuando comenzamos con las lecturas a bebés, no esperábamos que éstos comenzaran a leernos a nosotras al día siguiente, ni siquiera a la semana o al año siguiente. Leíamos el mismo libro una y otra y otra y otra (y otra y otra y otra) vez durante años para crear los cimientos para que ellos nos leyeran *años* más tarde. De forma similar, el procesamiento de las emociones de los humanos diminutos es una partida a largo plazo. Cuando permitimos a los niños que expresen sus emociones, que las reconozcan, y les proporcionamos símbolos, desarrollamos la seguridad con un rango de emociones, identificamos estrategias de respuesta y les enseñamos a regular su sistema nervioso, estamos cocreando un sistema que los niños utilizarán durante el resto de su vida. Justo ahora, en este mismo momento, puede parecerte que le estás enseñando a tu hijo a no pegar o a no gritar en el supermercado, cuando lo que estás haciendo es proporcionar los cimientos de algo mucho más profundo.

Pero, al mismo tiempo que tomas conciencia de tu deseo de fomentar estas habilidades en tu hijo, acuérdate de ir a su encuentro allá donde se halle. Si entras en un aula de tercer grado donde los niños están leyendo libros infantiles y un niño no sabe el alfabeto, lo que no haces es entregarle un libro infantil y esperar que lo lea. Tendrás que ir a su encuentro allá donde está y comenzar con el alfabeto. Si tienes ante ti un objetivo, como el de reconocer cuándo su organismo está desregulado, puedes comenzar con un miniobjetivo, como el de ser consciente de cuándo otra persona está desregulada. Comprueba en la tabla algunos objetivos habituales y algunos miniobjetivos que te pueden llevar a los primeros.

Objetivos en la regulación emocional	Miniobjetivos que acontecen primero
El niño comunica sus límites, por ejemplo, «No me gusta que me empujes».	• El niño grita, en lugar de reaccionar físicamente. • El niño pide ayuda cuando está angustiado. • El niño respira profundamente antes de reaccionar.
El niño se autorregula cuando se siente frustrado.	• El niño se agita físicamente y grita durante un tiempo hasta que comienza a respirar profundamente. • El niño grita «Te odio» en vez de pegar. • El niño te pide que te sientes con él mientras se regula.
El niño participa en una actividad, aunque se siente nervioso.	• El niño se niega a participar pero acepta mirar. • El niño respira profundamente varias veces mientras se sienta contigo. • El niño participa en la actividad durante un breve período de tiempo.

¿Cómo sé que he llegado?

El PCE es una práctica, un proceso imperfecto. Si priorizamos el crecimiento sobre la perfección, aceptamos que el fracaso es parte del proceso. Es con los fracasos como se suelen dar los desarrollos más importantes, porque cualquier tipo de desarrollo o crecimiento supone siempre riesgos o vulnerabilidad. Habrá veces en que tendrás la sensación de haberlo conseguido, y convendrá celebrar esos momentos. Liberarás hormonas beneficiosas cuando hagas una pausa para celebrar esos pequeños pasos. De modo que, si piensas «¡Guau! Lo he conseguido», tómate tiempo para celebrar de dónde vienes y qué habilidades has cultivado. Y, luego, recurre a una sana curiosidad para preguntarte cómo continuará el camino.

Alrededor de nueve meses después de comenzar a practicar el PCE, nuestra amiga Angela nos estuvo hablando acerca de su proceso y de cómo lo que entonces se le había antojado difícil ahora le resultaba fácil. Se acordó del inicio del curso escolar y comentó que se estresaba mucho cuando un niño presentaba conductas problemáticas. Le preocupaba que su pugna interior pudiese percibirse desde fuera, pero sabía intelectualmente que no quería que eso afectara a la respuesta que ella pudiera dar a los niños.

Dicho de un modo sencillo, Angela estaba en la *fase de lanzamiento.* Tómalo como la primera vez que intentaste ir en bicicleta: te sentías torpe y vacilante, y tenías cierta aprensión ante la idea de que la bicicleta no funcionara como tú querías que lo hiciera. ¿Y si te estampabas o te caías? Tendrías que fingir un poco hasta que te sintieras cómodo.

En el centro de la fase de lanzamiento existe el auténtico deseo de cambiar la propia conducta y, en última instancia, el propio cerebro. Sabemos que no queremos hacer sólo lo que *solíamos* hacer. Pero cambiar el cerebro y sus profundos senderos neuronales no es un proceso rápido, pues puede vivirse como lanzarse hacia lo desconocido, y eso rara vez se vive como algo natural. Pero es real. Nos podemos sentir torpes y vulnerables, y decimos las cosas de manera imperfecta porque estamos aprendiendo.

Pero, tras pasar esa fase, Angela se encontró de pronto fluyendo. Sus forcejeos ante los distintos desafíos se redujeron de manera drástica gracias a mucha práctica, tras recorrer primero los pasos y, luego, integrar poco a poco y con el tiempo lo aprendido. Esto no quiere decir que Angela haya llegado, y tampoco nosotras. Nadie puede llegar en verdad, pero sí que podemos decir que estamos en el viaje del PCE, y que nos hemos comprometido a desarrollar intencionadamente nuestras habilidades de procesamiento de las emociones.

No hay necesidad de esperar hasta que sientas que has conseguido algo para empezar a trabajar con los niños en el procesamiento emocional. El único imperativo es que hayas iniciado una práctica reflexiva y te hayas comprometido en tu proceso personal. ¡El hecho de que estés leyendo este libro es la evidencia de que has iniciado tu proceso!

¿Quién está en tu aldea o grupo?

> De alguna manera, hemos llegado a equiparar éxito con no necesitar a nadie. Muchos de nosotros estamos dispuestos a tender la mano para ayudar, pero somos reacios a tenderla para pedir ayuda cuando la necesitamos. Es como si hubiéramos dividido el mundo entre «los que ofrecen ayuda» y «los que necesitan ayuda», cuando lo cierto es que estamos en ambos grupos.
>
> Brené Brown[1]

Mi madre tuvo siete hermanos y hermanas, y somos veintitrés primos. Cuando yo estaba creciendo en la década de 1980, solía escuchar a mis tías repetir la frase «Hace falta una aldea», normalmente cuando una de sus hermanas acababa de ocuparse del cuidado de sus hijos durante el fin de semana.

«Hace falta una aldea para criar a un niño» es un proverbio africano de las etnias igbo y yoruba. Muchas comunidades africanas practican desde hace mucho tiempo la crianza conjunta de los hijos. Las estructuras sistémicas y sociales en Estados Unidos, comenzando con el colonialismo, han interferido con la capacidad de los progenitores para

1. Brown, B.: *The Gifts of Imperfection: Let Go of Who You Think You're Supposed to Be and Embrace Who You Are.* Instaread Summaries, Charleston, SC (2014). (Trad. cast.: *Los dones de la imperfección.* Gaia Ediciones, Móstoles, Madrid, 2012).

criar a sus hijos en las proverbiales aldeas que pudiera haber aquí. Por nuestra historia sabemos que los niños indígenas eran arrebatados a sus familias para culturizarlos en internados dirigidos por personas blancas. Mientras tanto, se robaba a los niños africanos a sus familias para utilizarlos como esclavos. A lo largo de toda la historia de Estados Unidos, las empleadas domésticas se han visto obligadas económicamente a dejar a sus propios hijos para trabajar en familias ricas o de clase media alta. Los niños continúan siendo separados de sus familias en la frontera, mediante la deportación y el complejo industrial de prisiones. Pero hay familias que se han resistido a las barreras que el colonialismo ha creado con el fin de construir sus aldeas y de criar juntos a sus hijos.

Para muchas familias, lo más parecido que tenemos a una aldea es un mosaico de servicios, como guarderías, programas extraescolares, pedidos *online* y comida para llevar, todo ello de pago. El carácter transaccional de estos servicios de pago es lo que los diferencia de la mentalidad colectivista de la aldea. Si no pagas, no hay nadie que te cubra las espaldas en el mosaico de servicios. Eso no quiere decir que esté mal utilizar estos servicios. ¡Las relaciones entre los profesionales de la atención infantil precoz y los niños y sus familias de los que esos profesionales cuidan pueden ser hermosas y mutuamente gratificantes! Son soluciones útiles para las familias en las cuales los progenitores trabajan fuera de casa. Mientras construyes tu aldea, comprueba si se te ocurren personas que estén ahí cuando las necesitas (con independencia de las transacciones) y que quieren que estés ahí por ellas cuando puedan precisar tu ayuda.

Si deseas construir una aldea de confianza en la que podáis mostraros vulnerables unos con otros, ése no va a poder ser un lugar de juicios ni enjuiciamientos, y va a precisar cierta fiabilidad. Así, muchos de nosotros caminamos sobre las aguas, intentando mantenernos a flote para satisfacer las exigencias de la vida. Gran parte del trabajo de crianza resulta así invisible (la carga mental, la carga emocional, la carga logística). Cosas de las que nadie se percata a menos que se dejen de hacer.

Una de mis amigas llama a esto «vivir en una Casa Mágica», en la que da la impresión de que las cosas suceden como por arte de magia, cuando en realidad alguien está al tanto y ocupándose de ellas. Necesitamos más toallitas. No tenemos comida suficiente para los almuerzos de esta semana. ¿Cuál es el plan para la cena? Si hay clases de natación esta mañana, ¿qué horario de siestas va a tener el bebé hoy? Es tiempo de cambiar la ropa por el cambio de estación, o porque el niño ha crecido. El niño necesita más crema solar y pañales en el colegio. ¿Cuándo fue la última vez que nos fuimos a cenar juntos? ¿De dónde saco el tiempo para hacer ejercicio? Deberíamos enviar alguno de sus dibujos a Nana.

Hazlo todo por los niños, cuida de ti, conecta con tu pareja, sé todas las cosas para todo el mundo y hazlo todo tú sola. ¿Es ésta la cultura de martirio que hemos creado y perpetuado? ¿Cómo sería encontrar nuestra aldea? ¿Cómo sería pedir ayuda? ¿Que te molesten cuando los demás piden ayuda para que, como colectivo, podamos apoyarnos unos en otros? Una madre me escribió diciendo que necesitaba un par de horas más para ella misma, para poner las cosas en orden y organizarse. Me escribió para preguntarme si estaba libre. Yo me iba a ir con mi familia al mercado agrícola, de modo que nos ofrecimos a llevar a su pequeño con nosotros. No tuvimos que cambiar ni cancelar totalmente nuestros planes para acudir en su rescate, y ella consiguió un poco de tiempo para sí misma.

Lo crucial de esta historia es que esta mujer estuvo dispuesta a pedir ayuda. Levanta la mano si creciste en un contexto cultural que consideraba tener necesidades como algo negativo. Quizás la manera en que se demostraba el amor en tu familia era no molestando a los demás. Yo crecí en una familia de cinco hijos con bajos ingresos económicos. Mi padre y mi madre tuvieron muchísimos empleos para poner un techo sobre nuestras cabezas y comida sobre la mesa. En mi contexto cultural, tener necesidades y expresarlas se veía como una debilidad, como algo propio de una persona *necesitada*. Y, aunque ahora soy adulta, estas narrativas siguen vivas en mi interior y emergen a la superficie cuando quiero pedir ayuda o busco el apoyo de alguien. Esa parte de mí dice: «¿Es eso realmente tan necesario como para molestar a los demás? ¿Es que no puedes resolverlo sola?». Hace falta un gran esfuerzo para tomar conciencia de esa parte, percatarse de su temor a ser vista como «necesitada» y reescribir la narrativa así: «Está bien pedir ayuda. Es a la otra persona a la que le corresponde decir que no si no dispone de suficiente ancho de banda». Esto también significa decir no cuando no tengo el ancho de banda necesario para asumir más cosas, y soy yo quien tengo que poner mis propios límites.

Hay muchas cosas que hacemos solos y que no tendríamos por qué hacerlas solos. A continuación se mencionan diez formas de pedir ayuda:

1. ¿Podríamos establecer turnos de cuidado de los niños el sábado, de manera que podamos contar con una o dos horas sin niños?
2. ¿Podrías tú recoger a Gia de las prácticas cuando vayas a por tus hijos?
3. Si vas a ir a la biblioteca esta semana, ¿podrías dejar estos libros?
4. Oye, Nana, ¿pueden dormir los niños en tu casa el sábado?
5. ¿Puedes recoger mi pedido del supermercado?
6. ¿Quieres que intercambiemos el cuidado de los niños? Yo puedo ocuparme de la hora de acostarse de tus hijos el viernes si tú puedes hacerlo con los míos el próximo fin de semana.
7. ¿Quieres trabajar desde mi casa hoy y así podemos combinar el trabajo con el cuidado de los niños enfermos?
8. ¿Puedes recoger a mis hijos de la parada del autobús y ocuparte de ellos durante una hora hasta que llegue a casa de la reunión?
9. ¿Podemos compartir vehículo para las prácticas? Yo puedo dejar a los niños si tú pasas a recogerlos.
10. ¿Puedes llevar a June a la fiesta de cumpleaños de Abel este fin de semana?

Así pues, ¿cómo encontrar a la gente de la aldea? Quizás sea un vecino o vecina, o alguien a quien ves regularmente en el parque infantil. Puede ser alguien que tiene un hijo en la clase de tu pequeño o en su equipo. Puede ser alguien del trabajo que también tiene una hija o con quien acabas de conectar. Si dices que quieres tomar café alguna vez, entonces tendrás que hacerlo realidad; ahí es cuando comenzarás a generar confianza. Es la versión para mayores de servir y devolver en las relaciones de apego. La confianza se construye en los pequeños momentos, cuando nos apoyamos mutuamente, cuando mantenemos la palabra dada y demostramos que somos fiables. Una de mis aldeanas más cercana es alguien que dijo: «Hola, nos gustaría ser amigos tuyos y criar a nuestros hijos juntos». Fue, de hecho, algo extravagante, pero, para ser sincera, anhelaba que alguien dijera eso.

En algunas escuelas se dan oportunidades para que los progenitores conecten, o quizás puedas encontrar un curso de yoga donde haya otros progenitores. Existen también otros muchos grupos en las redes sociales que puede que te encajen. Quizás incluso tengas que organizar y comenzar algo por ti mismo para construir tu aldea; establecer conexión con una persona ya es un buen comienzo. Pero es importante que seas tu yo *auténtico* para construir y mantener tu aldea, y no dar la imagen de quien crees que se supone que tendrías que ser como madre o padre. En este viaje no hay «se supone que».

Si logras un respiro, un tiempo para bajar las revoluciones y te centras en ti mismo como individuo, los niños aprenderán el valor de tomarse su espacio y cuidar de sí mismos. También puedes tener el espacio en la cabeza para ser una versión más regulada de ti mismo cuando haces esto. Nunca es tarde, ni pronto, para construir tu aldea.

Aceptar ayuda y dejar el control

Así pues, ¿cómo dedicarse a la crianza en una aldea con gente que puede que haga las cosas de un modo diferente a como tú lo harías? ¿Qué significará esto para tus humanos diminutos? Tengo una buena noticia: los niños diferencian muy bien las expectativas.

A veces, esto surge cuando alguien de tu familia o de tus amistades cuida de tu hijo (en ocasiones, incluso puede ser tu propia pareja). Si tú, por lo general, gestionas la hora de acostarse y te aferras a una rutina bastante estricta, ¿qué ocurrirá cuando tu pareja asuma el control una noche y no gestione las cosas exactamente de la misma manera? Si ella le dio cinco minutos extra para el baño y para leer otro libro, ¿exigirá eso tu pequeño la noche siguiente? La buena noticia es que los niños pueden diferenciar las expectativas con diferentes adultos, y en la medida en que tú te mantengas firme en tus límites a la hora de acostarse, al día siguiente por la noche no vas a tener que forcejear con tu hijo, aunque te tomaras la noche libre también esta noche.

Dicho esto, dejar el control puede ser duro, pues nos suele dar miedo vivir por debajo de ese control. Reconocer el desencadenante sin enjuiciar es atención plena. Prestar atención a la emoción que existe bajo tu deseo de controlar el enfoque que adopta tu pareja es conciencia de sí mismo. Cada niño necesita a una persona con la que sentirse seguro para expresar sus problemas y con la cual mostrarse vulnerable. Tú puedes ser ese espacio seguro para tu hijo. Y está bien si otro adulto no lo es, aunque fuera eso lo que deseabas y quizás imaginabas para tu hijo. ¿Cómo se traduce esto en la vida real con la pareja, con un compañero de crianza, con otros miembros de la familia o con otro cuidador?

- **Toma conciencia** de tu deseo de controlar las relaciones de tu pareja con vuestro hijo.
- **Permítele** que gestione la crianza de un modo diferente al tuyo, siempre y cuando tu hijo no corra peligro.
- **Regula** tu reacción ante la respuesta de tu pareja con tu hijo.
- **Mantén el espacio** para tu hijo si necesita un espacio seguro donde expresar sus emociones mientras mantienes el límite que tu pareja estipuló.
- **Libérate** de la responsabilidad de crear la relación que tú deseas que exista entre tu hijo y tu pareja.

Una muestra de cosas que puedes decir en ese momento:

- «Acaba sintiéndose así. Yo le doy apoyo para calmarlo, pero conservaré tus límites».
- «Sé que el que yo valide sus sentimientos puede parecerte incómodo en este momento».
- «Voy a mantener el espacio para el niño justo ahora. ¿Podemos hablar de tus puntos de vista sobre esta situación dentro de un rato, cuando todo esté en calma?».
- «Hazme saber si quieres marcar el ritmo. Sé que te resulta difícil verla disgustada».

Cuando no estás de acuerdo con el enfoque

Al ir a recoger a mi hijo a la guardería, oí como su maestra decía:

—Está todo bien. Y tú estás bien. No da miedo. Es sólo una sombra.

Sage estaba llorando porque había visto una sombra, su miedo más reciente. ¿Es así como yo quiero que se responda a sus temores? No, pues invalida su experiencia y, bueno, nunca en la historia del asustarse un temor desapareció por el mero hecho de decir «No da miedo» o «Está todo bien». Lo que yo escuché decir a aquella profesora fue: «Tu miedo me incomoda y quiero que desaparezca para volver a sentirme cómoda contigo». Lo cierto es que esto debió ser también lo que escuchó Sage. Yo deseo que él pueda vivir en un mundo en el que cada maestro, cada cuidador con el que se encuentre pueda gestionar sus sentimientos intensos y pueda ayudarlo a procesar las experiencias.

Creo que, cuantos más humanos emocionalmente inteligentes formemos en este movimiento, más probabilidades habrá de que también lo hagan las generaciones futuras, pero, justo ahora, me basta con que su maestra sea capaz de mantener el espacio necesario para la expresión de su miedo. Estará bien si, al final de la jornada, Sage se desmorona conmigo y suelta todas las cosas que se ha reprimido porque no se sentía emocionalmente seguro para liberarse de ellas. Renunciar al deseo de controlar las respuestas de las personas precisa dos factores clave. Primero, esbozar los valores fundamentales con las personas que van a interactuar con el niño con más frecuencia y, segundo, crear un espacio seguro para que el pequeño exprese las emociones y las procese contigo. Puedes ratificar los límites establecidos por otras personas de tu aldea, como tus padres, tu pareja, tus abuelos o tus profesores, al tiempo que dejas espacio para que tu hijo exprese sus emociones en relación con esos límites. No tienes por qué estar de acuerdo con cómo se marcaron los límites ni tienes por qué utilizar el mismo enfoque. Puedes contactar con ese adulto en otro momento para hacerle saber que tú respetarás sus límites y que ayudarás al niño a procesar las emociones y las experiencias cuando sea necesario. Tú no te sitúas en ningún bando; optas por la inteligencia emocional. Si el otro adulto no practica el PCE, quizás piense que optas por el niño antes que por él en ese momento. Pero tu cometido no es hacer las paces. Tu cometido es proporcionar un apego seguro al niño.

Yo comencé a hacer este trabajo conmigo misma antes de que mi marido se sumara al proyecto, y no fue fácil mantenerse ahí, a la espera. Pero, practicando el PCE, descubrí cómo ponerme límites a mí misma, cómo cuidar de mí misma y cómo ser una mujer más regulada, preparada para responder intencionadamente. El PCE transformó el modo en que me muestro, no sólo ante los niños, sino también en todas mis relaciones, porque dejé de asumir que era yo quien tenía que resolver también que los demás pudieran sentirse incómodos. El PCE nos permite sintonizar con nuestro yo auténtico y escuchar la voz interior sin la confusión de las opiniones ajenas.

Quizás seas tú la única persona emocionalmente segura para que tu hijo se desmorone, pero tú serás suficiente. Es posible que te lamentes por la pérdida de relaciones que imaginabas que tu hijo tendría con otro progenitor, otros abuelos o cuidadores. Pero quizás lo que de verdad te aflige es la pérdida de relaciones que tú mismo esperabas tener con tus progenitores, con tus abuelos y cuidadores, y de ahí ese anhelo por el hecho de que las tuviera tu hijo. Consiéntete esa aflicción y sé consciente de que los niños pueden hacer cosas muy difíciles, sobre todo si cuidas tú sus espaldas.

El desarrollo emocional en movimiento

Si has llegado hasta aquí, podemos dar por supuesto que quieres apoyar el desarrollo emocional de tus hijos, de modo que ¿cómo es posible? He aquí algunas claves que conviene discernir:

- ¿Quieres finalizar cada día con una sensación de esperanza, en vez de sintiéndote abrumado por el estrés?
- ¿Quieres superar el miedo a otra crisis nerviosa?
- ¿Quieres liberarte de la necesidad de resolver los problemas mientras el niño está todavía llorando y gritando?
- ¿Quieres empezar a respetar tus límites?
- ¿Quieres aprender cómo puedes ayudar a los humanos diminutos cuando tienen emociones intensas?

Comencemos aquí. Una vez todas tus respuestas sean afirmativas, estaremos en el camino correcto. Si te sientes exhausto al final del día, temiendo esas rabietas, ¿qué puedes hacer para fomentar tu propio cuidado personal? ¿Cómo puedes cambiar de perspectiva para entender que esa rabieta no es un ataque personal contra ti, sino la vía que utiliza el niño para comunicarse contigo? El primer paso consistirá en trabajar sobre tu actitud, para que puedas responder en lugar de reaccionar.

Los niños anhelan los límites porque la estructura les permite saber qué cabe esperar. Los ayuda a sentirse seguros, sabiendo que pueden explorar, expresarse y comprometerse libremente porque tú te asegurarás de que estén a salvo. No vas a permitir que salgan corriendo por la calle. Los ayudarás a conciliar el sueño que necesitan para mantener la salud. Establecerás expectativas para cultivar su crecimiento y desarrollo. Ése es el mensaje que ellos escuchan cuando tú les pones límites. Es imperativo para el desarrollo emocional. Crear un espacio seguro donde puedan ser y sentir. Hazles saber que puedes gestionar cualquier cosa que pongan sobre la mesa y ellos vendrán hasta ti cuando más te necesiten si saben que puedes manejarlo.

Florecer en vez de sobrevivir

Estos humanos diminutos son, ciertamente, agotadores. Les das mucho de ti mismo, readaptando tu vida cotidiana y tu economía para cuidar de ellos, despertando cada mañana con una alarma humana; tu amor es muy profundo y es un trabajo ingrato un día sí y otro también. Y aunque no fuera estresante tenerlos a tu alrededor, no dejarías de pensar en un millón de cosas cuando están contigo, intentando siempre anticiparte a sus necesidades. Es constante.

Pero hagamos una pausa y volvamos a la pregunta con la que empezábamos: *¿Qué quieres para tu hijo cuando sea mayor?* Cuando miras hacia el futuro (la edad escolar, la adolescencia, su existencia en el mundo de manera independiente sin ti), ¿qué esperanzas albergas en tu pecho? Si estamos constantemente en modo supervivencia, será difícil tener en cuenta esos objetivos a largo plazo. Será más fácil decir «Vete a tu cuarto por pegar a tu hermano» que «Pareces muy decepcionado porque tu hermano no quiere jugar contigo. ¿Qué puedes hacer para calmarte, para que podamos resolver este problema?». En el segundo escenario, estaremos ayudando a nuestro hijo a cultivar estrategias de respuesta, a encontrar la calma, de tal modo que podamos buscar otras formas para comunicar los sentimientos. No es fácil encontrar los miniobjetivos de los objetivos cuando estamos *dentro de* ellos; es decir, ser consciente de los pequeños cambios y del crecimiento que lleva a la conciencia de sí mismo, a la autorregulación, a la empatía, a las habilidades sociales y a la motivación. La inteligencia emocional se desarrolla con la práctica.

Tómate un segundo, cierra los ojos e imagina a tu yo infantil. ¿Cómo hubiera sido tu vida si hubieras sabido lo que sentías en tu cuerpo, si hubieras dispuesto de herramientas para gestionar los momentos más difíciles y hubieras contado con un lugar seguro donde procesar de manera colaborativa tus emociones? Tú estás creando esto para y con tus hijos. Cada vez que practicas estas habilidades en cada pequeño momento (cuando tu hijo toma la taza del color equivocado o no consigue que le compres aquello que vio en la tienda) creas esto. Cada vez que sirves de modelo al cuidar de ti mismo y les muestras que ellos no son responsables de tu regulación, cultivas su inteligencia emocional. Cada vez que estiras su goma cuando se adentran en algo nuevo y descubren que pueden hacer cosas difíciles, cada vez que haces correcciones con ellos, mostrándoles que la imperfección forma parte de la vulnerabilidad y el crecimiento, cada vez que te muestras ante ellos como tu auténtico yo con el objetivo de conectar, tú les aportas herramientas para vivir con inteligencia emocional.

Agradecimientos

Alyssa: Siento una profunda gratitud por Lauren, por haber estado conmigo en este largo, a veces excitante y en otras ocasiones agotador viaje de investigación, de creación del PCE, de aplicación con el IRB,[1] escribiendo, y reescribiendo, y reescribiendo este libro. Me desafiaste de tal modo que tuve que profundizar en la comprensión de este trabajo, lo que me llevó a convertirme en una maestra mejor, más clara e inclusiva. Gracias a Ángela García por animarnos a investigar el método del PCE y por unirse a nosotras en este viaje. Ponerse *friki* contigo es muy divertido.

Un millón de gracias a nuestro equipo Seed (a Beki por ayudarnos a convertir nuestras palabras en imágenes visuales, a Rachel y Erika por responder a cada llamada con historias para incluir ejemplos de la vida real y un hombro sobre el que apoyarnos a cada paso en este camino). Y a todas las demás personas que, tras el escenario, me han permitido dar un paso atrás en otro trabajo de Seed para poder centrarme en el libro. Gracias, gracias, gracias.

A Sally, nuestra agente del Grupo Ekus, gracias por tus mensajes directos (y a Cara por sostener a Sage en esa fotografía de Instagram que trajo a Sally a mis mensajes directos). Tú has sido un regalo increíble en este viaje. A Sarah, nuestra editora, y a toda la plantilla de Har-

1. *Institutional Review Board*, o Comité de Revisión Institucional, es un comité ético independiente que supervisa la investigación con seres humanos. *(N. del T.)*.

vest y HarperCollins por ser unos socios impagables en este viaje. Sarah, te estoy muy agradecida por comprometerte a respetar la integridad de este trabajo mientras nos ayudabas a hacer accesibles nuestras extrañas ideas.

A mi padre, Mike, y a mi madre, Margaret, que siempre me ayudaron a nadar, por profundas que fueran las aguas. Vuestra confianza en mí me ha traído hasta aquí. Gracias por permitirme cometer errores, por quererme incluso cuando os decía «Os odio» a diario cuando tenía catorce años. (No lo sentía. Aún estaba aprendiendo, pero vosotros ya lo sabíais). Gracias a mis suegros por estar en mi aldea, por ayudarme a criar y por vuestra disposición a implementar este trabajo con Sage. Y a Ellen, gracias por proporcionar tantas atenciones y cuidados a nuestro pequeño. Pude escribir este libro gracias a que Sage estaba en buenas manos, contigo, mientras yo escribía. Hace falta una aldea, y yo estoy muy agradecida con la mía. Gracias a mi marido, Zach, por estar en las trincheras conmigo cada día. No hubiera deseado a otra persona como acompañante en este viaje tormentoso de la maternidad. Y a Sage, para que sepas siempre que tu desorden, tus imperfecciones, tus sentimientos fáciles y difíciles serán siempre bienvenidos aquí. Se te quiere exactamente como eres.

Lauren: En primer lugar, me gustaría honrar a mis maestros Patty Townsend, Dianne Bondy, Todd Norian y J. Vecchia por compartir vuestra idea de las ocho ramas del yoga y por cultivar las *sanghas* en las que he aprendido a practicar la fortaleza y la vulnerabilidad. Y también me gustaría reconocer la sabiduría ancestral que presta sus raíces a la práctica. Gracias al profesor Sprout, que siempre dijo «Dibuja lo que ves, no lo que tú *crees* que ves», durante las clases de dibujo al natural de 1999. Metafóricamente, esta frase ha terminado convirtiéndose para mí en un mantra para la atención plena.

Alyssa, agradezco de todo corazón que, por casualidad, decidiéramos dar clase en la misma escuela en 2016. El PCE nació en esa intersección de nuestros senderos, de nuestras carreras y pasiones. Estoy muy orgullosa de nuestro trabajo y de hasta dónde hemos llegado a partir de la idea original. ¡Gracias por decir que sí a la idea de escribir un libro! Ha sido un proceso excitante, tedioso, enervante, divertido y educativo. No se me ocurre una compañera de viaje mejor que tú para esto, y aprecio tu atención a los detalles, tu disposición a profundizar en los conceptos, tu inquebrantable compromiso por mantener a los niños en el centro y tu perseverancia. Y en cuanto al equipo Seed, ¡sois increíbles! Gracias por compartir vuestros poderes de alerta *friki*, vuestras habilidades de diseño y vuestra atención al detalle. Gracias a Sally, nuestra agente, y al equipo Ekus por creer en el poder del PCE, y a Sarah, nuestra editora, por tu visión clara y por comprometerte en conservar la integridad del método.

Siento una profunda gratitud con mi «hermana» y colega Ángela García, que es una rarita práctica reflexiva como yo, y siempre ha estado abierta a la investigación, a pensar en voz alta y a jugar con las ideas de este libro (y más allá). Estamos en deuda contigo por sugerir una investigación-acción con el PCE. Y mi más cálido agradecimiento a nuestra colega Lori Goodrich, que compartió sus superpoderes de terapeuta ocupacional con nosotras y nuestros estudiantes. Gracias a Lori comprendí el sistema sensorial.

Yo no estaría aquí si no fuera por cada madre y padre que me permitieron introducirme en su vida familiar como maestra y/o cuidadora de sus hijos. De cada uno de los niños con los que he pasado mis días he aprendido algo sobre el desarrollo infantil y sobre cómo estar en el mundo. Y un saludo muy especial a mis tías, que me enseñaron a cambiar pañales y a calentar el biberón, y que me confiaron a sus pequeños cuando yo sólo tenía doce años.

Gracias a Martha Lees, en los inicios de mi carrera, por valorar las prácticas pedagógicas profundas, por defender incansablemente los días profesionales y por proporcionarnos acceso a las últimas investigaciones en nuestro campo. Gracias a Maryanne Gallagher por servirme de modelo en el liderazgo y por ver mi potencial. Y gracias a Polly y Balbir, del CECE, por compartir vuestra sabiduría acerca de bebés y niños pequeños, y a Kait, Nora, Jen, Thea, Nancy y Val por vuestro compañerismo y amistad. Gracias al profesorado del CEEC por confiar en mí para practicar la regulación conjunta con vuestros estudiantes, con los que más lo necesitaban cuando vuestras compañeras estaban fuera. Gracias a las profesoras asistentes y compañeras docentes (¡Kelly!) con las que he compartido mis dieciséis años de clases en el

ECE, que me formulabais preguntas acerca de mi práctica docente o me pedíais retroalimentación sobre la vuestra; vosotras me disteis la oportunidad de articular mi filosofía y mis conocimientos, y vuestra presencia me motivó para refinar mis habilidades. Siempre habrá un lugar especial en mi corazón para los docentes y la administración del PTCC. Confiasteis en mi liderazgo y me enseñasteis lo que significa formar parte de una comunidad de práctica. Gracias a mis alumnos del ECE por elegir adentraros en este campo y por hacer buenas preguntas, incluida la de «¿Existe algún libro en el que podamos encontrar todo lo que nos has enseñado?».

Gracias a mi madre y *cheerleader* número uno, Bets. Tu capacidad de escucha cuando te hablo de mi trabajo (o de cualquier otra cosa que tenga en la mente) es asombrosa. Te estoy agradecida por la forma en que me enseñaste a devolver cada servicio desde el momento en que nací. Tú siempre diste por supuesta mi competencia, cosa que me enervaba un poco siendo niña, pero que, como adulta, me ha inspirado para que asumiera retos sin vacilar. Gracias a mi padre, Conrad, que ha merecido el premio al padre más relajado de la historia. Tu calma, tu autenticidad y tus juegos de palabras fueron un puntal para mí durante toda mi infancia.

Mi corazón y mi mente se sostienen gracias a la presencia auténtica de mis «hermanas» Raquel, Gina, Annie y Fabienne. Es un regalo saber que puedo ser yo misma y tener mis sentimientos con cualquiera de vosotras en cualquier momento, estemos donde estemos en este planeta. Estoy dispuesta a hacer del mundo un lugar mejor gracias a mi ahijada,[2] Saiya. Tu entusiasmo por la vida y tu pensamiento profundo son contagiosos. Te he querido desde antes de que nacieras.

Por último, estaré eternamente agradecida a mi compañero de yoga y marido, Kurt. Tus inquebrantables ánimos, tu entusiasmo, tu visión y tu capacidad para pedir comida para llevar en los momentos en que me sentía agotada o con dudas me impulsaron adelante. Me inspira mucho tu compromiso con la vida y tu disposición a crecer en el amor rivaliza con la mía. No se me ocurre mejor pareja.

---

2. En castellano en el original inglés. *(N. del T.)*.

Herramientas adicionales

El mazo PCE

Los seres humanos utilizamos símbolos como las palabras, los gestos y las imágenes para comunicarnos, y las imágenes ayudan a los niños pequeños a dar sentido a las palabras que los adultos pronuncian, sobre todo en el caso de niños neurodiversos y en el de los que aprenden múltiples idiomas. Cuando comenzábamos a PCEar, empleábamos unas tarjetas emocionales que había en el mercado y que incluían imágenes y palabras, pero que no contemplaban conceptos emocionales clave como «frustrado». Además, cuanto más aprendíamos acerca de lo que son las emociones y cómo las aprendemos, más nos dábamos cuenta de que las palabras impresas en las tarjetas podían limitar la capacidad de uso de los conceptos emocionales correspondientes a la cultura y la experiencia de la persona. De ahí que nos decidiéramos a diseñar el mazo PCE con el fin de proporcionar una herramienta visual a la hora de orientar a los niños a través de las fases. Si no tienes claro por dónde comenzar, o si deseas que todo el mundo en casa o en el aula utilice las mismas palabras, entonces puedes usar las etiquetas adhesivas que acompañan al mazo.

Las investigaciones de Claire Brechet indican que a los niños de cinco años se les da mejor identificar expresiones emocionales en *dibujos* de caras que en *fotografías* de caras que expresan emociones. En un estudio de 2008, «The Causal Effect of Mental Imagery on Emotion Assessed Using Picture-Word Cues» («El efecto causal de las imágenes mentales sobre las emociones evaluadas mediante claves de imagen-palabra»), se muestran evidencias sólidas de que las imágenes son más poderosas que la palabra hablada a la hora de transmitir emociones debido a que conectan el cerebro con la memoria autobiográfica y la implicación personal en los acontecimientos.[1] Éste es el motivo por el cual el mazo PCE emplea dibujos (creados por la artista Viki Stathopolis) en lugar de fotos. Por otra parte, cuando se nos pide que analicemos una imagen como la de una tarjeta emocional («¿Es así como te sientes?»), tenemos que recurrir a pensamiento de alto nivel, que ilumina el córtex prefrontal (al que nos hemos estado refiriendo como cerebro del pensamiento racional). Recuerda que es el cerebro del pensamiento racional el que permite al cerebro reactivo determinar si existe una amenaza real o no, de modo que lo necesitamos plenamente operativo para el procesamiento de las emociones.

Las tarjetas emocionales se pueden usar también sin una emoción intensa de por medio y con las baterías cargadas; es decir, en aquellos momentos en que es más fácil acceder al cerebro del pensamiento racional y recurrir a las herramientas de reflexión y análisis. Éste es un buen momento para construir conceptos emocionales de manera consciente. Puedes hacer una pausa mientras lees una historia o ves un programa de televisión en el que hay un personaje que tiene algún sentimiento, de tal manera que puedes practicar las cuatro cualidades de la empatía de las que habla Theresa Wiseman: «toma de perspectiva, no enjuiciar, reconocer la emoción en otra persona y comunicarse al respecto».[2] Cuando mi humano diminuto tenía unos seis meses, comencé a utilizar las tarjetas mientras le leía libros. En *Chicka Chicka Boom Boom,* cuando «J y K están a punto de llorar», yo sacaba la tarjeta de la tristeza y decía: «Me pregunto si se sienten tristes». No lo hacía todas las veces que leíamos el libro, pero sí cuando podía. Alrededor de los ocho meses, mi humano diminuto llegaba gateando y agarraba el

1. Holmes, E. A.; Mathews, A.; MacLintosh, B. y Dalgleish, T.: «The Causal Effect of Mental Imagery on Emotion Assessed Using Picture-Word Cues». *American Psychological Association,* vol. 8, n.º 3, pp. 395-409 (2008). doi: 10.1037/1528–3542.8.3.395.
2. RSA Shorts. *Brené Brown on Empathy. Voiced by Brené Brown (2013).* YouTube. www.youtube.com/watch?v=1Evwgu369Jw

tablero, con las tarjetas sobre él, cuando llegábamos a la escena en que J y K lloraban. Entonces, imitaba un sonido de llanto mientras me miraba con las tarjetas. No ubicaba correctamente la tarjeta de la tristeza en cada ocasión, pero estaba comenzando a relacionar las emociones con las tarjetas. Nunca es demasiado pronto ni demasiado tarde para empezar.

También puedes emplear las tarjetas para explorar y dar nombre, o asociar una historia, que tú creas que se corresponde con la imagen que el niño observa durante más tiempo que las demás. Da tiempo suficiente para que el niño simplemente mire y sienta las tarjetas, sin interrupciones (sin que tú digas nada). En ocasiones, el niño no estará preparado para expresar todavía sus propias emociones, de modo que las manifestará a través de su muñeco de peluche, por ejemplo. En ese caso, puedes utilizar las tarjetas para simular que enseñas al peluche por medio de las fases del procesamiento de las emociones, sabiendo que el niño estará «jugando», aunque sea de una forma indirecta, con el procesamiento emocional, guardando cierta distancia.

Con independencia de en qué situaciones utilices las tarjetas, considéralas una herramienta y respétalas como tal. Cada familia o cada clase empleará las tarjetas a su peculiar manera, si bien convendrá modelar y explicar lo que se espera de su uso. Por ejemplo, en mi aula de preescolar de veinte niños y con diferentes docentes auxiliares cada día, las tarjetas estarían destrozadas o habrían desaparecido en cuestión de horas si se hubiera permitido que jugaran con ellas de manera abierta, sobre todo al comienzo del curso. Disponíamos de un lugar especial para ellas en las estanterías, donde todo el mundo podía verlas, pero sólo los adultos podían tocarlas. Los niños sabían que les llevaríamos las tarjetas siempre que lo solicitaran, y que permaneceríamos con ellos mientras las utilizaran. También aprendieron con rapidez que llevaríamos las tarjetas con nosotras siempre que tuviéramos que ayudar a alguien que estuviera experimentando emociones intensas. Se producía una exhalación simbólica cuando yo anunciaba que iba a traer las cartas.

Cuando introduzcas las cartas por primera vez, elige un número limitado de ellas, entre tres y seis de las que pienses que más se van a necesitar. Yo elegí cuatro emociones «fáciles» de las que hablábamos con frecuencia en casa y cuatro emociones «difíciles» entre las que habitualmente expresaba mi hijo o con las que forcejeaba. Las teníamos a mano en el salón de la casa, que era el principal lugar de juegos, y Sage interactuaba con ellas mientras jugaba. Cuando agarraba una tarjeta, yo estaba cerca, le decía cuál era y, a continuación, añadía «¡Entusiasmada! ¡¡Wuuu!! ¡Estoy entusiasmada!», acompañándolo todo con el tono de voz. Más tarde, decidiríamos en casa cambiar «entusiasmado» por «emocionado», porque ése es el término que con más frecuencia empleamos en casa. Recuerda que de lo que se trata es de usar las tarjetas de tal modo que tenga sentido en vuestro contexto cultural, por lo que no pasa nada si es distinto a cualquier otro. Cuando yo decía «calmado» o «seguro», respiraba profundamente, algo que Sage terminaba imitando y practicando antes de que introdujera esa habilidad en un momento de emociones intensas. Utilizar las tarjetas fuera de estos momentos emocionales intensos ayuda al niño a crear su propia caja de herramientas para navegar por las fases *durante* los instantes más intensos de sus emociones.

Índice analítico

B

C

D

E

F

G

H

I

J

K

L

M

N

O

P

R

S

T

U

V

W

Y

Índice